123

METATEMAS

METATEMAS

Libros para pensar la ciencia
Colección dirigida por Jorge Wagensberg

* Alef, símbolo de los números transfinitos de Cantor

Lewis Wolpert

POR TI NO PASAN LOS AÑOS

La sorprendente naturaleza del envejecimiento

Traducción de Dulcinea Otero-Piñeiro

Título original: *You're Looking Very Well. The Surprising Nature of Getting Old*

1.ª edición: octubre de 2012

© Lewis Wolpert, 2011

Índice

AGRADECIMIENTOS

Como siempre, he necesitado mucha ayuda indispensable. Me siento muy en deuda con Alison Hawkes por su labor de edición y sus comentarios mientras yo escribía el libro. Asimismo le debo mucho a Julian Loose, mi editor, y a Kate Murray-Browne, de Faber, por sus sugerencias y su estímulo. Gracias también a mi agente, Anne Engel, y a todas las personas que dedicaron un tiempo a conversar conmigo.

1
La sorpresa

> La vejez es lo más inesperado que le puede
> suceder a un hombre.
>
> León Trotski

Cuando somos jóvenes no pensamos en la vejez; simplemente no forma parte de nuestra agenda. De modo que cuando envejecemos no estamos preparados para ello y puede resultarnos toda una sorpresa. A mí me llegó como un bombazo. ¿Cómo puede un adolescente de 17 años como yo tener 81 de repente? Los únicos síntomas obvios, si no me miro al espejo, son que ahora camino tan despacio que la mayoría de la gente me adelanta con rapidez por la acera, y que estoy retirado de mi trabajo en la universidad. Me cuesta aceptar ambas cosas. Pero también olvido nombres, palabras y caras. Hace poco olvidé varias cosas que tenía intención de hacer, y me preocupó que tuviera alguna relación con la edad y que indicara un principio de demencia. Pensé en preguntarle a mi psiquiatra en la siguiente cita que tenía concertada para hablar de la depresión. Fui a verlo y, más tarde, me reí al recordar, mientras me dirigía de vuelta a casa en bicicleta, que había olvidado preguntarle.

Nunca pensé mucho en la vejez, pero la descripción memorable que hace de ella Shakespeare en *Como gustéis* no transmite una idea especialmente positiva:

El mundo entero es un teatro
y todos los hombres y mujeres meros actores;
tienen sus mutis y sus entradas;
y cada hombre interpreta muchos papeles en su vida,
los actos son siete edades. Primero es el recién nacido,

que solloza y regurgita en brazos del ama de cría;
después, el colegial lastimoso que, con su cartera
y su radiante cara matutina, se arrastra cual caracol
desganado hacia la escuela [...]
La sexta edad lo convierte
en el flaco Pantalón en pantuflas,
con anteojos sobre la nariz y la bolsa a un costado,
las juveniles calzas, bien conservadas, grandes como
    un mundo
a sus enjutas canillas; su gran voz varonil
recupera el tono atiplado infantil, y suena ahora con pitos
y silbos. La última escena de todas,
la que da fin a esta extraña y variada historia,
es la segunda niñez y el mero olvido,
sin dientes, sin ojos, sin gusto, sin nada.

Decidí que quería estudiar el envejecimiento, y no en última instancia porque parezca un tema tan distinto del que he investigado la mayor parte de mi vida: el desarrollo del embrión. ¿Forma la vejez parte de nuestro programa de desarrollo? En esencia somos una sociedad de células, así que ¿cuál es la base celular y cuál la causa del deterioro tanto físico como mental en la vejez? ¿Se pueden evitar? ¿Es la inmortalidad una posibilidad real para el futuro? A medida que aumenta la proporción de personas mayores en la sociedad, van surgiendo más problemas sociales y económicos generales relacionados con su asistencia y su cuidado. Yo necesitaba saber cómo podrían vivir bien las personas mayores y si, llegado el momento, podrían elegir cuándo morir. Y, también, si conocer mejor el envejecimiento ayuda a lidiar con el envejecimiento propio.

Pero la vejez no resulta nada fácil de definir. Es un fenómeno biológico caracterizado por ciertos cambios físicos que se producen con el tiempo, y también por sus consecuencias psicológicas. Son los cambios en el aspecto individual lo que insta a los amigos a comentar: «Por ti no pasan los años». De hecho, ahora podemos considerar que atravesamos cuatro edades, en lugar de las siete de Shakespeare, a lo largo de la vida: la infancia, la adultez activa, la madurez y, por último, «¡por ti no pasan los años!». A mis 81 años lo oigo a cada momento y también lo repito una y otra vez cuando me encuentro con amistades de mi edad. Está muy extendida la opinión de que la vejez comienza hacia los 65 años, que ha sido una edad muy común para la jubilación forzosa. Pero ahora que hay tanta gente con más de 75 años, y hasta 85, debemos replantearnos cuándo comienza en realidad la vejez. Lo cierto es que la vejez empieza cuando aún somos bastante jóvenes, tal como veremos; pocos campeones de fútbol o de tenis lo son con 40 años.

El envejecimiento suelen notarlo más los otros que uno mismo, y muchas personas mayores se consideran aún jóvenes. Es importante reparar en que cada cual envejece de un modo diferente, dependiendo de las circunstancias. El gran interrogante es cómo manejarse con la vejez. A la escritora Doris Lessing, por ejemplo, le resulta muy fastidiosa. ¿Procuramos encontrar actividades nuevas? ¿Debemos reflexionar sobre nuestra vida para valorar si mereció la pena? Y ¿cómo nos enfrentamos al deterioro tanto físico como mental?

A mucha gente la asusta envejecer. Sólo alrededor de una de cada diez personas con edades comprendidas entre los 75 y los 79 años no sufre dolencias físicas, como las relacionadas con el corazón, la vista y los huesos. Quienes tienen salud y un nivel alto de estudios son los que mejor lo llevan, así como quienes adoptan una actitud positiva frente al envejecimiento. Pero, aunque todas las funciones corporales se deterioran con la edad (por ejemplo, los músculos pierden fuerza y el sistema inmunitario se debilita), lo que vemos en quienes practican deporte revela que hasta de mayores podemos seguir jugando bastante bien. Asimismo, hay muchas ideas falsas sobre la reducción de la actividad sexual durante la vejez: de hecho, hay pocos indicios de que se produzca una decadencia relacionada con la edad.

Hay bastantes posibilidades de desarrollar un problema mental después de los 50; la demencia, y en particular la enfermedad de Alzheimer, es la más común. Se ha calculado que ésta cuesta a Reino Unido unos 17.000 millones de libras al año (casi 21.000 millones de euros), y representa un gran problema para los cuidadores. Otras enfermedades mentales habituales relacionadas con la edad son el párkinson y la depresión. Pero, mientras nuestras capacidades mentales disminuyen sin duda alguna con la edad (nos volvemos olvidadizos y más lentos), los conocimientos adquiridos, por suerte, parecen mantenerse intactos. Muchas personas mayores ocupan posiciones elevadas y siguen siendo creativas, con unas aptitudes intelectuales en buena forma.

Para algunos, la vejez tiene cosas muy positivas. Hasta puede ser un tiempo para disfrutar. Hoy en día el título de la canción de los Beatles sería «Cuando tenga ochenta y cuatro años». Tengo una vecina de 106 años que es muy feliz y aún toca el piano. Puede que lo querido se vuelva más querido aún, como los ideales, las amistades y la familia. Tal vez tengamos tiempo para las cosas que no pudimos hacer cuando éramos jóvenes, y hasta cabe la posibilidad de ser atrevidos física o mentalmente, aunque la inmovilidad nos invada poco a poco. A mí me resulta muy alentador ver que hasta en la vejez los científicos pueden seguir siendo muy activos. Un buen ejemplo lo encontramos en el profesor Dennis Mitchison, un amigo mío que destaca por su trabajo sobre la tuberculosis. Mitchison tiene 90 años y es profesor emérito del Hospital Universitario St. George. Le pregunté qué opinión tiene sobre la vejez:

No empecé a notar los efectos de la edad hasta que tuve unos 85 años. Me volví algo más lento y los órganos empezaron a funcionarme algo peor. Disfruto con mi edad actual porque me entusiasma la investigación y, aunque con más calma, sigo practicándola. Colaboro y consigo subvenciones, sobre todo con empresas farmacéuticas. Tenemos siete artículos científicos en preparación, uno de ellos nos lo acaban de rechazar, pero, a mi edad, me disgusto menos cuando las cosas salen mal. Tenemos un proyecto que no se terminará hasta dentro de unos diez años y no estoy nada seguro de que yo siga aquí por entonces. En efecto, creo que la eutanasia plantea problemas complejos, pero también creo que tenemos el derecho de elegir cuándo morir.

Vivimos más ahora que en ningún otro momento de la historia. Se espera que más de la sexta parte de la gente que vive en Reino Unido llegue a celebrar su centésimo cumpleaños. La mortalidad se ha retrasado mucho, no como consecuencia de avances revolucionarios para frenar el proceso de envejecimiento, sino por el progreso en la mejora de la salud. El envejecimiento en sí ha experimentado un cambio espectacular en los últimos años. En el mundo industrializado del siglo XX se produjo un crecimiento inesperado y sin precedentes de la población de edad avanzada (la vida se alargó unos treinta años, un incremento superior al de los cinco mil años anteriores). Esto se debió a la mejora de la asistencia sanitaria, la alimentación y la higiene. Ahora hay más gente con más de 65 años que con menos de 16 en Reino Unido. Y el número de personas con 85 años o más se dobló entre 1983 y 2008.

En Reino Unido hay en la actualidad unos diez millones de personas con más de 65 años y 1,3 millones que pasan de los 85 años, de las cuales 422.000 son hombres, y 914.000, mujeres. Las mujeres siempre han vivido más que los hombres a lo largo de la historia. Los humanos solemos vivir más que nuestros parientes simiescos, y tenemos un amplio periodo de dependencia juvenil (esto quizá guarde relación con la obtención de alimento, que es difícil para los jóvenes). Los mayores son, en este sentido, depositarios de conocimiento. Pero, aunque ha habido muchas excepciones individuales (como san Agustín, que vivió hasta los 75 años, y Miguel Ángel, que murió a los 88), durante la mayor parte de la historia de la humanidad la esperanza media de vida fue breve. En

Londres, en 1800, sólo podías contar con vivir hasta los 30; en 1900, hasta los 42; en 1950, hasta los 61; y ahora, hasta alrededor de 80, con unos cuantos años más para las mujeres que para los hombres.

El incremento reciente del número de personas mayores y muy mayores conlleva implicaciones importantes en relación con su modo de vida y con sus cuidados. Así que la vejez puede empezar a tener repercusiones económicas relevantes, sobre todo si la cantidad de ancianos se torna mayor que la cantidad de jóvenes necesarios para mantenerlos. Por tanto, es esencial que indaguemos en las bases biológicas del envejecimiento, pero también en qué tipo de trato reciben las personas mayores.

¿Por qué envejecemos? Los antiguos creían que se debía a la pérdida de algún factor clave del cuerpo. El estudio científico del envejecimiento comenzó con Francis Bacon en el siglo XVII, pero esta investigación científica no logró progresos adecuados hasta que se descubrió que las células determinan el funcionamiento del cuerpo. Incluso los médicos acabaron interesándose por la vejez, y se fundó la rama de la geriatría. Peter Medawar propuso una teoría evolutiva y logró el sorprendente descubrimiento de que las células envejecen en cultivos. La evolución y el sexo son decisivos para entender por qué envejecemos: a la evolución sólo le interesa la reproducción, de modo que no le importa que nos volvamos viejos después de habernos reproducido con éxito. El envejecimiento no está programado en nuestros genes del mismo modo que el crecimiento normal, sino que, por el contrario, hay genes que intentan evitarlo. Otra sorpresa estriba en el origen del avance en estos conocimientos: lo más provechoso fue el estudio del envejecimiento en un gusano nematodo simple y en las moscas, así como en ratones.

Estos estudios han identificado algunos de los mecanismos moleculares responsables del envejecimiento, y hasta elevan las posibilidades de alargar la vida aún más, pero una cuestión clave es si eso sería deseable sin evitar las discapacidades relacionadas con la edad. ¿Cuánto podríamos vivir? ¿Cuánto *deberíamos* vivir? Existen muchos mitos sobre humanos que han vivido hasta edades muy avanzadas, pero no tenemos pruebas de que nadie haya vivido más de 115 años, en el caso de los hombres, y 122, en el de las mujeres. Los genes explican aproximadamente un tercio del tiempo que dura una vida. A pesar de tanta publicidad y anuncios, no existe otro método conocido para alargar la vida que la práctica de ejercicio, evitar el sobrepeso y mantenernos sanos y positivos. En organismos modelo, como gusanos y moscas, es posible multiplicar su edad por cinco, pero en el momento presente no hay ningún método confirmado para alargar significativamente la vida del ser humano.

Nuestros ancestros no eran menos conscientes que nosotros del envejecimiento, y les interesaban tanto las causas como su prevención. En el documento más antiguo que se conoce dedicado a la vejez, que data del año 2500 a.C., un oficial egipcio llamado Ptahhotep esbozó una imagen sombría:

> Qué duros y dolorosos son los últimos días de un anciano. Cada día se debilita más; los ojos se empañan, los oídos ensordecen, la fuerza se desvanece; el corazón pierde el sosiego; la boca enmudece y no le permite articular palabra. Sus facultades mentales disminuyen, y hoy no consigue recordar cómo fue el ayer. Siente dolor en todos los huesos.

Todo eso todavía nos resulta demasiado familiar hoy.

Hay mitos importantes que deberíamos tener presentes cuando aspiramos a ampliar la longevidad, en especial el de Titono, quien vivió mucho tiempo pero envejeció horriblemente. Los esfuerzos por disfrazar el envejecimiento modificando el aspecto de la persona se remontan a tiempos muy pretéritos, y Cleopatra desde luego lo intentó. Ahora hay una industria cosmética y quirúrgica multimillonaria dedicada a limitar los estragos físicos del envejecimiento. Los tratamientos de cirugía estética más habituales se centran en el rostro, el pecho y la grasa; es el atractivo sexual el que parece importar más. Pero algunas personas mayores se están sumando a esta tendencia, aunque las cremas faciales para librarse de las arrugas tengan unos efectos mínimos a pesar de todas sus promesas.

Tanto la idea que se tenía antes sobre el envejecimiento como la actual son negativas en general. Por supuesto, existen diferencias significativas en cuanto al trato que dispensan las distintas sociedades a las personas mayores, como, por ejemplo, en China o Estados Unidos, pero la idea que se tiene en nuestra sociedad sobre este colectivo no es tan positiva como nos gustaría a quienes lo integramos. Las personas mayores suelen tipificarse como «afables pero incompetentes», y yo no quiero que me consideren un «carcamal». Tal vez nos volvamos más sabios a medida que envejecemos, pero, al mismo tiempo, se nos considera menos competentes para desempeñar nuestro trabajo aunque, curiosamente, los estudios no confirman esta idea. Las personas mayores tienen en la actualidad una peor aceptación en ámbitos públicos como la política. También se las suele ridiculizar en la prensa. El resultado es que los aspectos positivos del envejecimiento se omiten al máximo, y se comete el error de no reconocer que muchos mayores son bastante felices con su vejez. Tal como lo expresó Mark Twain: «La vejez es una cuestión de dominio de la mente sobre la materia: si se te va de la mente, se desmaterializa».*

No obstante, hay mucha simpatía hacia las personas mayores, y mucha gente intenta ayudarlas. En 1940 hubo un grupo de individuos, de organizaciones gubernamentales y de voluntarios, que se unieron para formar un comité que ayuda-

* En la versión original de esta cita, Mark Twain hace un juego de palabras con los significados en inglés de las palabras *mind* y *matter* usadas como sustantivos y como verbos: «*Age is an issue of mind over matter: If you don't mind, it doesn't matter*». (*N. de la T.*)

ra a la gente mayor, y enseguida consiguieron un reconocimiento nacional. Con el nacimiento de la Seguridad Social estatal en los años cincuenta del siglo pasado, se dispuso de dinero público para financiar actuaciones locales con gente mayor, y el comité se volvió completamente independiente del Gobierno y adoptó el nuevo nombre de Age Concern. Fue así como se convirtió en un representante nacional de proyectos dirigidos por grupos locales, y llamó la atención sobre la situación de trabajadores mayores incapaces de regresar al mundo laboral debido a un desempleo de larga duración o a reducciones de plantilla. En la primavera de 2010, Age Concern England se fusionó con la institución Help the Aged para formar Age UK, una nueva organización benéfica dedicada a mejorar la vida de las personas mayores.

Age UK lucha contra el «edaísmo» (la discriminación por razones de edad) en todas sus variantes, tanto la social como cuando se manifiesta en el tratamiento de la salud de los mayores. Algunas de las personas responsables de la asistencia médica ven poco sentido en gastar mucho dinero y esfuerzo para mantener vivos a los mayores con enfermedades graves. La discriminación por razones de edad está presente en muchas sociedades actuales (un caso obvio lo vemos en la edad de jubilación obligatoria en Reino Unido) y, cuando se produce en el ámbito médico, puede deparar consecuencias muy graves y perjudiciales.

Pero lo que de verdad importa es cómo se trata a los mayores. Los peores casos, por fortuna raros, son aquellos en los que se los induce a morir cuando ya no se los considera útiles para la sociedad. Muchos mayores están solos y en la pobreza. La mayoría de las personas mayores quiere permanecer en su casa, y eso a veces exige la ayuda de los demás y dinero. Muchas acabarán recibiendo cuidados en su casa, o viviendo en una residencia para mayores o en una clínica geriátrica. El dinero para ello lo proporciona en parte el Estado, pero esta aportación resulta insuficiente y muchos se ven obligados a vender su casa. También hay problemas en relación con los cuidados que les brindan los profesionales; se comunican numerosos casos de incompetencia o negligencia, incluso en hospitales. Los pacientes con demencia lo pasan especialmente mal.

La realidad económica de una sociedad que envejece no ha hecho más que empezar a afectarnos. Hay quienes se oponen a alargar la vida humana en parte porque es malo para los jóvenes, pero también por sus implicaciones económicas negativas. Una sociedad en la que los mayores superen con creces el número de jóvenes tiene que afrontar muchos retos. ¿Quién mantendrá a esos mayores y pagará todos sus cuidados médicos? Países como Japón y China se enfrentan a problemas semejantes.

La vejez nos hace pensar en la muerte: cómo se prepara uno para la muerte y cómo deberíamos morir. La mayoría de la gente quiere morir en su casa (yo me incluyo, desde luego), pero lo cierto es que casi nadie lo consigue. ¿Morimos de viejos? No hay signos claros de que podamos morir de viejos, y rara vez figura eso en los certificados de defunción. En Estados Unidos, por ejemplo, el mero uso de esas palabras está prohibido. Así que nos surge el interrogante de cuál es la mejor forma de morir para los mayores. El suicidio no es nada infrecuente, pero la eutanasia sería mucho más preferible, y debe cambiar la ley que la impide; los mayores deberían tener el derecho de elegir cómo morir teniendo en cuenta, además, el sufrimiento de los seres queridos.

Una última sorpresa. La felicidad parece alcanzar su culmen a los 74 años de edad, o al menos ésa es la conclusión a la que han llegado científicos austriacos y alemanes después de pedir a 21.000 personas que valoraran su grado de felicidad dentro de una escala del 1 al 7. Los adolescentes rondaron un 5,5; la gente de 40 reconoció ser menos feliz, y las personas de 74 años se situaron en 5,9, el valor más alto de todos. Esta variación en cuanto a felicidad parecía más acusada entre los encuestados británicos; los hombres y mujeres alemanes comunicaron niveles bastante estables de satisfacción a lo largo de su vida. El doctor Carlo Strenger, psicólogo israelí, comentó: «Si usas de manera provechosa lo que has descubierto sobre ti en la primera mitad de tu vida, la segunda mitad puede ser la más satisfactoria».

Así que, si le dicen que por usted no pasan los años y se siente usted feliz, disfrútelo mientras dure.

2
El envejecimiento

Nuestro cuerpo cambia a medida que envejecemos. Andar encorvado, por ejemplo, es un signo habitual de senectud. La mayoría de las representaciones pictóricas medievales de gente anciana muestran una espalda inclinada y un bastón, y eso se prolongó hasta el siglo xx. En tiempos de la Roma antigua, Virgilio se lamentaba de que «los mejores días de la vida se alejan inexorablemente de nosotros, pobres mortales; primero nos alcanzan a hurtadillas la enfermedad, la triste vejez y el dolor, y luego la brutalidad de la severa muerte nos secuestra». También Plutarco tenía una idea sombría de la ancianidad y la comparaba con el otoño. Cuando se pregunta a los niños cómo sabemos que una persona es mayor, enumeran rasgos físicos. Aquí veremos los cambios físicos mayores y menores vinculados al envejecimiento.

El envejecimiento no es una enfermedad, sino un proceso multifactorial que conduce a una pérdida progresiva de funciones. Todos somos muy conscientes de los cambios normales que experimenta el cuerpo a medida que nos hacemos mayores. Al principio nos volvemos algo más lentos, después criamos algunas canas y una calva incipiente, y más tarde nos llegan las arrugas y perdemos la memoria. Los estudios transversales del envejecimiento tienden a revelar una merma progresiva de la función fisiológica a medida que aumenta la edad cronológica. En cambio, aunque las personas jóvenes tienen valores funcionales elevados y las muy mayores los tienen bajos, entre ambos límites los valores aparecen muy dispersos. No hay una relación lineal entre la edad y la funcionalidad. Cuando me encuentro con alguna amistad de edad avanzada a quien no he visto desde hace tiempo, a veces le digo: «¿Empezamos por arriba o por abajo?». Y a continuación nos contamos los dolores que tenemos en los pies, y proseguimos avanzando hacia arriba por todo el cuerpo hasta relatarnos el deterioro del cerebro.

Uno de los cuentos recopilados por los hermanos Grimm a comienzos del siglo XIX, «El viejo perro cazador», ilustra los cambios que conlleva la edad:

Un perro que había servido bien a su amo durante años y que había atrapado muchas presas en su época, empezó a perder fuerza y velocidad debido a la edad. Un día, estando de caza, su dueño dio con un robusto jabalí y mandó al perro abalanzarse sobre él. Éste agarró a la bestia por la oreja, pero había perdido los dientes y no pudo sujetar la presa, de modo que el jabalí escapó. Su amo empezó a reprenderlo con severidad, pero el perro lo interrumpió con estas palabras: «Mi voluntad es tan fuerte como siempre, amo, pero mi cuerpo está viejo y débil. Deberías honrarme por lo que he sido, en lugar de insultarme por lo que soy».

Otro cuento de los hermanos Grimm, «La duración de la vida», tomado de un labrador en su campo en 1840, presenta un resultado pesimista pero añade una jocosa explicación teleológica:

Cuando Dios creó el mundo otorgó al mulo, el perro, el mono y el hombre treinta años de vida. El mulo, sabedor de que la suya sería una existencia dura, pidió una vida más breve. Dios se apiadó de él y le quitó dieciocho años. El perro y el mono consideraron asimismo que les habían concedido vidas demasiado largas, y Dios se las redujo a doce y diez años, respectivamente. El hombre, en cambio, pensó que los treinta años, que tenía asignados eran breves en exceso, y solicitó una vida más larga.

Como consecuencia, Dios le concedió los años que no habían querido el mulo, el perro y el mono. De ahí que el hombre viva setenta años. Los primeros treinta son los años propios del hombre, y se desvanecen con rapidez. Entonces está sano y feliz; trabaja gustoso y disfruta de su existencia. Le siguen los dieciocho años del mulo, durante los cuales le cae encima una carga tras otra; acarrea el grano que alimenta a otros, y le pagan sus fieles servicios a golpes y puntapiés. Después llegan los doce años del perro, y los pasa tumbado en un rincón rezongando y sin dientes con los que morder. Y, transcurrido ese tiempo, concluye con los diez años del mono. Ahora el hombre chochea y anda ido; hace tonterías y se convierte en el hazmerreír de los niños.

Son pocos los órganos del cuerpo, si es que hay alguno, cuyo funcionamiento no empeore con el paso del tiempo, y muchos fallecimientos se deben a enfermedades relacionadas con la edad. Pero no todo es malo. En Reino Unido se ha diseñado un estudio extenso del English Longitudinal Study of Ageing [Estudio Longitudinal Inglés del Envejecimiento] para conocer la salud de las personas mayores; en él se entrevista a los participantes cada dos años. Resulta alentador y llamativo que el 60 por ciento de las personas con más de 80 años considere su salud entre buena y excelente. Pero eso significa, por supuesto, que el 40 por ciento tiene problemas de salud. El estudio también reveló que, aunque la artritis guarda relación con la edad, no ocurre lo mismo con el dolor de articulaciones y de espalda, y no son más frecuentes entre los mayores que entre los jóvenes.

El estudio examinó la proporción de gente que sigue libre de ciertas enfermedades, entre ellas cuatro relacionadas con la vista, siete afecciones cardiovasculares y otras seis dolencias físicas. Casi la mitad de las personas entre 50 y 54 años no padecían aún ninguna de estas enfermedades, pero la cifra ascendía a una de cada diez entre quienes tenían de 75 a 79 años. La riqueza y un nivel elevado de estudios alargan el funcionamiento físico, posiblemente debido a que ambas cosas mejoran el cuidado personal. El dinero importa: quienes residen en la zona más rica de Londres viven 17 años más que los habitantes de los barrios más pobres. Los individuos entre 50 y 59 años que se cuentan entre la quinta parte más pobre de la población tienen una probabilidad más de diez veces superior de morir antes que sus iguales de la quinta parte más rica. Los pobres tienen más probabilidad de contraer enfermedades, a pesar de contar con una distribución bastante igualitaria en cuanto a calidad de la asistencia sanitaria entre grupos de distinto poder adquisitivo.

En un estudio diferente se vio que los participantes con un coeficiente intelectual elevado durante la infancia tenían más probabilidad de disfrutar de mejor rendimiento pulmonar a los 79 años. Esto quizá se deba a que las personas más inteligentes responden mejor a los mensajes sanitarios que aconsejan mantenerse en forma.

La incapacidad y la fragilidad son problemas comunes en la vejez. Las personas enfermas viven la vejez de manera muy distinta a las que están sanas. A los 75 años hay personas aficionadas a correr y en cambio hay otras muy frágiles. La fragilidad es una afección asociada a la edad entre cuyos síntomas figuran la disminución del peso, la pérdida de masa muscular y de fuerza, la debilidad, la falta de energía y la reducción del rendimiento motor. La afección parece provenir de una debilitación general del cuerpo que afecta a los sistemas óseo, muscular, sanguíneo y hormonal. Los signos más frecuentes de fragilidad son las dificultades para realizar las actividades básicas de la vida diaria, como la movilidad, la preparación de la propia comida, hacer la compra, el manejo de dinero y la toma de medicación. Si la incapacidad indica una pérdida de funciones, la fragilidad indica inestabilidad y el riesgo de perder funciones. Una persona frágil tiene un riesgo mayor de quedar incapacitada o de morir debido a presiones externas. La fragilidad también aparece a partir de determinadas consecuencias clínicas, como caídas frecuentes, incontinencia o confusión. En muchos casos un solo factor, como una afección cardiovascular no descubierta, puede ser la razón de que la gente se vuelva frágil. En lugar de manifestar síntomas clásicos, como un infarto o un derrame cerebral, la persona puede sufrir una obstrucción parcial de vasos sanguíneos en el cerebro o las piernas, los riñones o el corazón, lo que quizá le cause agotamiento o confusión mental o debilidad o lentitud al caminar. Se ha descubierto que quien mantiene una actitud positiva ante la vida tiene bastante menos propensión a la fragilidad.

A medida que envejecemos las células pierden eficiencia y el cuerpo se vuelve menos capaz de ejecutar las funciones normales. Los músculos pierden fuerza, el oído y la vista pierden agudeza, los reflejos son más lentos, la capacidad pulmonar disminuye, y la capacidad del corazón para bombear sangre puede verse afectada. Además, el sistema inmunitario se debilita y se defiende peor de las infecciones y enfermedades. El bombeo cardiaco que suministra el máximo consumo de oxígeno decrece en torno al diez por ciento cada diez años en los hombres, y algo menos en las mujeres; la capacidad de respiración máxima disminuye hacia el 40 por ciento desde los 20 hasta los 70 años; el cerebro se encoge y pierde algunas células; los riñones rinden peor y la vejiga se reduce; la masa muscular mengua un 20 por ciento entre los 30 y los 70 años, aunque esta cifra desciende con el ejercicio; y la densidad ósea se pierde a partir de los 35 años de edad; la vista se deteriora a partir de los 40 y el oído empeora a edades más tardías. Estos cambios corporales asociados a la edad no se deben a una mala salud sino que, por desgracia, son normales, aunque pueden acarrear problemas de salud.

Una vez que el adulto llega a los 40 años empieza a perder algo más del uno por ciento de la masa muscular al año. Esto podría achacarse a que el cuerpo no consigue llevar nutrientes y hormonas a los músculos debido a un suministro sanguíneo más pobre. Los tendones, que conectan los músculos con los huesos, y los ligamentos, que mantienen unidas las articulaciones, se vuelven menos elásticos y más quebradizos. Asimismo realizamos más despacio las actividades físicas, como yo bien sé. La buena noticia es que una de cada cinco personas entre los 65 y los 74 años realiza la cantidad recomendada de ejercicio físico. Pero la actividad física también puede tener efectos negativos: los abogados y sacerdotes de más de 55 años tienen un índice de mortalidad inferior a la de los herreros y metalistas, y tasas menores aún a partir de los 75 años. Los músculos de los mamíferos se regeneran, pero en ratones los músculos viejos se regeneran mal. Al unir músculos de ratones viejos y jóvenes se obtiene que los músculos viejos se regeneran mejor, y los jóvenes, algo peor.

Hombres y mujeres entre 60 y 96 años que sufrían pérdida de masa corporal y de fuerza y que realizaron un entrenamiento moderado con pesas dos veces por semana consiguieron un aumento muscular significativo entre ocho y doce semanas después. La actividad física practicada de manera constante pospone la incapacidad y mantiene la independencia, incluso en quienes padecen una enfermedad crónica. La actividad física regular también ayuda a evitar algunas afecciones graves para las personas mayores que pueden derivar en incapacidad, como la osteoporosis, diabetes de tipo 2, enfermedades cardiovasculares, ansiedad y depresión. Asimismo reduce el riesgo de caídas y, por tanto, de las fracturas derivadas de ellas. Un objetivo al que conviene aspirar es al menos 30 minutos de actividad física moderada durante un mínimo de cinco días por semana. Joan Bakewell, de 77 años, de quien volveremos a hablar más adelante, me dijo: «Ya no estoy tan ágil como antes y tengo algunos dolores y achaques, pero me empeño mucho en mantenerme en forma y he practicado ejercicios de pilates dos veces por semana a lo largo de quince años. No quise perder la postura cuando noté que empezaba a encorvarme».

La mayoría de los fallecimientos humanos son atribuibles a una enfermedad relacionada con la edad y, por tanto, no es de extrañar que llegar a centenario vaya unido a haber eludido enfermedades comunes hasta una edad avanzada. Los periodos en que las personas mayores carecen de buena salud suelen abarcar unos siete años en el caso de los hombres, y diez en el de las mujeres. Cardiopatías coronarias, derrames cerebrales, cáncer, osteoporosis, diabetes y demencia son sólo algunas de las dolencias con las que tendrá que batallar cada vez más gente con el paso de los años. Las cifras irán en aumento a medida que la gente viva más tiempo que en ningún otro momento de la historia. La obesidad incrementa la probabilidad de fallecer por cualquier causa, sobre todo por enfermedad arterial coronaria y por derrame cerebral. Además de estos males, los pacientes obesos sufren una incidencia creciente de artritis. Las afecciones relacionadas con el sobrepeso también van asociadas a la edad. La proporción de grasa intraabdominal, que guarda relación con el incremento de la morbilidad y la mortalidad, aumenta progresivamente con la edad. Por tanto, la pérdida de peso en la gente mayor puede reducir la morbilidad debida a factores de riesgo cardiovascular, así como la artritis.

Las principales causas de fallecimiento en Estados Unidos han experimentado un cambio drástico. En 1900 las tres causas fundamentales de muerte estaban relacionadas con enfermedades infecciosas, pero en 2009 las causas principales de muerte en todas las edades se debieron a cardiopatías y a cáncer, que en conjunto suponen el 50 por ciento. Las cuatro causas fundamentales de muerte en personas de 65 años o más (cardiopatías, cáncer, disfunciones cerebrales relacionadas con los vasos sanguíneos que riegan el cerebro y enfermedades respiratorias) fueron las mismas que para el resto de las edades. En Reino Unido las causas principales de las defunciones son cardiopatías y derrames cerebrales. Existe una diferencia difusa entre los efectos de la edad y el padecimiento de enfermedades durante la vejez, pero en general se acepta que un fundamento del envejecimiento es el aumento de la vulnerabilidad a enfermedades como las cardiopatías.

Las cardiopatías coronarias son los principales verdugos de la gente mayor, y la mitad de todas las víctimas de infarto pasan de los 65 años. La práctica de actividades físicas entre suaves y moderadas disminuye considerablemente la tasa de mortalidad en pacientes mayores. Las cardiopatías surgen cuando se bloquea o interrumpe el suministro sanguíneo al corazón debido al aumento gradual de sustancias grasas en las arterias coronarias. Con el tiempo, las paredes de las arterias se cubren de depósitos grasos, un proceso que se conoce como aterosclerosis. Cuando las arterias coronarias se estrechan debido a la acumulación de dichos depósitos grasos, disminuye el suministro de sangre al corazón. Un ataque al corazón se produce cuando se bloquea por completo el flujo sanguíneo hasta una zona del músculo cardiaco. Esto impide que la sangre rica en oxígeno llegue al tejido del miocardio, lo mata y entonces se detiene la circulación de la sangre. Si no se trata con rapidez, el infarto causará problemas graves y a menudo la muerte. Si bien los hombres tienen unos índices de cardiopatías coronarias a una edad intermedia marcadamente más elevados que las mujeres, los índices femeninos de cardiopatías inician un incremento brusco a partir de la menopausia.

La falta de riego sanguíneo también puede producir infartos cerebrales. Un infarto cerebral se produce cuando se interrumpe de algún modo la llegada de sangre al cerebro, y las células cerebrales se ven privadas de oxígeno y otros nutrientes, lo que daña algunas y mata otras. Los efectos dependen del lugar donde se haya dañado el cerebro, así como de la magnitud del daño. Las secuelas de un infarto cerebral son muy variadas y dependen de cómo y dónde mueran las células nerviosas. La mayor parte del deterioro causado en el cerebro resulta de las toxinas que liberan las células nerviosas moribundas, las cuales arruinan aún más el entorno. Un infarto puede afectar a cualquier zona del cerebro, incluidas las que determinan la capacidad para moverse, ver, recordar, hablar, razonar, leer y escribir. Alrededor de 150.000 personas sufren un infarto cerebral en Reino Unido cada año (eso equivale a una persona cada tres minutos y medio al día). Un estudio de las personas mayores víctimas de infartos cerebrales en la zona de la clase trabajadora de Londres reveló que muchos lo consideraban un bache normal en sus vidas. Aunque los ataques se producen a cualquier edad, la inmensa mayoría ocurre en personas con más de 65 años. Sin embargo, un nuevo estudio revela que cada vez hay más estadounidenses que sufren infartos cerebrales a edades más tempranas que nunca, lo que indica que esta afección ha dejado de ser un padecimiento típico de la vejez.

El cáncer es esencialmente una enfermedad de la vejez, puesto que la incidencia del cáncer en quienes superan los 65 años es diez veces mayor que en la gente que no llega a esa edad. Cerca de tres cuartas partes de los casos se diagnostican en personas de 60 años o más, y más de un tercio de los casos, en gente de 75 años en adelante. Más de tres cuartas partes de las muertes por cáncer afectan a individuos de 65 años o más. Aunque el número de fallecimientos por cáncer es mayor entre quienes pasan de los 65 años, el cáncer causa una proporción mayor de defunciones en gente más joven. Entre los hombres de edad avanzada, el cáncer de próstata y el de colon son los más comunes, mientras que en las mujeres lo es el de mama. Cerca del 80 por ciento de todos los cánceres de mama se producen en mujeres de más de 50 años.

La relación entre el cáncer y la vejez es bastante compleja. La inestabilidad genómica, el deterioro del ADN, es un rasgo distintivo de la mayoría de los cánceres, pero también lo es de la vejez, tal como veremos. Tiene que darse cierta cantidad de cambios en los genes de la célula antes de que ésta se convierta en cancerosa. A partir de ahí pasa un tiempo hasta que ocurren más cambios que tornan malignas las células. La relación con el envejecimiento probablemente tenga que ver con el tiempo adicional que tienen las células para desarrollar anomalías que aumenten el riesgo de cáncer, y también con el tiempo adicional que permanecen expuestas a un medio cancerígeno. Es sorprendente la estadística que revela que la mejora potencial de la esperanza de vida en caso de que se acabara por completo con la mortalidad debida al cáncer en Estados Unidos no pasaría de tres años, si se considera el cáncer con independencia de otras causas de muerte.

Las células pueden responder ante situaciones nuevas aumentando su crecimiento de formas que no siempre derivan en cáncer, pero tienen otros efectos. Los problemas de próstata en los hombres de edad avanzada constituyen un buen ejemplo. Se deben a una proliferación adicional de las células epiteliales y los fibroblastos, y el aumento de tamaño del músculo liso. Esto incrementa la frecuencia de la micción, cuando la próstata sobresale hacia la vejiga. Desconocemos por qué sucede esto con la edad y, con demasiada frecuencia, deriva en el desarrollo de un tumor. Pero no todos los crecimientos anómalos son cancerosos, afortunadamente.

El sistema inmunitario experimenta un deterioro importante con la edad. En la senectud se han descrito muchas alteraciones tanto en el sistema inmunitario innato como en el adquirido. Este proceso es el responsable de un aumento de la susceptibilidad a contraer enfermedades infecciosas como gripe o neumonía, además de ser la base de los mecanismos biológicos que causan enfermedades inflamatorias relacionadas con la edad. En Estados Unidos, el 90 por ciento de las muertes por gripe y neumonía afectan a personas de más de 65 años.

La osteoartritis es un tipo de artritis que padecen unos ocho millones de personas en Reino Unido. Afecta sobre todo a la gente mayor, comienza hacia los 45 años y se debe a la ruptura y desaparición a largo plazo del cartílago que actúa como amortiguador entre los huesos de las articulaciones. La gente con osteoartritis suele sufrir dolor en las articulaciones y limitación de movimientos. A diferencia de otras variedades de artritis (hay más de cien tipos), la osteoartritis afecta tan sólo a las articulaciones y no a órganos internos. Más de la mitad de la población con 64 años o más revelaría signos de osteoartritis en al menos una articulación en una exploración con rayos X. La enfermedad incide tanto en hombres como en mujeres, y se debe a una combinación de factores entre los que se cuentan el sobrepeso, el proceso de envejecimiento, lesiones en articulaciones y excesos con las articulaciones debidos a ciertos trabajos o actividades deportivas.

La osteoporosis es una enfermedad silenciosa que vuelve los huesos extremadamente frágiles. La densidad mineral del hueso se reduce y cambia la estructura ósea. Si no se trata, avanzará sin causar dolor hasta que se rompa un hueso, por lo común de la cadera, la columna o la muñeca, y esas fracturas son muy dolorosas y suelen tardar largo tiempo en sanar. Se afirma que una de cada dos mujeres y uno de cada cuatro hombres de más de 50 años sufrirá una fractura ósea debido a la osteoporosis. La gota, en cambio, no está vinculada a la edad.

Las caídas forman parte de los problemas más comunes y graves que acucian a los mayores. Pueden causarles la muerte, reducción de funciones y el ingreso en una clínica geriátrica. Aproximadamente la mitad de las personas mayores con más de 65 años sufren una caída al año, y la cifra aumenta con la edad. La pérdida de capacidades cognitivas y la demencia incrementan el riesgo de caídas y, por tanto, de fracturas óseas. Los problemas de equilibrio y los mareos se vuelven mucho más comunes a medida que envejecemos (tres de cada cinco mujeres de 80 años o más sufrió uno o ambos de estos trastornos en alguna ocasión, mientras que a los 50 afectaban tan sólo a una de cada cinco). Las caídas reiteradas pueden conllevar la necesidad de recibir cuidados durante mucho tiempo. También las dificultades para caminar o subir escaleras son muy frecuentes entre quienes pasan de los 75 años. Cada día se caen más de 2300 mayores, y 80.000 de los que se han caído a lo largo del año temen salir de casa. Las tablas de ejercicios pueden ayudar a evitar caídas.

Los mayores caminan de forma anómala, y esto resulta evidente en aproximadamente un tercio de las personas con más de 65 años. Entre las características típicas figuran la lentitud, pasos cortos y muy variables, escasas anchura y frecuencia del paso. Los pavimentos irregulares (en Londres, uno de cada cinco pavimentos se encuentra en un estado lamentable) son un peligro. Puede que la gente mayor recurra algún día a un traje en lugar de un andador para sostenerse. Científicos japoneses están desarrollando el traje Michelin Gran de Lycra, que está recubierto por pares de «músculos» hinchables para auxiliar los músculos reales del usuario. Cuando se inflan ayudan al usuario a mover las extremidades con más fuerza y estabilidad.

La diabetes de tipo 2 se ve con más frecuencia en adultos mayores, de forma que la mitad de todos los casos diagnosticados se da en gente de 55 años en adelante. Es, con diferencia, el tipo de diabetes más común, y aparece cuando el cuerpo produce insulina pero las células dejan de responder y permiten la entrada de glucosa, sobre todo las células musculares, adiposas y hepáticas. En torno al 90 por ciento de los pacientes que desarrollan diabetes del tipo 2 sufren obesidad. Tanto el sobrepeso como la falta de movilidad favorecen la enfermedad.

Existen muchas ideas falsas acerca de la actividad sexual en la vejez. Se ha dicho que el sexo entre mayores es un secreto muy bien guardado porque los jóvenes no los creerían si se animaran a hablar. De hecho, hay pocos signos de una disminución significativa relacionada con la edad. El grado de interés y actividad sexual entre la gente de más de 65 años es tan diverso como los individuos que conforman esa población. Un estudio reciente realizado en Estados Unidos entre hombres y mujeres casados reveló que casi el 90 por ciento de los hombres y mujeres casados de entre 60 y 64 años tienen actividad sexual. Esos números se desploman a medida que avanza la edad, y algo menos de un tercio de los hombres y mujeres con más de 80 siguen siendo sexualmente activos. Un estudio reciente descubrió que los hombres disfrutan de cinco años más de vida sexual activa (hasta los 70 años de edad) que las mujeres, quienes tienen menos probabilidades de hacer el amor después de los 65 años debido, sobre todo, a estar casadas con hombres mayores que ellas y que ya han fallecido. Quienes gozan de buena salud en la vejez tienen el doble de posibilidades de disfrutar de una libido elevada, y tienen más probabilidades de practicar sexo con regularidad, es decir, una o más veces por semana. Aun así, la respuesta sexual masculina tiende a volverse más lenta con la edad.

No obstante, la disfunción eréctil y la impotencia son significativas en quienes pasan de los 70 años (se da en alrededor de un tercio). Las enfermedades físicas suelen ser una causa del cese de la actividad sexual, y fármacos como los antidepresivos, las estatinas y las benzodiacepinas pueden inducir efectos similares. A la edad de 65 años, entre el 15 y el 25 por ciento de los hombres sufren este problema al menos una vez de cada cuatro en las que practican sexo. Esto también ocurre en hombres con afecciones cardiacas, hipertensión o diabetes, ya sea por la enfermedad en sí o por los medicamentos que usan para tratarla. Los hombres también pueden notar que tardan más en conseguir una erección y que ésta no es tan firme o prolongada como solía. En ocasiones disminuye el volumen de la eyaculación, o la erección desaparece más deprisa después del orgasmo, o se tarda más en conseguir una nueva erección. Hay hombres que necesitan más estimulación previa.

Está bien documentado que las mujeres mayores padecen menos problemas sexuales que los hombres a medida que envejecen. La mayoría de las mujeres sanas pueden disfrutar de una actividad sexual intacta hasta el fin de su vida, siempre que haya sido así con anterioridad. Entre las alteraciones normales que experimentan las mujeres mayores se cuenta una disminución en la longitud, la anchura y la elasticidad de la vagina. Sin embargo, estudios recientes indican que las mujeres mayores no tienen ninguna limitación física en la capacidad para alcanzar y disfrutar del orgasmo. Pero hay ciertas restricciones. La merma de la hormona femenina, el estrógeno, que se produce tras la menopausia, puede reducir la lubricación vaginal. La pérdida de lubricidad suele causar dolor durante el coito, pero por suerte esta afección se puede tratar fácilmente con cremas. Diana Athill, escritora premiada que tiene más de 90 años, escribió en su libro que ha dejado de practicar sexo y dice que no lo echa de menos. «Es como dejar de beber vino; al principio pensé que era un perjuicio horrible, pero cuando no puedes beber algo porque si lo tomas caes enferma, ya no te importa dejarlo... De vez en cuando leo artículos absolutamente obscenos sobre el sexo senil; que si sigues intentándolo con suficiente empeño usando toda clase de ungüentos llega a funcionar. ¡Por el amor de Dios! ¡Se supone que es para pasar un buen rato! Si necesitas un armario lleno de vaselina, lo mismo te da dejarlo.»

Los cambios en la piel que causan arrugas faciales son un signo claro de envejecimiento. Un estudio de las bases de su aparición basado en la tecnología génica afirma haber identificado más de mil genes implicados, junto con sus proteínas. Una causa estriba en la pérdida de agua, mientras que otra consiste en la descomposición del colágeno, una molécula que da firmeza a la piel, y una tercera proviene de daños producidos por la luz solar. Con la edad, la capa externa de la piel pierde grosor, aun cuando la cantidad de capas celulares permanezca inalterada. El número de células con pigmento desciende, pero las que quedan aumentan de tamaño (son las manchas de la edad) en zonas expuestas al sol. Así pues, la piel envejecida es más fina, más pálida y más traslúcida. Los cambios en el tejido conectivo reducen la firmeza y la elasticidad de la piel, sobre todo en las zonas expuestas al sol. Esto le confiere el aspecto áspero y curtido habitual en quienes pasan mucho tiempo al aire libre. Los vasos sanguíneos subcutáneos se vuelven más frágiles, lo que a su vez facilita la aparición de moratones, aunque la mayoría de los cardenales desaparecen sin tratamiento. Las glándulas de la piel producen menos grasa con la edad y, mientras los hombres experimentan un descenso mínimo, a menudo después de cumplir los 80 años, las mujeres van produciendo cada vez menos grasa después de la menopausia. Esto dificulta el mantenimiento de la piel húmeda, y produce sequedad y picor. También pierde grosor la capa grasa, que aísla y acolcha, y así aumenta el riesgo de lesiones cutáneas y disminuye la capacidad para conservar la temperatura corporal cuando hace frío. Las glándulas sudoríparas generan menos sudor y eso entorpece la refrigeración cuando hace calor, de forma que aumenta el riesgo de hipertermia. La aparición de tumores, como verrugas y otras imperfecciones, se vuelve más frecuente. La cicatrización llega a desaparecer por completo durante la madurez, de forma que las heridas se hacen crónicas. Las estadísticas indican que al menos una de cada veinte personas mayores de 65 años tiene alguna herida cutánea que no cicatriza. Son especialmente propensas las personas mayores diabéticas, y un estado emocional angustiado puede empeorar aún más la cicatrización.

Enfermedades de la vista como cataratas, glaucoma y degeneración macular causan pérdida de visión y son problemas importantes de la vejez. Las cataratas distorsionan la luz cuando ésta atraviesa la lente del ojo. A medida que envejecemos, la proteína de la lente de los ojos se aglomera y empaña la lente. El glaucoma es una afección ocular que aumenta la presión del líquido del ojo; esta presión daña el nervio óptico. A menudo es hereditaria y empeora con la edad. Tanto las cataratas como el glaucoma se pueden tratar. La degeneración macular es una enfermedad que produce un deterioro progresivo de la parte central de la retina, la que nos permite percibir detalles finos. En Estados Unidos el 30 por ciento de los pacientes con edades comprendidas entre los 75 y los 85 años sufrirán degeneración macular. Existen genes que aumentan el riesgo, y la diabetes y la hipertensión también favorecen las afecciones de la vista. Además está la presbicia, la típica «vista cansada» de la gente de mediana edad que dificulta cada vez más la lectura de la letra pequeña y que en sus inicios se sortea alejando cada vez más el texto de la vista.

Aproximadamente un tercio de los estadounidenses con edades comprendidas entre los 65 y los 74 años tiene problemas de oído, y alrededor de la mitad de la gente de 85 años o más ha perdido audición. En Reino Unido hay más de seis millones de sordos y personas que oyen mal con más de 60 años. El vello diminuto que tenemos dentro del oído nos ayuda a oír porque capta las ondas sonoras y las transforma en las señales nerviosas que el cerebro interpreta como sonido. La pérdida de audición ocurre cuando se daña o muere ese vello diminuto. Las células pilosas no vuelven a crecer, de modo que casi todas las pérdidas de audición son permanentes. Otro tipo de pérdida auditiva deriva del deterioro de otras partes del oído interno. El tinnitus puede aparecer con muchas formas de pérdida de audición, incluidas las que a veces sobrevienen con la edad. La gente con tinnitus oye un zumbido o cualquier otro ruido en el interior de los oídos. Lo bueno es que ese empeoramiento de la audición suele cesar hacia los 70 años.

También visitamos más al dentista con la edad. La dentadura representa un buen modelo del proceso de envejecimiento debido al desgaste por el uso. Con la edad, los dientes se oscurecen por cambios en la dentina bajo el esmalte de la superficie. A veces, el esmalte en sí se desgasta de masticar durante tantos años, y la dentadura se vuelve más sensible. Los propios dientes también se tornan más secos y quebradizos, lo que los hace más propensos a romperse o agrietarse con la masticación normal, y los viejos empastes se van quebrando. Las encías empiezan a retraerse, sobre todo si se sufre una enfermedad periodontal o si se han cepillado con una fuerza excesiva. El retroceso de las encías incrementa el riesgo de caries en los dientes.

En torno a la cuarta parte de los hombres sufren una alopecia incipiente a los 30 años, y dos tercios de ellos empiezan a padecerla hacia los 60 años. Una hipótesis sostiene que la evolución desarrolló la calvicie en los hombres como signo de envejecimiento y de madurez social, lo que indica que ya son menos agresivos y que asumen menos riesgos. Eso podría realzar su capacidad para preparar a los hijos para la edad adulta. La mayoría del cabello de la cabeza se encuentra en una fase de crecimiento activo que puede cesar en cualquier instante dentro de un intervalo de dos a siete años. Al final de ese periodo mueren las células encargadas del crecimiento, que son células totipotentes, y el pelo se cae. El cuero cabelludo cuenta en promedio con cien mil pelos, y perdemos unos cien al día. La calvicie se debe a que no se repone el cabello caído, y tiene una base genética, pero el estrés también puede causar alopecia.

La coloración gris del cabello puede producirse asimismo a una edad bastante temprana, pero, por lo común, comienza a mediados de la treintena. El color negro del cabello se debe a que, en el pelo en crecimiento, entran células especiales productoras del pigmento oscuro, llamadas melanocitos, y las canas se deben a su desaparición o incapacidad para producir pigmento oscuro. Por razones desconocidas, las células pilosas totipotentes son mucho más longevas que las células melanocíticas totipotentes, de modo que la aparición de las canas puede adelantarse a la calvicie. Las hormonas del estrés afectan en ocasiones a la supervivencia y actividad de los melanocitos, pero no se ha descubierto una relación clara entre el estrés y el cabello cano. La genética puede repercutir tanto en la calvicie como en la aparición de canas, pero estudios con gemelos han revelado que las canas femeninas son genéticas.

Si toda esta información nos deprime por su negatividad, quizá valga la pena recordar la historia de «El anciano y los tres jóvenes», una fábula en verso que valora a los mayores escrita por La Fontaine, uno de los poetas franceses más leídos del siglo XVII:

Plantando un árbol se topó un anciano
con tres jovenzuelos de la aldea vecina
que dijeron: un árbol sembrar a sus años,

seguramente chochea, pues no lo disfrutaría
si no vive como Matusalén un tiempo largo;
en labrarse una tumba mejor haría;

Pero los tres jóvenes murieron en sendos accidentes.

Entonces el viejo sabio
lloró a los tres jovenzuelos
y escribió en sus tumbas lo contado.

Y, además, en la mayoría de las actividades físicas, incluido el deporte, encontramos ejemplos positivos y alentadores de capacidades físicas que se mantienen a pesar de la edad. ¿Realmente se produce un deterioro físico imparable a partir de los veinte años cuando se practica un deporte, o se produce más bien una pérdida de motivación? «¿Qué edad tendrías si no supieras tu edad?», planteó Leroy Paige cuando jugaba como pitcher en las grandes ligas de béisbol con cincuenta y muchos años. La vejez es relativa: una persona que juegue al tenis con 60 años puede estar en mejor forma que una persona adicta a la televisión. Yo aún juego partidos tanto individuales como dobles.

No hace mucho tiempo, los atletas se retiraban a los 40 años, y se los consideraba muy mayores a los 50. Ahora ese instante temporal se acerca más a los 75 años. Esto ocurre con quienes se entrenan para mejorar su rendimiento, pero no con quienes se apoltronan en el sofá. Algunos han seguido entrenando a medida que envejecían, y otros han empezado a competir a una mediana edad. Un estudio reveló una pérdida de rendimiento anual después de los 50, pero a un ritmo apenas perceptible hasta alrededor de los 75, momento en que el deterioro se volvía indiscutible. El rendimiento de los atletas mayores, tanto hombres como mujeres, descendía hacia un cuatro por ciento al año a partir de los 35 años de competición: despacio desde los 50 hasta los 75, y de una manera drástica después de los 75. Las mujeres empeoraban más en el *sprint* que en resistencia, sobre todo después de los 75 años. Los corredores de maratón se deterioran como un dos por ciento anual entre los 30 y los 40 años, el ocho por ciento entre los 40 y los 50, el 13 por ciento entre los 50 y los 60 y, por último, sufren un deterioro del 14 por ciento entre los 60 y los 70. Pero en 2003 el corredor de larga distancia canadiense Ed Whitlock corrió un maratón en menos de tres horas a los 73 años.

Hay otras excepciones asombrosas en relación con el deterioro de la capacidad atlética con la edad. Luciano Acquarone batió una plusmarca mundial de maratón a los 59 años, con un tiempo de 2:39, y hubo un corredor japonés de 60 años que lo realizó en 2:36. Hay una mujer de 73 años que procura nadar, montar en bicicleta y correr tres veces por semana porque tiene la impresión de que está más joven así y de que vivirá más, y hasta quiere participar en el triatlón Ironman de Hawai. Un gran ejemplo de vigor en la senectud lo encontramos en Ranulph Fiennes, quien escaló el Everest a los 65 años y, seis años antes, había corrido siete maratones en siete continentes en siete días consecutivos. Ruth Frith batió una nueva marca a los cien años en la categoría correspondiente a su edad con un lanzamiento de más de cuatro metros (superando el de competidoras décadas más jóvenes que ella) en los Juegos del Mundo para Mayores de Sidney 2009. Entrena cinco días a la semana con pesas de 36 kilos.

«Los viejos futbolistas nunca mueren, sencillamente consiguen el último objetivo que se proponen.» Roger Milla tenía 42 años cuando jugó en el Mundial de 1994 en la selección nacional de Camerún. Había saltado al estrellato internacional a los 38 años, una edad a la que ya se han retirado la mayoría de los futbolistas, al marcar cuatro goles en el Mundial de 1990. Muchos futbolistas alcanzan su momento álgido a los treinta y tantos años.

El juego de billar *snooker* requiere tanto una buena concentración como buena forma física. Ray Reardon, que acumuló seis títulos mundiales de este juego, llegó a la final en el campeonato mundial de 1982 a los 49 años, aunque perdió contra el inspirado Alex Higgins. Uno de sus mayores momentos llegó en 1988, cuando, a los 56 años de edad, le dio una paliza a Steve Davis, ganador de cinco títulos mundiales. Los golfistas también se mantienen con el paso de los años. Tom Watson perdió por muy poco el Abierto británico de 2009 con 59 años, y hubo muchísimas noticias que valoraban positivamente que alguien de su edad tuviera tanto éxito. Un viejo golfista aún se valía por sí mismo para conducir por el campo de golf a los 101 años, y sólo recientemente ha recurrido al auxilio de otras personas en el complejo Arizona Grand. A los cien años aún era capaz de hacer nueve hoyos en 40 golpes, y no empezó a utilizar el carro eléctrico para moverse por el campo hasta que padeció un problema de cadera a los 98 años.

El deterioro de la salud y de las facultades que acompaña a la edad puede empeorar con una exposición prolongada a entornos y a un estilo de vida poco saludables. La gente mayor suele valorar su salud como buena, aunque las pruebas indican que tienen más probabilidades de padecer diversos problemas de salud. Muchos mayores entienden la «salud» como algo global que incluye el bienestar y factores sociales y, en general, tienen un concepto positivo. La gente mayor que asume los estereotipos negativos acerca del envejecimiento es más propensa a padecer problemas de salud (asimismo, debido a esa actitud negativa ante la vejez, es más dada a atribuir sus problemas al proceso del envejecimiento y, por tanto, a no recurrir a la asistencia sanitaria necesaria). Algunas personas mayores llegan incluso a minimizar sus problemas de salud como una maniobra deliberada para renegar de los tópicos negativos en relación con la vejez. Además, algunos mayores son reacios a visitar a los profesionales médicos porque, por imprudencia, se sienten más cómodos confiando en su propio sentido común.

A la gente que mantiene actitudes negativas ante la vejez le aguardan peligros dolorosos, según indica un nuevo estudio. Los adultos jóvenes y de mediana edad que aceptan los tópicos negativos sobre la vejez presentan altos índices de derrames cerebrales, infartos y otras cardiopatías graves en momentos más tardíos de su vida, comparados con la gente de su misma edad que tiene una idea positiva en general sobre la vejez. La psicóloga Becca Levy, de la Universidad de Yale, descubrió que quienes contemplan la vejez como una experiencia positiva viven un promedio de siete años más. Esto significa que una actitud positiva es más eficaz que no fumar o que mantener un peso saludable. Levy dice que el paternalismo y el empleo de un lenguaje infantilizador puede repercutir en su competencia y en la duración de la vida. Dicen que ser optimista y afrontar los problemas es más importante para envejecer bien que la salud física. Pero siga practicando ejercicio. Nótese, además, que hay ciertos indicios que sugieren que el aburrimiento produce problemas cardiacos y una muerte prematura.

Más adelante consideraremos la posible base celular de las alteraciones que experimenta el cuerpo a medida que envejecemos, pero ahora nos centraremos en los cambios mentales y las enfermedades asociados a la edad.

3
La desmemoria

Primero olvidas los nombres, después olvidas las caras, más tarde olvidas subirte la cremallera, luego olvidas bajarte la cremallera.

Leo Rosenberg

Casi todos los que atravesamos la senectud debemos admitir que la mente se deteriora de varias maneras a medida que envejecemos. La memoria nos ofrece el ejemplo más obvio: es muy común que no recordemos cosas simples, sobre todo nombres, que nos suelen venir a la cabeza sin esperarlo poco después. De hecho, la velocidad del pensamiento y la visualización espacial empiezan a declinar a los 20 años, y las facultades mentales alcanzan su máximo a los 22, para empezar a deteriorarse tan sólo cinco años después. Se ha demostrado que la memoria empeora en general a partir de los 40 años. Pero las capacidades basadas en el conocimiento acumulado aumentan hasta los 60 años de edad (tal como revela la realización de pruebas de vocabulario o información general). George Burns señaló que: «Para cuando cumples 80 años ya lo has aprendido todo. Sólo falta recordarlo». Y aunque los procesos mentales se vuelven menos eficientes, nuestro rendimiento puede mejorar en la resolución de problemas morales y sociales complejos.

Sófocles, poeta trágico de la Antigüedad griega, no era nada positivo con la senectud: «Cuando un hombre envejece pierde la luz de la razón, sus actos se vuelven inútiles y tiene preocupaciones insignificantes». Sus hijos parecían estar de acuerdo con él: estaba tan absorto en la labor literaria que consideraron que Sófocles desatendía sus bienes, y sus hijos lo llevaron a juicio para conseguir un veredicto que lo privara del control de sus propiedades por demencia. Entonces, el anciano leyó al jurado su obra *Edipo en Colono*, la cual había escrito con más de 80 años, y preguntó: «¿Creen que este poema es obra de un demente?». Cuando terminó fue absuelto por el veredicto del jurado.

El orador romano Cicerón escribió: «Los ancianos conservan sus facultades mentales siempre que sigan teniendo interés y aplicación; y esto se da no sólo en hombres con cargos públicos eminentes, sino igualmente en quienes disfrutan de la paz de la vida privada». Es impresionante lo mucho que concuerdan sus ideas sobre la mejor manera de envejecer con las actuales: mantener la actividad física y mental. Frente a la objeción de que la memoria empieza a declinar en la senectud, él responde: «Sin duda es así si no la ejercitas, o si eres algo tardo de nacimiento. Jamás he oído que un anciano olvide dónde enterró su tesoro; los viejos recuerdan lo que de verdad les interesa: sus citas judiciales, sus deudas y sus deudores».

Quienes llegan a los 70 años y tienen unos 14 años por delante atravesarán, en promedio, casi dos años de incapacidad cognitiva moderada o severa. De ahí que el agravamiento de la demencia con la edad despierte mucha preocupación y hasta temor, sobre todo la enfermedad de Alzheimer. El equipo del proyecto The Disconnected Mind está analizando de manera exhaustiva cómo contribuyen los factores demográficos a lo largo de toda la vida al grado de envejecimiento cerebral. La función cerebral a los 11 años es el mayor indicador de cómo estará la función cerebral en etapas posteriores de la vida; los niños listos se convierten en personas mayores listas y mentalmente competentes.

Con la edad no se produce una pérdida significativa de células nerviosas, aunque en la senectud se pierden varias poblaciones de estas células. A medida que envejecemos, los nervios periféricos conducen los impulsos más despacio, lo que reduce la sensibilidad, disminuye los reflejos y a menudo conlleva cierta torpeza. La transmisión nerviosa se hace más lenta porque se deterioran las fundas de mielina, las capas de células que envuelven los nervios y que aceleran el envío de impulsos. El encogimiento del cerebro se debe a la pérdida de fluido y a la disminución de las ramificaciones de las extensiones que parten de los nervios. Además se reduce el tamaño de los cuerpos celulares y se acumulan marañas de pigmento granular y de filamentos, así como de pequeñas estructuras anómalas. En torno a un tercio de las personas mayores tienen depósitos anómalos de amiloides en el cerebro, que son proteínas que forman agregados fibrosos insolubles de proteínas, comunes en cerebros afectados por la enfermedad de Alzheimer y causantes de daños en las células nerviosas. La aparición tardía de esquizofrenia es rara.

La investigación ha revelado que regiones separadas del cerebro implicadas en las funciones cognitivas de alto nivel presentan una activación menos coordinada con la edad. Esta coordinación reducida de la actividad cerebral va asociada a una ejecución torpe de diversos dominios cognitivos. Aunque la pérdida neuronal es mínima en la mayoría de las regiones de un cerebro envejecido normal, ciertas alteraciones en las conexiones entre neuronas envejecidas contribuyen a alterar la función cerebral. Se han descubierto más de 150 genes que experimentan cambios de expresión dependientes de la edad en el cerebro; algunos se vuelven más activos con el paso del tiempo en ratones, pero menos en humanos. Aún no se conoce la función de esos genes, ni cómo se activan y desactivan. Estudios con ratones han identificado alteraciones de memoria en el cerebro envejecido debidas a la desactivación de ciertos genes relacionados con la memoria. Asimismo hay concentraciones más bajas de neurotransmisores relevantes para el comportamiento, la cognición y los movimientos voluntarios, como la dopamina. En el cerebro humano, el deterioro de la función mitocondrial puede afectar de manera selectiva a las poblaciones neuronales con gran demanda energética, como las neuronas que degeneran en la enfermedad de Alzheimer.

Las actividades mentales suelen sufrir una decadencia mucho menos acusada con la edad que las actividades físicas.

Se dan grandes variaciones, pero algunas personas mayores aún son muy productivas. Muchos políticos se mantienen activos hasta edades bastante avanzadas, en algunos casos podría decirse que demasiado. Los emperadores romanos mandaban hasta que alcanzaban edades extremas. Augusto, que vivió hasta los 76 años, permaneció en el cargo hasta morir y no dejó de acudir al senado de manera regular hasta que cumplió los 74 años. Winston Churchill aún era primer ministro a los 80.

Los científicos suelen realizar sus mejores logros durante la juventud, pero hay excepciones de peso, como Galileo, que escribió los *Diálogos acerca de dos nuevas ciencias* cuando tenía 72 años. El físico Max Planck escribió: «Las teorías científicas no cambian porque los científicos viejos cambien de opinión; cambian porque los científicos viejos mueren». Se ha descubierto que los profesores universitarios de ciencias de entre 50 y sesenta y tantos años publicaron casi el doble de artículos especializados al año que los de treinta y tantos. A sus 80 años, André Gide afirmaba que no había notado ningún debilitamiento de sus facultades intelectuales, pero que no sabía hacia qué orientarlas.

Los escritores, pintores y escultores no pierden el talento con la edad, y muchos han realizado sus mejores obras hacia los últimos quince años de una larga vida. A los 97, Enrico Paoli, maestro italiano de ajedrez, fue el ajedrecista nonagenario más activo del mundo. Aprendió a jugar cuando tenía nueve años y empezó a participar en torneos a los 26. Ganó su último título en un campeonato italiano a la edad de 60 años. Paoli jugó en la categoría de gran maestro del ajedrez a los 96 años, en 2003, cuando participó en el campeonato del mundo. José Raúl Capablanca, el «Mozart del ajedrez», consideraba a Emanuel Lasker, que fue campeón de ajedrez durante veintisiete años, el jugador más peligroso del mundo en una sola partida, aun cuando este último se acercaba ya a los 70 años. Ningún otro contemporáneo, pensaba, lo superaba a la hora de valorar una posición y encontrar la estrategia correcta.

El deterioro de la memoria con el paso del tiempo depende de la naturaleza particular de cada memoria, puesto que la hay de distintos tipos. Por ejemplo, los pacientes con un daño cerebral específico no pueden recordar experiencias personales, pero son capaces de aprender nuevas habilidades motoras y listas de palabras. Ésta es una memoria implícita que conlleva el recuerdo de competencias motoras y académicas sin una percepción consciente de que existan experiencias previas. Se diferencia de la memoria explícita en que ésta conlleva el recuerdo de experiencias e información previas. La memoria explícita o episódica guarda relación con el recuerdo de acontecimientos autobiográficos, incluidos los más recientes, como citas, lugares y emociones asociadas, y es el tipo de memoria que se pierde con más frecuencia en la vejez. A medida que aumenta la longitud y la complejidad de las frases, los mayores tienen más dificultades para entenderlas y recordarlas. En cambio, el conocimiento factual no merma con la edad, aunque sí lo hace la memoria espacial, como la del trazado de un museo visitado recientemente.

En la vejez es habitual olvidarse del nombre de la gente o no encontrar una palabra determinada, aunque la tengamos en la punta de la lengua. Por lo común, ese nombre o esa palabra se recuerdan después, mientras se piensa en algo muy diferente. A mí se me han escapado nombres al igual que a muchos de mis amigos. También he olvidado la cara de personas que conozco bastante bien; tengo que preguntarles quiénes son cuando me saludan, y entonces las recuerdo. Es un tanto embarazoso no recordar el nombre de alguien que conoces cuando te lo encuentras y tienes que presentárselo a otra persona. Uno también pierde objetos comunes o, tal como lo expresó Edward Grey: «Estoy llegando a una edad en la que sólo consigo disfrutar del último deporte que me queda. Se llama "anteojos en busca y captura"».

Jonathan Swift, autor de los *Viajes de Gulliver,* describe una experiencia que me resulta familiar:

> Ese viejo vértigo en la cabeza
> nunca lo abandonará hasta la muerte:
> además, le falla la memoria,
> no recuerda lo que dice;
> no le vienen los amigos a la mente:
> olvida dónde hizo la cena precedente:
> te atosiga sin parar con historias
> que ya contó cincuenta veces.

Aunque no se produce una pérdida significativa de conocimiento con la edad, los mayores no codifican la información en la memoria a largo plazo con tanta eficacia como los jóvenes. Olvidarse de hacer algo a medida que se envejece es habitual e inquietante. Alrededor del 60 por ciento de los participantes en un estudio con gente de 75 años de edad o más olvidó realizar una acción que previamente les habían pedido que hicieran. Un ejemplo típico de pérdida de memoria reciente lo encontramos en el caso de un distinguido pero envejecido presentador de televisión que salió a cenar un viernes por la noche. Cuando llamó al timbre en casa de su acompañante, ella tardó en abrir, pero al rato asomó la cabeza por una ventana superior y le dijo «Hola». «¿Me he equivocado de noche?», preguntó él. «No», respondió ella, «fue el viernes pasado, y viniste.» Una anécdota la mar de familiar.

Las afecciones relacionadas con la memoria son la causa más frecuente de visitas a la consulta médica por demencia. Ésta aparece cuando falla la memoria episódica, lo que hace olvidar vivencias personales y familiares y citas; extraviar cosas por casa; preguntar lo mismo varias veces; no seguir el hilo de programas televisivos o películas; olvidar acontecimientos pasados y detalles nuevos, y perderse uno mismo. Las personas mayores conservan muchos más recuerdos de lo que les sucedió en la adolescencia y la primera adultez, que de la etapa intermedia de su vida. Muy pocos mayores mejoran en funcionamiento cognitivo al atardecer y, a diferencia de la juventud, sus actuaciones empeoran a medida que avanza el día. Se ha comprobado que el tratamiento de herboristería con ginkgo, usado por los chinos durante milenios para tratar la pérdida de memoria en la vejez, es totalmente ineficaz. Todo el alboroto que ha despertado el aceite de pescado como alimento crucial para el cerebro podría ser injustificado. Un estudio realizado a lo largo de dos años reveló que no hay ningún indicio de que la oferta de complementos alimenticios favorezca la función cerebral en la gente mayor, lo que contradice los estudios previos sobre las maravillas de los ácidos grasos omega 3. En cambio, el ejercicio físico fue el responsable de más del tres por ciento de las diferencias en las facultades cognitivas durante la vejez tras interpretar las puntuaciones tomando como referencia la obtenida por un participante a los 11 años de edad.

Aproximadamente la mitad de todos los casos de enfermedades mentales que aparecen a lo largo de la vida comienzan a los 14 años de edad, pero las posibilidades de desarrollar un trastorno mental aumentan a medida que envejecemos. El más común y grave de todos es la demencia, una deficiencia generalizada del funcionamiento cognitivo suficiente para afectar a las actividades cotidianas y que en ocasiones causa depresión, alucinaciones y delirio. El término «demencia» lo introdujo Philippe Pinel en París en 1801; también introdujo la idea de que hay que tratar con amabilidad a la gente que la sufre (en aquella época se encadenaba a muchos de esos pacientes), y calificó este nuevo principio como «el tratamiento moral de la locura». Uno de los pupilos de Pinel, Dominique Esquirol, dio una descripción muy detallada y aún válida de la demencia, señalando, por ejemplo, que quien la sufre manifiesta una indiferencia absoluta hacia cosas que antes figuraban entre las más queridas, y eso incluye a familiares. También suelen tener pasiones ridículas. Él practicó autopsias y detectó circunvoluciones anómalas en el cerebro de los pacientes, pero el examen microscópico de esos cerebros tuvo que esperar hasta los estudios del alzhéimer.

Aunque la demencia rara vez se da antes de los 60, tiene mayor incidencia con la edad y aparece en el cinco por ciento de las personas con más de 65 años, y en el 20 por ciento de quienes pasan de los 80. La demencia no es una enfermedad específica, sino que engloba un conjunto de síntomas que afectan lo bastante a las capacidades intelectuales y sociales para interferir en el funcionamiento cotidiano. Existen diferentes tipos de demencia, dependiendo de la causa. Un bajo nivel de estudios y la diabetes pueden favorecerla, y la actividad mental y física ayudan a prevenirla. La enfermedad de Alzheimer es la forma más común de esta afección y es la causa de la demencia en dos tercios de los casos. Aumenta el riesgo de muerte entre dos y cinco veces, y es responsable de un tercio de los fallecimientos entre quienes superan los 85 años de edad, aunque rara vez consta así en los certificados de defunción. Los profesionales que cuidan a los pacientes de alzhéimer deben reconocer que puede convertirse en una enfermedad terminal.

Puede que la demencia y el envejecimiento normal constituyan un continuo. La pérdida de memoria suele darse con la demencia, pero la desmemoria por sí sola no significa que haya demencia. En algunos casos resulta difícil diferenciar entre la aparición del alzhéimer y los reiterados fallos de memoria o conocimiento normales en la vejez. La demencia tiene muchas causas, y algunas demencias, como el mal de Alzheimer, aparecen solas, y no como consecuencia de otra enfermedad. Algunas demencias, como las debidas a reacciones a algunos medicamentos o a una infección, son reversibles con tratamiento. La investigación más reciente revela que hasta el 80 por ciento de la gente diagnosticada con problemas mentales o cognitivos leves desarrolla una demencia mucho más debilitante en tan sólo seis años. El menoscabo de las facultades cognitivas no resulta únicamente devastador para la persona que lo sufre, sino que también constituye el motivo principal de que los mayores pierdan independencia y necesiten recibir atención durante las 24 horas del día.

En Gran Bretaña hay unas 820.000 personas con demencia, y la mitad de ellas padece alzhéimer. Por lo común, esta enfermedad se diagnostica en individuos con más de 65 años, aunque la aparición temprana de la enfermedad, menos habitual, puede ocurrir mucho antes. Este mal es raro en el grupo de edad comprendido entre los 30 y los 40 años, y aún escasean más los casos que afloran a los 16 años debido a un defecto genético. Se estima que hay más de veinte mil personas jóvenes con demencia en Reino Unido. La Alzheimer's Society calcula que esta afección le cuesta a Gran Bretaña 17.000 millones de libras al año (unos 20.000 millones de euros). Las familias que asumen los cuidados de los pacientes le ahorran al Gobierno 6000 millones de libras al año (más de 7300 millones de euros). Se espera que otro millón de personas desarrolle demencia en los próximos treinta años, y se prevé que el gasto a largo plazo en servicios de asistencia para la gente mayor con demencia aumente de los 4600 millones de libras (unos 5600 millones de euros) de 1998, hasta 10.900 millones de libras en 2021 (más de 13.400 millones de euros). Se estima que 5,3 millones de estadounidenses viven con la enfermedad; aparece un caso nuevo cada 70 segundos. Se calcula que en 2006 sufrieron la enfermedad de Alzheimer 27 millones de personas en todo el mundo; y esta cifra podría cuadruplicarse en 2050.

La demencia daña al menos dos funciones cerebrales: provoca pérdidas de memoria y deteriora el juicio y el habla. La demencia puede no ya confundir e impedir a una persona recordar a gente y nombres, sino también provocar trastornos de personalidad y de conducta social. Algunas causas de demencia son tratables y hasta reversibles, pero el diagnóstico precoz es importante para comenzar el tratamiento antes de que los síntomas empeoren. Si se diagnostica una demencia que irá deteriorándose con el tiempo, como la enfermedad de Alzheimer, el diagnóstico precoz concede además tiempo al paciente para planificar su futuro mientras aún pueda tomar decisiones propias. Se ha desarrollado un test bastante sencillo para detectar fases tempranas de alzhéimer que debería investigarse más. Se trata de un cuestionario de dos páginas con diez pruebas entre las que figuran recordar una frase, realizar sumas, identificar partes de un traje de hombre, y pintar la hora en una esfera de reloj en blanco. Un diagnóstico precoz distinto se basa en el examen del líquido de la médula espinal en busca de las proteínas responsables de la enfermedad.

Esta afección debe su nombre a Alois Alzheimer, nacido en 1864 en Alemania y formado en medicina. Más tarde trabajó en el Asilo Mental Municipal de Frankfurt y con posterioridad se trasladó junto con Emil Kraepelin al Instituto Max Planck de Múnich. Falleció en 1915. Su primer paciente con la enfermedad que más tarde llevaría su nombre fue Auguste D., una mujer de 51 años entre cuyos síntomas figuraban celos de su marido, paranoia, falta de memoria y, hacia el final de su vida, fuertes gritos. El 3 de noviembre de 1906 Alzheimer presentó los resultados obtenidos tras estudiar la estructura de la organización celular del cerebro de la mujer, donde encontró varios fibrilos (de proteína amiloide) y numerosos focos anómalos de pequeño tamaño debidos a muerte celular. Fue su mentor, Emil Kraepelin, quien puso su nombre a esta enfermedad en la octava edición de su libro de texto de 1910.

Durante las primeras fases de la enfermedad de Alzheimer el síntoma más comúnmente reconocible es la pérdida de memoria, así como la dificultad para recordar cosas recién aprendidas. Lo habitual es que los pacientes pierdan o dejen objetos fuera de su sitio y formulen varias veces una misma pregunta. Les cuesta trabajo encontrar las palabras para completar una frase, entender lo que se les dice y ejecutar tareas motoras complejas. Asimismo presentan síntomas no cognitivos como delirios, depresión y ansiedad, así como agresividad verbal y física. Algunos pacientes se vuelven muy difíciles. Un paciente golpeó a su esposa y no diferenciaba entre el día y la noche, de modo que llegaba a acostarse y levantarse hasta treinta veces en una misma noche. El tiempo medio de supervivencia es de unos cinco años. En una fase temprana se puede observar apatía y seguirá manifestándose como uno de los síntomas más persistentes. A pesar de la pérdida de facultades para el lenguaje hablado, los pacientes entienden a menudo y responden a señales emocionales. Un descubrimiento notable es que la asimetría facial en hombres se traduce en un deterioro mental más acusado durante los años previos al fallecimiento.

Aunque no resulte fácil, la gente que padece el mal de Alzheimer puede llevar una vida bastante plena y productiva. Si dedican tiempo a prepararse para los desafíos que vendrán a medida que la enfermedad avance, se facilitarán las transiciones difíciles. Personalidades muy conocidas, como Bernard Levin e Iris Murdoch, sufrieron alzhéimer, y Terry Pratchett padece una variante especial. Le cuesta reconocer señales visuales y puede tardar minutos en anudarse una corbata, pero habla con fluidez aunque lea con poca claridad. Viéndolo junto a otras personas con alzhéimer en un programa televisivo de la BBC, no hubo nada en su manera de conversar o de comportarse que indicara alguna anomalía en ellas. Pero no recordaban lo que había sucedido recientemente, y una de ellas no fue capaz de copiar un dibujo geométrico. Pratchett ha declarado que se «comería el culo de un topo muerto» si con eso se curara. Desea elegir cuándo morir. El periodista televisivo John Suchet ha descrito la demencia de su esposa, quien empezó a padecerla a los 61 años. Ahora pone los platos sucios sobre los limpios y tira repetidas veces de la cisterna aunque no use el inodoro. Apenas tiene recuerdos. Entre maridos y esposas hay una probabilidad seis veces mayor de contraer demencia si el otro miembro de la pareja la sufre. Esto podría deberse a la tensión que genera cuidar o vivir con alguien que padece esa afección.

Andrea Gillies describe en su obra *Las amapolas del olvido* las tremendas dificultades que entraña cuidar de una suegra con alzhéimer. La trama de una obra de teatro reciente titulada *Really Old, Like Forty Five* [Viejos de verdad, como de cuarenta y cinco], de Tamsin Oglesby, se desarrolla en un momento en que la enfermedad de Alzheimer ha alcanzado unas proporciones epidémicas. Una familia intenta ocuparse de una señora mayor que padece la enfermedad. Aparecen elementos cómicos inusuales, como robots enfermeros a medio camino entre gato y cuidador, y planes estrafalarios de ayuda por parte de funcionarios del Gobierno.

Algunos casos de aparición temprana del alzhéimer están causados por una serie de diversas mutaciones genéticas. Estas mutaciones provocan la formación de acumulaciones anómalas de proteína amiloide fibrosa. Una de las vías para que las proteínas tengan unos efectos negativos severos es volverse amiloides. Hay muchas proteínas capaces de transformarse de ese modo, lo que las hace desarrollar elementos adhesivos que les permiten pegarse entre sí y, a veces, formar marañas mortales. El amiloide parece unirse a las neuronas con una proteína priónica asociada a la encefalopatía bovina espongiforme y a la enfermedad de Creutzfeldt-Jakob. La acumulación de amiloide interacciona con una proteína tau que penetra en las células nerviosas, provoca la formación de concentraciones de partículas y da lugar a las marañas que matan las células nerviosas. Estudios recientes relacionan determinados niveles de las proteínas tau y amiloides en el líquido cefalorraquídeo con alteraciones cognitivas a lo largo del tiempo, y han descubierto que variaciones en los niveles de esas dos proteínas pueden indicar un alzhéimer leve incipiente. Esto supone un pequeño avance hacia el desarrollo de un test que ayude a diagnosticar las primeras fases del mal de Alzheimer.

Un factor de riesgo de predisposición genética guarda relación con los genes de la ApoE, que codifican proteínas que ayudan a transportar el colesterol al torrente sanguíneo. Hay diversas formas de la ApoE; la ApoE4 aparece en alrededor del 40 por ciento de las personas que desarrollan alzhéimer tardío, y la porta entre el 25 y el 30 por ciento de la población. La gente que padece alzhéimer tiene más probabilidad de portar un gen de la ApoE4; en cambio, mucha gente con alzhéimer no lo tiene. Hay cierta preocupación ante la posibilidad de que un estudio genético para detectar este gen provoque un exceso de ansiedad. Esto ocurriría sobre todo con individuos cuyos padres hayan sufrido la enfermedad. Un estudio de esos individuos examinados para detectar el gen de la ApoE no registró una ansiedad acusada en quienes dieron positivo, pero ninguno de ellos tenía ansiedad o depresión antes del estudio. Además, se les brindó asesoramiento y se les realizó un seguimiento durante un año. Un rasgo curioso de este gen es que sus portadores son más inteligentes.

No existe cura para el alzhéimer, pero algunos fármacos, como Aricept, pueden mejorar un poco la memoria y aportan ventajas generales, como aumentar la lucidez y la motivación de quienes padecen este mal en una fase temprana. Pueden transcurrir algunos meses antes de notar una mejoría apreciable o de poder frenar la pérdida de memoria. Acaban de demostrarse falsas las afirmaciones de que el antihistamínico Dimebon tiene efectos positivos. Entre los tratamientos sin medicinas se cuentan la orientación en la realidad con relojes, pizarras y periódicos; terapias de reminiscencia para recordar hechos pasados, como una boda; terapias de estimulación cognitiva, como juegos físicos y mentales, y musicoterapia. Hay signos de que el ejercicio y una dieta rica en frutas y verduras reduce el riesgo de contraer alzhéimer. Un buen nivel de estudios también reduce el riesgo.

La demencia con cuerpos de Lewy, que son acumulaciones anómalas de proteína que se forman en el interior de las células nerviosas, se considera la segunda causa de demencia, tan sólo precedida por el alzhéimer. En algunos aspectos se asemeja tanto a la demencia derivada del mal de Alzheimer como a los problemas motrices que genera la enfermedad de Parkinson. Mientras la enfermedad de Alzheimer suele comenzar de forma gradual, la demencia con cuerpos de Lewy suele tener una aparición rápida y acusada. Por lo común provoca alucinaciones visuales recurrentes, y síntomas motores de parkinsonismo, como rigidez y pérdida del movimiento espontáneo. Estos pacientes sufrirán a menudo una alteración del sueño que implica la exteriorización de los sueños, incluidos retorcimientos y patadas. Los pacientes también pueden sufrir depresión. Al igual que con todas las formas de demencia, se da más en personas que superan los 65 años de edad. Esta enfermedad debe su nombre a los bloques de proteínas que se desarrollan dentro de células nerviosas y las dañan, y se superpone clínicamente al mal de Alzheimer y a la enfermedad de Parkinson, pero está más asociada a esta última. La superposición de síntomas (cognitivos, emocionales y motores) puede dificultar un diagnóstico diferenciado preciso.

Otras formas de demencia pueden deberse a la reducción del flujo sanguíneo en el cerebro que se produce con la edad. La demencia vascular surge como resultado de un daño cerebral causado por problemas con las arterias que alimentan el cerebro o el corazón. Los síntomas aparecen de repente, a menudo después de un infarto cerebral, y pueden darse en personas con hipertensión, o que hayan sufrido ictus cerebral o infartos previos. Además de suministrar oxígeno y nutrientes al cerebro, el torrente sanguíneo elimina productos de desecho del fluido que envuelve el cerebro, entre ellos proteína tau y amiloide, ambas vinculadas al mal de Alzheimer. Los pacientes con demencia manifiestan signos de un riego sanguíneo reducido. Una manera drástica de aumentar el flujo sanguíneo es la trepanación, es decir, practicar un orificio en el cráneo capaz de alterar de manera positiva el flujo de fluidos en el cerebro. Pero aún está por ver si ese procedimiento serviría para tratar el alzhéimer, y si sería admisible.

La enfermedad de Creutzfeldt-Jakob, también llamada enfermedad de las vacas locas, es otra demencia. Se trata de un desorden cerebral raro y fatal; la mayoría de los pacientes fallecen en cuestión de un año y, por lo común, aparece esporádicamente en gente sin factores de riesgo conocidos. Sin embargo, algunos casos son hereditarios y muchos están causados por ingerir carne infectada. Los signos y síntomas suelen aparecer hacia los 60 años de edad y en un principio consisten en problemas de coordinación, cambios de personalidad y falta de memoria, de juicio, de raciocinio y de visión. Los problemas mentales se tornan severos cuando la enfermedad avanza, y suele derivar en ceguera. También son comunes la neumonía y otras infecciones.

Entre las enfermedades mentales con alguna semejanza con el alzhéimer se incluye el síndrome de Down, que se debe a un cromosoma 21 adicional en las células de la persona afectada; los pacientes sólo viven dos tercios de lo habitual. La demencia asociada al VIH no guarda relación con la edad, sino que resulta de la infección con el virus de inmunodeficiencia humana, causante del sida, y produce la destrucción generalizada de la materia cerebral, lo que deriva en problemas de memoria, apatía, retraimiento social y dificultad de concentración. A menudo también aparecen problemas de movimiento.

La enfermedad de Parkinson es el segundo desorden neurodegenerativo más común, suele aparecer en etapas tardías de la vida, y afecta a 120.000 personas en Reino Unido. Se debe a la muerte, por razones desconocidas, de células nerviosas encargadas de enviar señales mediante el neurotransmisor llamado dopamina, la cual activa las células del cerebro que nos permiten movernos. Este mal se caracteriza por síntomas de desgaste como temblores, rigidez y un retardo en el inicio y la ejecución de movimientos. El 75 por ciento de todos los casos de párkinson comienzan después de los 60 años, y la incidencia de la enfermedad aumenta cada década posterior a esa edad hasta alrededor de los 80 años.

La depresión, que se caracteriza por pensamientos negativos, baja autoestima, falta de disfrute y, con frecuencia, síntomas físicos, tiene una incidencia tres veces mayor que la demencia en la gente mayor. Varía de leve a severa y afecta a entre el diez y el 15 por ciento de las personas con más de 65 que residen en su propio domicilio en Reino Unido. En cambio, la edad más común para la depresión se sitúa alrededor de los 45 años. Hay el doble de mujeres que hombres con depresión. En Inglaterra, más de dos millones de personas por encima de 65 años tienen síntomas de depresión, pero la mayoría no recibe ninguna ayuda, según un informe de la organización Age Concern. En Estados Unidos, la depresión severa se manifiesta en el 20 por ciento de las personas que pasan de los 85 años, y la gente de edad más avanzada tiene, de hecho, más probabilidad de sufrir una depresión leve que cualquier otro grupo de población. Pero la razón de ello no estriba en que la senectud lleve inherente un estado depresivo, sino en que la depresión suele aparecer como un efecto secundario de enfermedades físicas. Es el problema de salud mental más habitual y más reversible de la vejez.

Los motivos de la depresión en la vejez no siempre son los mismos que en grupos de edad más jóvenes, pero suelen implicar una pérdida de algún tipo. La depresión en la vejez puede aparecer como consecuencia de acontecimientos vitales difíciles y duros, como la pérdida de un familiar, la soledad, y por un cambio de estilo de vida debido a la jubilación, o la aparición de enfermedades. La depresión es la causa principal de suicidio. Cuatro de cada cinco suicidios en adultos mayores son de hombres. Entre los hombres con más de 75 años, el índice de suicidios ronda los quince casos cada cien mil personas, y la cifra se asemeja a la de grupos de edad más jóvenes. La depresión se puede tratar con terapia cognitiva y antidepresivos. Estos tratamientos me ayudaron con mi propia depresión severa, la cual sufrí a los 65 años. Una de las causas de mi depresión fue el temor a la jubilación, pero el motivo fundamental fue la ansiedad que me causó un problema cardiaco.

El psicoanálisis no ayuda con la depresión o las demencias en la vejez, y ésta era la opinión incluso del mismísimo Freud, quien, manifestando un desprecio notable por la gente mayor, escribió en 1905: «La psicoterapia no es posible cerca o después de los 50 años de edad, pues la elasticidad de los procesos mentales de la que depende el tratamiento es, por regla general, escasa (la gente mayor ya no es educable) y, por otro lado, la masa del material que hay que abordar prolongaría la duración del tratamiento indefinidamente».

La vejez por sí sola no causa problemas de sueño. Los trastornos del sueño, como levantarse cansado todos los días y otros síntomas de insomnio, no forman parte de la senectud, pero los dolores y los problemas de salud suelen obstaculizar el sueño de los mayores. La necesidad de ir al baño con frecuencia, la artritis, el asma, la diabetes, la osteoporosis, el ardor de estómago por la noche, la menopausia, y el alzhéimer pueden causar desvelos frecuentes.

¿Hay alguna ganancia mental que llegue con la edad? La sabiduría sería una de ellas, junto con las ventajas que conlleva la experiencia acumulada. Los mayores son mejores a la hora de comprender preguntas y de detectar absurdos. Son capaces de centrar la atención en tareas bastante complejas, entre ellas las que requieren concentración y hasta las que precisan una atención dividida. Pero, si las cosas se complican mucho, pueden ser peores que los jóvenes. Hay algunos indicios de que la competencia para la disertación mejora con la edad, y que los mayores son capaces de crear relatos complejos. A pesar de los deterioros recién mencionados, los mayores rinden muy bien en el trabajo. El conocimiento de una tarea aumenta con la edad y se conserva. Muchos trabajos se vuelven casi automáticos. Su capacidad para usar ordenadores es bastante inferior a la de los jóvenes, pero exploraciones del cerebro con escáner han revelado que el empleo de Internet estimula la actividad cerebral de los mayores más que la lectura, y esto podría ayudar a evitar la demencia.

Hace algún tiempo conversé con el doctor Martin Blanchard, un psiquiatra geriátrico, y le pregunté cómo se introdujo en la psiquiatría de las personas mayores:

Ya me interesaba la medicina geriátrica cuando era estudiante porque implicaba muchas disciplinas, y tuve una experiencia muy buena trabajando en psiquiatría de personas mayores: los pacientes eran muy agradecidos. Uno de los problemas de la medicina es que no pensamos demasiado en la calidad de vida, sólo la prolongamos. El problema fundamental de nuestros pacientes no es la demencia o la depresión. No existe un verdadero tratamiento para la demencia, sino más bien un control de la vida de los pacientes.

¿Había muchos pacientes que desearan morir?

En realidad es bastante raro, a menos que padezcan una depresión severa. Hasta cuando están delicados y con problemas, quieren seguir viviendo. Pocos de nuestros pacientes pasan más de algunas semanas en el hospital. La cantidad de pacientes que tratamos no ha aumentado en los últimos años, pero el número de volantes que recibimos de los distintos médicos de cabecera varía en gran medida porque atienden a sus pacientes de maneras muy distintas.

Dados los numerosos problemas físicos y mentales asociados a la edad, tenemos que ver cómo viven realmente las personas mayores.

4
La vida

> La vejez tiene sus placeres y, aunque distin-
> tos, no son inferiores a los placeres de la ju-
> ventud.
>
> W. Somerset Maugham

El poeta griego Anacreonte (c. 572-488 a.C.) escribió uno de los poemas más antiguos sobre la vejez, y suena bastante alegre:

> «Anacreonte, eres viejo»,
> me importunan las mujeres;
> «mira, tomando un espejo:
> tu pelo ya inexistente,
> ya tu frente está desnuda.»
> Mas yo no sé, ciertamente,
> si mis cabellos están
> o se han ido para siempre.
> Yo sólo sé que al anciano
> más el jugar le conviene,
> jugar a juegos placenteros
> cuando está cerca la Muerte.*

Mucha gente dedica la vida a prepararse una vejez feliz, sobre todo en relación con la seguridad económica y una buena salud. Pero ¿cuál es nuestro estilo de vida? ¿Es muy variada?, ¿quedan muchos placeres por disfrutar cuando se envejece? ¿Se puede *disfrutar* de la vejez? Ésta es una pregunta relevante. En Reino Unido hay actualmente diez millones de perso-

---

* «Carmina Anacreóntica», versión de Mauricio López Noriega, publicada en *Estudios,* núm. 74, México, 2005. *(N. de la T.)*

nas con más de 65 años y habrá el doble dentro de diez años. Un millón de ellas pasa de los 85 años.

Nadie anhela la senectud, pero la vejez no tiene por qué ser una etapa de desesperación. Joan Bakewell brinda una visión positiva: «En su tiempo libre, los mayores no se dedican únicamente a darse a la bebida y a hacer cruceros; los más intrépidos escalan montañas, viajan al Polo, afrontan desafíos patrocinados. Tengo un amigo de casi ochenta años que ha empezado a aprender claqué». Entrevisté a Joan después de que le propusieran ser la «voz de los mayores»:

Cuando llegué a los 70 años quise reinventarme a mí misma, era el momento de comenzar algo nuevo. Así que me las arreglé para publicar una columna en *The Guardian* titulada «Setenta recién cumplidos». La idea dependía de mí, nadie iba a venir a ofrecérmela. Mi columna iba sobre tener setenta años y todo aquello a lo que te tienes que adaptar. Por ejemplo, en relación con las mujeres escribí que tenían que dejar de usar tacones altos, olvidarse de tener hijos y otros cambios. Asimismo las mujeres mayores se vuelven invisibles para la sociedad cuando se quitan los tacones altos. Sheila Hancock dice que siempre pide una mesa en un rincón y que sirven a quienes están a su alrededor antes de que nadie le haya traído a ella la carta del menú. Al final, todas aquellas columnas se recopilaron en un libro. Y entonces, el Gobierno recurrió a mí en 2008. Me telefoneó Harriet Harman y me dijo que el Parlamento estaba intentando declarar ilegal el edaísmo y me preguntó si quería ser la voz de los mayores. Acepté con la condición de que no tuviera que dedicarme a eso en exclusiva porque quería continuar con mi propio trabajo. Le dije que le pasaría todo lo que me pidieran. Ya no lo hago.

Hay diferencias importantes entre hombres y mujeres a medida que envejecemos. Los patrones divergen porque los hombres siguen siendo fértiles, tienen hijos, se casan por segunda vez y tienen una vida renovadora. Las mujeres saben que ya no son necesarias biológicamente, y desde un punto de vista psicológico están preparadas para envejecer. Me opongo bastante a esto. Algunas empiezan a usar ropa diseñada para gente mayor, cómoda, prendas más bien naturales que no les confieren ningún estilo, tal como hicieron nuestras madres y abuelas, pero muchas empiezan a interesarse más por la moda. Yo me tiño el pelo porque me hace un poco más joven.

A mucha gente le preocupa el dinero, es algo casi biológico. Les preocupa si tendrán bastante y de dónde lo sacarán. La pensión del Estado es raquítica y muchas personas tienen que vivir con una cantidad reducidísima de dinero. Aparece una sensación de pérdida, las cosas ya no son como antes, los hijos han volado del nido y los nietos han crecido. Depender de uno mismo, tal como hago yo, plantea problemas a menos que lo hagas con convencimiento. Mucha gente teme no estar en condiciones de cuidar de sí misma al final de su vida. Estoy haciendo un programa de televisión sobre esto. ¿Se verán obligados a vender su casa para pagar a alguien que los cuide, lo cual es carísimo? ¿Tendrán que ingresar en una residencia? Y eso te priva de disfrutar una vida cómoda, de tener el tiempo en tus manos, salir, jugar al golf. Cuando no tienes una obligación competitiva que cumplir y que conseguir en la vida puedes relajarte mucho más. Yo no me aburro: aún me quedan demasiados libros por leer y películas por ver.

Una peculiaridad del envejecimiento es que tus contemporáneos se mueren, y yo he empezado a entablar amistad con gente más joven. Las nuevas amistades son una bendición en la vejez. Yo estoy decidida a seguir hasta los noventa y tantos (seguir trabajando, viajando), pero he firmado los documentos necesarios para que no me reanimen si caigo muy enferma y entro, por ejemplo, en coma. Estoy a favor de la eutanasia y defiendo el derecho a tener una muerte digna.

Un libro importante que presenta la opinión de diversos individuos acerca del envejecimiento es *About Time: Growing Old Disgracefully* [Sobre el tiempo: envejecer de mala manera] de Irma Kurtz. Ella misma escribió: «Cuando converso con hombres y mujeres de mi generación, me sorprendo una y otra vez con cómo nos libramos de la carga de ese vehículo de mercancías pesadas, la memoria, a medida que envejecemos y poco a poco regresamos a aquellos primeros acontecimientos que nos modelaron. Como la vejez nos aparta del mundo, nos devuelve a nuestro yo inicial».

Algunos estudiosos de los aspectos psicológicos y sociales del envejecimiento han diferenciado la tercera edad de una cuarta edad. En la tercera edad, quienes se jubilan del trabajo gozan de una salud bastante buena y participan en la sociedad; es un tiempo de logros y satisfacciones personales: «¡Por ti no pasan los años!». Durante la cuarta edad, generalmente después de los 85, aparecen la mayoría de los estereotipos negativos sobre la vejez: el fallo funcional del sistema psicológico, la pérdida de bienestar positivo, la dependencia psicológica de otros, mala memoria y deficiencias en el razonamiento. El deterioro físico y mental es lo que más tememos pero, en realidad, muchas de las personas que pasan de los 85 años se encuentran bien y permanecen activas, y muchos de los pensionistas actuales disfrutan de una seguridad económica sin precedentes en generaciones anteriores. No se ha encontrado ninguna relación entre el grado de facultades mentales durante la juventud y la felicidad sentida en la vejez. Sin embargo, sí se ha detectado eso mismo en la salud, puesto que existe una gran correlación entre la inteligencia durante la juventud y la buena salud durante la vejez.

Se dice que la gente muy mayor rara vez aspira a tener estatus, categoría o dinero. Muchos dejan de tener el problema de buscar o tener trabajo. Se siente mucha menos ira y ansiedad a medida que se gana experiencia y se entiende mucho más la vida. Después llega el placer de convertirse en abuelo y la posibilidad de perseguir intereses nuevos. Curiosamente, los mayores no se interesan por el arte tanto como los jóvenes. Sólo una cuarta parte de los mayores de 75 años visitaron un museo o galería de arte en el último año. Pero, al mismo tiempo, la cuarta parte de la gente con más de 75 años participa en labores de voluntariado al menos una vez al mes para realizar actividades comunitarias.

Incluso a la edad de 75 años y más, la mayoría de las personas no se ven ancianas, y muchas se consideran muchos años más jóvenes. Las percepciones importan, y a muchas les preocupa perder el respeto y sufrir un deterioro de la salud a medida que envejecen. Quienes se consideran más jóvenes de lo que son tienen mejor salud que quienes se ven más mayores. Si la actitud ante la edad precede a una buena salud, o si ocurre al contrario, sólo se sabrá cuando dispongamos de más datos longitudinales.

El English Longitudinal Study of Ageing reveló que alrededor de la mitad de la población con 52 años o más describe el envejecimiento como una experiencia positiva, y esto contradice la extendidísima creencia de que el envejecimiento es un proceso negativo. Pero, aunque sólo una minoría describe el envejecimiento como algo negativo, las experiencias negativas del envejecimiento son mucho más habituales entre los más pobres que entre los más adinerados. Únicamente una persona de cada cinco teme envejecer, pero la salud es un aspecto crucial en su vida. Los jóvenes consideran que la vejez comienza a los 68 años, mientras que los mayores la sitúan en los 75. Tres quintas partes de quienes tienen 80 años o más se mostraron muy positivos en cuanto a su propia salud. Una mayoría cree que la jubilación es un periodo de ocio. Los más ricos creen que la vejez comienza más tarde que los menos acaudalados. Para muchas personas mayores, los «noventa» son los nuevos «setenta», y algunos de estos nonagenarios llegan a ser muy activos (a la hora de viajar, de formarse y de relacionarse con familiares y amigos). Es probable que los octogenarios vivan en el futuro tal como viven hoy las personas de 60.

En Estados Unidos, sólo el 12 por ciento dijo que la jubilación se correspondería con los mejores años de su vida, y cerca de dos tercios dijeron que su mayor preocupación con respecto a la vejez era caer enfermos y que temían perder la memoria. En torno a la cuarta parte de quienes pasan de los 65 años afirman gozar de una salud buena o excelente. Varios estudios con personas mayores revelan que el envejecimiento es una experiencia positiva para la mayoría: no se ven viejas y se sienten más jóvenes de lo que son. Entre quienes preferirían ser más jóvenes, la edad media más deseada por la gente de 65 fue la de los 42 años.

El nivel de participación en temas religiosos entre los mayores estadounidenses supera el de cualquier otro grupo de edad. Para los mayores, la comunidad religiosa representa el mayor apoyo social fuera de la familia, y la implicación en organizaciones religiosas es la forma más habitual de actividad social de voluntariado. La fe religiosa entre la gente mayor brinda una sensación de sentido, control y autoestima, y ayuda a hacer frente al estrés de la vejez. Asimismo hay algunos signos que indican que la gente religiosa vive más tiempo.

Un estudio realizado por el Centro de Investigación Pew de Estados Unidos preguntó por un rango amplio de posibles ventajas de la vejez. La buena salud, los buenos amigos y la seguridad económica auguran felicidad. Siete de cada diez encuestados con 65 años o más dijeron que les gustaba pasar más tiempo con la familia; alrededor de dos tercios valoraban tener más tiempo para sus aficiones, disfrutar de seguridad económica y no tener que trabajar. Unos seis de cada diez dicen que gozan de más respeto y tienen menos estrés que cuando eran más jóvenes. Las oraciones diarias y la meditación aumentaban con la edad. Entre quienes tenían 75 años o más, un escaso 35 por ciento afirmó sentirse mayor.

Las actitudes de las personas mayores ante la vejez varían enormemente, como es natural. Son reveladoras las entrevistas a hombres mayores que figuran en el libro *Don't Call Me Grumpy* [No me llamen cascarrabias] de Francis MacNab, y resultan útiles los consejos de los psicólogos B.F. Skinner y M.E. Vaughan en su libro *Disfrutar la vejez*. Me parece interesante el comentario de varios de los mayores entrevistados en dicha obra: «Gracias a Dios, ya no tengo que agradar a la gente». Asimismo se aprecia una tendencia notable en algunos mayores a echar una ojeada retrospectiva a sus vidas e intentar darle coherencia. Y, por supuesto, hay algunos que afirman que la vida ya no les vale la pena: todos los días son iguales, ¿qué sentido tiene seguir adelante?

Aunque los mayores experimentan un deterioro en la salud y el sentimiento de mortalidad, muchos mantienen su bienestar y se angustian menos cuando se enfrentan a emociones negativas. Los adultos de más edad son mejores evitando los sentimientos negativos y conservando los positivos, y recuerdan mejor las situaciones positivas que las negativas. Pero, para algunos, la vejez no tiene nada bueno. Yo entrevisté a la novelista Doris Lessing, galardonada con el Premio Nobel y de 91 años. ¿Cómo se siente ella en la vejez? «Me siento irritada. Además, no me siento tan bien como debería y no puedo dedicarme a mi jardín. Me irrita no tener una salud tan buena como debería. Empecé a sentirme así hace aproximadamente un año. Ser viejo no tiene nada de bueno, y me siento falta de todo. Estoy irascible y no me gusta nada estar así. También mi hijo se siente mal. No me gustaría seguir viviendo mucho tiempo; no puedo con esto. Ya no escribo». En cambio, la filósofa Mary Midgley, que también tiene 91 años y acaba de escribir otro libro, me contó que cuando da una conferencia disfruta de la ventaja de no tener que preocuparse ya por lo que piense la gente sobre sus ideas.

Los mayores persiguen metas con más repercusión emocional, mientras que los jóvenes aspiran a ampliar horizontes. También aspiran menos a causar sensación. Y evitan los riesgos físicos, aunque pueden aficionarse al juego. Muchos disfrutan realmente de la jubilación y la vejez. En el mundo del arte hay numerosos ejemplos de gente creativa que ha trabajado hasta la vejez, aunque con algunos problemas. Miguel Ángel diseñó la monumental cúpula de la basílica de San Pedro de Roma a los 88 años; Stradivarius confeccionó dos de sus violines más célebres a los noventa y tantos; Verdi compuso la ópera *Falstaff* siendo octogenario. Bach y Beethoven siguieron componiendo con creatividad en la senectud. Rembrandt y Leonardo Da Vinci pintaron autorretratos que reflejaban su edad; Goya se pintó a los 70 años como un hombre de 50. Chateaubriand, el escritor y diplomático francés, odiaba tanto su rostro envejecido que se negó a que lo retrataran. Pero ahí estaba el anciano Rembrandt con sus mordaces autorretratos, los sensuales cuadros de vírgenes del viejo Tiziano, y las obras tardías de Yeats fueron las mejores. Un agradable ejemplo reciente de asignación de un papel principal a personas mayores en una obra de teatro famosa lo encontramos en la compañía Old Vic de Bristol, donde Sian Phillips, de 76 años, interpretó a Julieta junto a Michael Byrne, de 66 años, en el papel de Romeo. Judy Dench encarnó a Titania en una producción de 2010 de *El sueño de una noche de verano* a los 75 años de edad, para el director Peter Hall, de 79 años, cuarenta y ocho años después de interpretar el papel por primera vez.

Se ha producido un cambio significativo en la sociología del envejecimiento desde que envejeció la generación de la década de 1950. Esta gente tiene una percepción diferente, muy influida por una riqueza mayor. Hay más estilos de vida para escoger, y quienes gastaban de jóvenes siguieron haciéndolo a medida que envejecían. Al final del siglo, las personas jubiladas tenían más poder adquisitivo que la gente en edad de trabajar, y la movilidad residencial ha aumentado entre los retirados. La percepción habitual de las agencias publicitarias es que los grupos de edad más jóvenes gastan más que los grupos de edad más avanzada, pero estudios recientes revelan que los consumidores de entre 65 y 74 años gastan más que sus homólogos en el grupo de edad de los 35 a los 44. En torno a una de cada seis mujeres es ahora pensionista, y el porcentaje probablemente aumentará a una de cada cuatro durante los próximos diez años. La idea de que esas mujeres empiezan a temblequear y a volverse inactivas es errónea. Esa imagen se corresponde con la situación que había treinta años atrás. Ahora, por el contrario, todo indica que muchas se mantienen activas y con aspecto juvenil.

Las personas mayores experimentan menos acontecimientos vitales estresantes que los adultos más jóvenes. Tienen, por ejemplo, menos conflictos maritales y presiones laborales. Los hombres mayores son menos críticos con su cuerpo que las mujeres. Un estudio realizado con 340.000 estadounidenses descubrió que los niveles de estrés empiezan a disminuir a comienzos de la veintena, que cuando se llega a los 50 desciende la preocupación, y que la felicidad y el disfrute van en aumento a partir de entonces hasta los 85. Los investigadores declararon que es casi como si empezara una vida nueva a los 40. Para entonces contamos con una sabiduría nueva, y los mayores son más capaces de contemplar en positivo sus circunstancias vitales. Quienes envejecen satisfactoriamente tienen buena salud, mantienen unos niveles elevados de actividad mental y física, y participan de forma activa en su entorno. La mayoría de la gente mayor tiene una idea global de lo que significa la *salud* que incluye el bienestar y factores sociales y, en general, tiene un concepto positivo de la misma. Las relaciones sociales siguen siendo cruciales para los mayores y, en cambio, se aprecia una pérdida de interés por los temas nacionales, aunque unos dos tercios de los mayores acuden a votar cuando hay elecciones en Reino Unido. Votan incluso más que la gente joven, y su voto es muy importante para todos los partidos políticos.

Los adultos son muy capaces de aprender cosas bien entrados en los 70 años, lo que constituye una buena razón para aceptar un aprendizaje a lo largo de toda la vida como algo más que un mero mantra agradable. Del mismo modo, parece útil que los docentes de enseñanzas superiores sean conscientes de las diferencias entre los estudiantes más maduros y el estudiante tradicional en edad universitaria. Las diferencias son un tanto sutiles, de modo que el docente debe esforzarse por conocer y recurrir a estrategias adecuadas. El aprendizaje en edades tardías contribuye a la salud y el bienestar tanto físicos como mentales. También lleva asociado un aumento de la seguridad en uno mismo y de las actividades comunitarias. Pero la participación en los programas de formación permanente para mayores es muy baja, y sólo asciende al diez por ciento de la gente con más de 75 años. El foco se sitúa en los jóvenes, las personas con menos de 25 años; y tan sólo el uno por ciento del presupuesto de educación se destina a la formación de los mayores. Debería haber más partidas económicas para ayudar a quienes empiezan una carrera nueva durante la vejez.

La universidad para mayores brinda muchas oportunidades a este colectivo. Ofrece la posibilidad de estudiar más de trescientas materias distintas de disciplinas tales como artes, idiomas, música, historia, biología, filosofía, informática, artesanía, fotografía y excursionismo, y el número crece cada año. El censo de alumnos de una universidad de la tercera edad típica asciende a 250 personas, pero hay casos en que no pasan de 12 y otros en que llegan a 2000. El objetivo consiste en aprender por mero placer, ya que no hay evaluaciones ni calificaciones. El censo total individual ascendió a más de 230.000 en Inglaterra en 2009.

La exclusión del mundo de los ordenadores y de Internet es especialmente acusada en la gente mayor, de forma que únicamente un 30 por ciento de la gente de 65 años o más ha usado Internet alguna vez. Los ordenadores se están adaptando a los mayores con interruptores más grandes y menús fáciles de leer. Pero se ha insinuado que los juegos de ordenador son negativos para los mayores porque reducen su participación en actividades de un estilo de vida más eficaz, como la práctica de ejercicio. Sólo el 20 por ciento de quienes tienen entre 65 y 74 años, y sólo el siete por ciento de los que pasan de los 75 años, realizan una cantidad de ejercicio suficiente: 30 minutos, cinco veces por semana.

Cuando adoptamos decisiones sobre cómo vivir, los adultos de mediana edad y mayores procuran conservar y mantener las formas de vida ya existentes, y prefieren conseguirlo usando estrategias vinculadas a sus experiencias previas. Esto no siempre es inteligente, tal como reveló un estudio sobre jubilados realizado en 2006. En él se les preguntaba qué cambiarían en su vida si pudieran volver a vivirla de nuevo. Cerca de una quinta parte se habría casado con una mujer diferente, hacia la mitad habría ahorrado más, y casi tres cuartas partes habrían practicado más sexo. La vejez puede convertirse en una buena excusa para los hombres con unas capacidades sexuales mermadas. Hay quien afirma que los mayores sienten menos placer cuando mantienen relaciones sexuales y, por tanto, buscan el placer en la literatura erótica y la compañía de mujeres jóvenes, y hasta en el voyeurismo. Alison Park, codirectora del estudio de Actitudes Sociales Británicas del Centro Nacional de Investigaciones Sociales, sostiene que en cuestiones como el matrimonio, el sexo premarital y la homosexualidad «no sucede que la gente adopte posturas más restrictivas con la edad. Las posturas de la gente se modelan en épocas bastante tempranas y luego se mantienen».

Es importante disipar el mito de que la capacidad sexual de los hombres experimenta un deterioro significativo a medida que envejecen. En realidad no existe ninguna razón fisiológica o anatómica para que un hombre sano que se cuide bien y carente de problemas médicos asociados no pueda tener una vida sexual satisfactoria y activa. Un estudio nacional completo de los hábitos, comportamientos y problemas sexuales de los mayores en Estados Unidos ha revelado que la mayoría de la gente entre 57 y 85 años considera la sexualidad como una parte importante de la vida, que la frecuencia de la práctica sexual en quienes permanecen activos desciende tan sólo ligeramente de los 50 años a comienzos de los 70, y que dicha actividad continúa hasta más allá de los 80.

Si las personas mayores tienen fuerzas para practicar sexo, también tienen suficiente energía para delinquir. En Inglaterra y Gales, los reclusos con más de 60 años constituyen el grupo de edad que más rápido crece en las prisiones. El incremento de la población mayor en prisión se debe a políticas de sentencias más duras que han favorecido que los tribunales envíen una proporción mayor de delincuentes con más de 60 años a la cárcel para cumplir sentencias más largas. Entre 1995 y 2000, el número de ancianos varones condenados a penas de cárcel aumentó un 55 por ciento. En 2007 había unos dos mil reclusos con más de 60 años entre Inglaterra y Gales, entre los que figuraban unos 400 de más de 70 años. La mayoría de los ancianos varones en prisión estaban ahí por delitos sexuales. El siguiente delito más habitual era la violencia contra las personas, seguido por los delitos relacionados con drogas. Más de la mitad de todos los reclusos mayores sufren algún desorden mental, sobre todo depresión, que puede estar causada o agravarse por la cárcel. En Estados Unidos el número de reclusos con más de 50 años asciende a más del doble del de hace una década.

Uno de los grandes placeres de la vejez lo proporcionan los nietos; yo tengo seis. Suelen precisar unos cuidados mínimos y son una delicia. Tal vez ayuden a cuidarme cuando esté muy viejo, pero no cuento con ello. Cuidar de los nietos es una posible ocupación para las personas mayores. Patsy Drysdale, de la localidad escocesa de Stranraer, fue coronada la mejor abuela de Reino Unido de 2008 en los Premios del Abuelo del Año que organiza la asociación Age Concern en colaboración con la empresa Specsavers. El concurso anual, ahora en su decimonovena edición, celebra la importancia de los abuelos para la vida familiar. Brinda a los nietos la posibilidad de agradecer a sus abuelos todo el cariño y el apoyo que reciben de ellos. Patsy fue elegida para el premio nacional entre cientos de candidatos. Fue su nieta Gina, de 13 años, quien la nominó para el premio con el fin de agradecerle que la acogiera cuando todo apuntaba a que tendría que ingresar en un centro asistencial tras el fallecimiento de su madre. Patsy ha mantenido a Gina a lo largo de épocas difíciles y Gina ha estado ahí cuando su abuela la necesitó, cuidándola después de que le extirparan un tumor canceroso de los pulmones. En 2009 la galardonada con ese premio fue Christine

Levin, de Falmouth, en Cornualles, también propuesta por su nieta.

Pero el papel de abuelo cuidador también conlleva problemas. Un estudio realizado en Londres reveló que los niños se crían mejor si acuden a una guardería o jardín de infancia que si se quedan al cuidado de los abuelos. Tenían peores habilidades sociales a los tres años, y presentaban más problemas de comportamiento ya a los nueve meses, aunque tenían mejor vocabulario. Peor aún, en Estados Unidos se descubrió que los abuelos que cuidaban de sus nietos o vivían con ellos tenían peor salud. Un estudio reciente encontró que en muchos casos, los amigos y las aficiones resultan más satisfactorios para los mayores que los nietos.

Teniendo en cuenta la edad de los padres, los estudiosos analizaron resultados de niños que se habían sometido a pruebas a intervalos regulares sobre diversas capacidades cognitivas, como el pensamiento y el razonamiento, la memoria, la comprensión, la expresión verbal y la lectura, así como capacidades motoras. Con independencia de la edad de las madres, cuanto mayores eran los padres, más probabilidad había de que los niños obtuvieran puntuaciones más bajas. En cambio, los niños con madres de mayor edad solían obtener mejores resultados en capacidades cognitivas, un hallazgo acorde con la mayoría de los estudios adicionales, lo que insta a pensar que estos niños tal vez se beneficien de los entornos domésticos más cultivados que van asociados al mayor sueldo y mayor nivel de formación que suelen tener las madres más tardías.

La compañía que las mascotas dan a los mayores conlleva grandes ventajas, pero también entraña algunos riesgos, y hay que poner mucho cuidado al elegir un perro. Los perros de compañía pueden servir de consuelo y deparar muchas alegrías a cualquier mayor, y hay estudios que demuestran que el bienestar general de los mayores mejora en ocasiones al compartir el cariño con un amigo de cuatro patas. Médicos, trabajadores sociales, cuidadores de personas dependientes y profesionales de clínicas geriátricas recomiendan animales de compañía para ayudar a los mayores, y no sólo perros, sino también pájaros y gatos. Los perros pueden brindar algo más que afecto: según han revelado algunos estudios, bajan la tensión, dan sensación de seguridad y reducen los sentimientos de aislamiento. También hay buenos signos de que el contacto físico es muy importante para el bienestar de los humanos. Un gato acurrucado en el regazo o el contacto amable del hocico de un perro transmiten sensación de confianza y satisfacción. Acariciar un animal querido puede bajar la tensión y disipar la depresión. La alimentación, cepillado y cuidado de una mascota mantiene activos a los mayores. Los perros los obligan a salir de casa, al aire libre y al sol, y esto también los ayuda a conocer a otras personas del vecindario. Atender las necesidades de una mascota brinda a los mayores un incentivo para continuar con sus actividades normales.

El envejecimiento es algo más que un proceso físico innato; también refleja patrones y elecciones tomadas a un nivel individual y social. La proporción de personas mayores en las zonas rurales de Inglaterra es bastante superior a la de las áreas urbanas. Es probable que esta tendencia se mantenga, puesto que cada vez hay más gente de mediana edad que se muda al campo en busca de calidad de vida, y decide quedarse tras la jubilación. Los estudios de Age Concern revelan que casi todos los mayores en zonas rurales consideran la oficina de correos local como una «conexión vital», ya que más de la mitad de la población rural con más de 60 años teme quedarse más aislada con el cierre de estafetas. Las oficinas postales rurales proporcionan mucho más que un mero servicio de correos a la gente mayor. Muchos jubilados las usan como una «ventanilla única» donde recibir su pensión y subsidios, pagar sus recibos, pedir consejo e información, y reunirse y hacer vida social con los demás. Los cierres dejan a mucha gente mayor cada vez más marginada desde un punto de vista tanto económico como social.

Un estudio realizado con casi 14.000 personas confirmó que los mayores más felices son los que residen en el campo. Uno de cada diez eligió Devon como el mejor lugar de retiro para la gente mayor. Cornualles también consiguió una puntuación elevada. En muchos casos manifestaron grandes aspiraciones, ya que les podían quedar veinte años por delante. Casi la mitad de las personas que pasan de 50 años planean trasladarse con la jubilación, y sólo el tres por ciento piensa en mudarse a Londres (menos del uno por ciento lo consideró un lugar deseable para vivir, porque el elevado coste de la vida es un factor importante). Muchos mayores de Londres temen salir y sentirse muy aislados.

Es casi inevitable que con la edad aumenten las probabilidades de que los individuos vivan solos, y la soledad puede ser terrible. Alrededor de una de cada diez personas de 65 años o más (el equivalente a más de un millón de mayores) cree que está sola a menudo o siempre. Millones de personas mayores experimentan la soledad. Casi medio millón de mayores salen de casa tan sólo una vez por semana, y 300.000 personas más están completamente recluidas en casa. Medio millón de personas con más de 65 años pasan el día de Navidad en soledad. La pérdida de servicios locales, como el cierre de estafetas y de tiendas pequeñas empeora aún más las cosas. Los niños, la pareja y los amigos son importantes. Aproximadamente hay el doble de personas en el quintil más pobre que en el más rico que se sienten aisladas a menudo o parte del tiempo. La vida en soledad, a su vez, es más habitual en los grupos más pobres. No es de extrañar que el sentimiento de exclusión sea más frecuente en la gente que vive sin cónyuge o en una pareja poco unida. Tres de cada cinco mujeres de 75 años o más viven solas, mientras que en el caso de los hombres de una edad similar el dato asciende a menos de un tercio. El tamaño del hogar disminuye con la edad de un modo más brusco para las mujeres que para los hombres, de forma que dos tercios de las mujeres y un tercio de los hombres de 80 años o más viven solos, frente a una persona de cada diez, tanto en hombres como en mujeres, a comienzos de la cincuentena. Muchos son propietarios de su casa, pero gran parte de las viviendas en las que residen se encuentran en mal estado. Más del 80 por ciento de los mayores desean quedarse en su propia casa, lo cual no es nada sorprendente, pero alrededor de la mitad de quienes pasan de 75 años y viven en su casa tienen alguna incapacidad. Cada año 400 personas de 80 años o más contraen matrimonio en Reino Unido, aunque hay más hombres que mujeres porque los hombres se casan con mujeres más jóvenes.

Las personas que se consideran en grave exclusión social pertenecen a una o varias de las siguientes categorías: tienen 80 años o más, viven solas, no tienen hijos vivos, tienen una salud delicada, padecen depresión, nunca usan el transporte público, o no son dueñas de su vivienda. La exclusión social también está relacionada con ingresos bajos, con quienes dependen de subsidios como principal fuente de ingresos, están desempleados o no realizan ningún ejercicio físico. Entre las personas en exclusión social figuran algunas de las más necesitadas entre la población mayor.

No se dedican muchos recursos públicos a mejorar el estilo de vida de los mayores en las ciudades y con los transportes, pero en Londres se están proyectando zonas de recreo para jubilados en Hyde Park y otras áreas, con instalaciones para mantener la forma física y un gimnasio al aire libre. Esto resultará menos intimidatorio y menos costoso que los gimnasios normales. Hay que diseñar autobuses para que los mayores puedan subir y bajar con facilidad. Un aspecto positivo es que ya se aplican descuentos en los billetes de mayores en el transporte público. Entre cuatro y cinco millones de personas usan en Estados Unidos los dispositivos de movilidad.

La falta de aseos públicos supone una dificultad para los mayores en el centro de las ciudades, y los pavimentos en mal estado pueden causar caídas graves. En Japón, en cambio, la quinta parte de los 128 millones de personas que conforman la población total tiene más de 65 años y se está intentando cubrir las necesidades de los mayores, hasta con automóviles diseñados para responder mejor cuando los conducen estas personas y con pornografía para mayores. Al área de Sugamo de Tokio acuden cada vez más personas mayores. Los accesos a las tiendas se han modificado para adaptarlos a sillas de ruedas, y los artículos que hay en ellas responden a las necesidades de la gente mayor, como por ejemplo numerosos medicamentos y apoyos para andar. La mayoría de las tiendas de Sugamo carece de barreras arquitectónicas y facilita el acceso a gente con bastón, andador o silla de ruedas. Es más, el trazado de cada tienda es abierto y las cajas se encuentran a baja altura para crear un ambiente que facilite la comunicación entre el personal de la tienda y los clientes. En Reino Unido existe una red comercial llamada Engage que ha creado AGE OK para acreditar los productos o ideas adecuados a la gente mayor; los primeros fueron mandos de televisión para gente con problemas de vista.

En la actualidad hay alrededor de un millón y medio de personas en edad de jubilación que trabajan a jornada completa o media jornada, una cifra que ha crecido bastante. Quienes tienen unos ingresos y una economía intermedios son los que reúnen más probabilidades de seguir trabajando cuando se acercan a la edad de cobrar la pensión del Estado. Los pobres suelen dejar de trabajar por mala salud o incapacidad. Cuatro de cada cinco personas en edad de jubilación forzosa en su trabajo no desearían seguir trabajando. Un estudio realizado en Estados Unidos reveló que alrededor de la mitad de las personas que permanece en activo después de la edad de jubilación lo hacían por deseo propio, y tan sólo el 17 por ciento lo hacía porque necesitara el dinero. Se ha acusado a los bancos de engañar deliberadamente a los mayores vulnerables para que se jugaran los ahorros en inversiones de riesgo. Sería muy sensato que quienes pasan de los 70 años acudieran acompañados de un asesor si están pensando en realizar ese tipo de inversiones, y debería intervenir un alto directivo.

La jubilación no llegó a las sociedades industriales hasta el siglo xx, cuando se vio que la gente vivía mucho más; con anterioridad, la vida laboral terminaba en la mayoría de los casos con la muerte. Un hombre de 65 años puede contar hoy en día con vivir otros dieciséis años más. A medida que la gente se acerca a la edad de jubilación, debe decidir cuándo dejar de trabajar, y estudiar su situación económica, sobre todo la pensión. Las edades de jubilación varían, pero lo habitual es retirarse a los 65 años, y eso afecta al coste de las pensiones. El presupuesto estatal destinado a las personas mayores llegó después de la ley de pensiones para la vejez de 1909, y consistió en pagar una cantidad de entre diez y 25 peniques a la semana a partir de los 70 años, dependiendo de los ingresos. Más tarde, la Ley de Pensiones Contributivas de 1925 instauró un plan estatal para trabajadores artesanos y otros profesionales que ganaban hasta 250 libras anuales (algo más de 300 euros), cuya pensión ascendía a 50 peniques semanales (unos 50 céntimos de euro) a partir de los 65 años. En 1946, la Ley de Seguridad Social introdujo pensiones contributivas del Estado para todos. La pensión estatal básica es un subsidio «basado en la contribución», y depende de las contribuciones o aportaciones del individuo a la Seguridad Social, un sistema de seguros contra enfermedades y desempleo. Las personas que han cotizado durante todos los años exigidos, que suelen ser 44 en el caso de los hombres y 39 en el de las mujeres, reciben una paga fija de 95,25 libras por semana (2009/2010) (algo menos de 120 euros). La pensión es menor si se tienen menos años cotizados. El primer informe que emitió la Comisión de Pensiones del Gobierno en 2004 perfiló algunos de los mayores desafíos a los que se enfrenta el presupuesto del sistema de pensiones de Reino Unido; en él se decía que, o bien se subían los impuestos o la gente tendría que trabajar más tiempo y ahorrar más, si no queremos vernos en la pobreza durante la senectud.

Hay un viejo dicho que afirma que los mayores ansían retirarse, pero que muchos jubilados lo lamentan después. Ernest Hemingway dijo que *retirement* es la peor palabra de la lengua inglesa porque indica el cese de la actividad y ocupa el centro de nuestra vida. El rechazo del envejecimiento es muy habitual. El restaurador Antonio Carlucci contempla la jubilación como la muerte. La jubilación obligatoria antes de los 65 años es ilícita a menos que el empleador pueda demostrar una razón objetiva. El trabajador puede verse sin trabajo a los 65 años y sin ninguna indemnización por despido, aun cuando no quiera retirarse. En cambio, sí hay un argumento convincente para aumentar la edad de jubilación, sobre todo para que los individuos puedan seguir ganando dinero. El Gobierno de coalición de Reino Unido ha decidido recientemente abolir la jubilación obligatoria en octubre de 2011. La juventud considera que el aumento de la edad de jubilación le impide ascender en el mundo laboral, pero no ve que tengamos un problema para mantener económicamente a quienes se retiran.

Un estudio indicó que en torno a la mitad de los jubilados considera satisfactoria la ley actual, y únicamente el siete por ciento la considera poco satisfactoria. Un tercio decía que pasar más tiempo con la familia es una buena razón para jubilarse, pero una proporción cada vez mayor de quienes andan por la mitad de la cincuentena cuentan con trabajar más allá de los 65. La mala salud pesa mucho a la hora de decidir cuándo retirarse, más incluso que la economía. Pero la naturaleza del trabajo en sí también influye, puesto que un tercio de quienes pasan de 70 años y siguen activos, ocupan puestos directivos y especializados.

Las Regulaciones por la Igualdad (Etaria) en el Empleo de 2006 concedieron a los trabajadores próximos a los 65 años el derecho de solicitar seguir trabajando, pero el empleador puede negarse sin ninguna explicación. Las regulaciones etarias no obligan al empleador a alegar alguna razón para negarse a aceptar la solicitud de un trabajador para seguir en activo; sólo se le obliga a considerar la solicitud, seguir los procedimientos correctos para ceñirse a los límites de plazo, y mantener un encuentro con el empleado para hablar del asunto. Unas 25.000 personas se ven obligadas a dejar el trabajo cada año por esta razón. El «efecto Horndal» evidencia lo útiles y competentes que pueden llegar a ser los trabajadores mayores: la producción en la empresa siderúrgica sueca Horndal aumentó un 15 por ciento a medida que los trabajadores envejecieron, y el rendimiento anual por trabajador experimentó un aumento constante a lo largo de 15 años sin realizar ninguna inversión adicional.

Cuando el Gobierno de Reino Unido abolió la edad de jubilación obligatoria para los funcionarios públicos a partir de abril de 2010, recibió elogios por progresista. Habría sido una hipocresía mandar a casa a los empleados públicos de 65 años cuando la Cámara de los Comunes contaba con 89 diputados que superaban la edad de jubilación de los 65 años antes de que se celebraran las últimas elecciones generales. La gente de más de 60 años es más activa que nunca, y es un acierto que el Estado lo reconozca así. Muchos de los votos que mantienen a los diputados en activo proceden de la gente que pasa de los 65 años. A la Cámara de los Comunes se le suele denominar la residencia para jubilados más cara de Gran Bretaña, puesto que en 2010 la media de edad era de 69 años. Cabría justificarlo diciendo que tiene una sabiduría colectiva considerable debida a la edad. Los jueces de Reino Unido se retiran a los 70 años, mientras que en Canadá, los jueces nombrados por la federación tienen como edad de jubilación obligatoria los 75 años, y en Estados Unidos los jueces del Tribunal Supremo no tienen una edad de jubilación establecida y, de hecho, ejercen el cargo de por vida. Un juez de 89 años del Tribunal Supremo declaró hace poco: «Pueden decir ustedes que me retiraré en los próximos tres años. Estoy seguro de ello». Los profesores de universidad no tienen una edad de jubilación obligatoria en Estados Unidos (afortunados ellos). En Alemania entró en vigor una nueva ley que deroga la edad de jubilación obligatoria a los 68 años para médicos de cabecera y especialistas en atención primaria.

Los políticos también pueden trabajar hasta la vejez en otros países. Pero hoy en día ni siquiera los políticos de China trabajan hasta edades tan avanzadas como en Italia. El presidente Giorgio Napolitano tenía 80 años cuando fue elegido para el cargo y el ex primer ministro Romano Prodi dejó el cargo a los 68. En India (una nación joven donde casi el 75 por ciento de la población, de más de mil millones de personas, tiene menos de 40 años, y más de la mitad ni siquiera pasa de los 25 años) hay quien considera una ironía que la mayoría de sus políticos de primera fila tenga setenta y tantos años, y algunos pasen incluso de los 80.

Personalmente, ahora que he llegado a los 80, la jubilación me resulta bastante dura. Echo de menos mi grupo de colegas científicos, sobre todo a los alumnos de doctorado con los que trabajé. Aún tengo un despacho en el University College y acudo para seminarios y, en ocasiones muy contadas, para dar conferencias. Por suerte, aún me invitan a dar charlas en varios encuentros, también fuera de Reino Unido. Paso la mayor parte del tiempo en casa escribiendo libros como éste. Lo hago recostado en la cama con el ordenador apoyado en el regazo. Pero aún juego al tenis dos días por semana, salgo a correr despacio una vez por semana, y uso la bicicleta para ir aquí y allá. Uno de los placeres de ser un científico retirado es que ya no tengo que solicitar ayudas de investigación y publicar con regularidad buenos artículos, o corregir exámenes. Pero sí echo de menos la investigación, aun cuando dudo que hoy por hoy fuera competente para enfrentarme a los nuevos avances técnicos en mi tema, la biología del desarrollo. Por ejemplo, existen técnicas nuevas para identificar los genes que permanecen activos en distintos lugares en diferentes fases, que ahora me superan un poco. También hay momentos en que, por desgracia, me pregunto qué sentido tiene seguir viviendo.

Comparativamente, las civilizaciones orientales han manifestado más respeto hacia los mayores que las occidentales. Pero hasta en India, donde los viejos no se ven como un estorbo que lucha por existir, como en otras sociedades, los mayores se enfrentan a algunos problemas, como la pobreza, el analfabetismo y una atención sanitaria deficiente. La mayoría de los ancianos de India dependen de sus hijos y familiares cercanos. Cuando los jóvenes se van de casa, desaparece el sentido de la vida. Los jóvenes son la fuerza de trabajo dominante, y la edad más deseada abarca de los 20 a los 35 años. Los planes para que 470.000 mayores necesitados sigan en su casa costarán más de 800 millones de euros, y ¿de dónde saldrá ese dinero? Además, la definición de «vejez» difiere mucho de la que impera en otras culturas: los 40 años ya son una edad muy avanzada, no tienes la más remota posibilidad cuando pasas la barrera de los 50, ¡y los 60 se corresponden sin duda alguna con la senectud! En China impera una actitud más positiva hacia los mayores que en Occidente, pero un estudio de 2007 reveló que los chinos en edad de estudiar manifestaban menos simpatía hacia ese grupo de población que la gente de mediana edad.

En algunas sociedades se venera a los ancianos. En las sociedades no industriales no es infrecuente que el cargo de jefe lo ocupen personas mayores, aunque a edades muy avanzadas deleguen en otros parte de su autoridad y sus funciones. Es muy inusual que esta gente llegue a los 65 años, de modo que por lo común la gente de 50 se considera anciana. Entre los factores relevantes en las sociedades donde se respeta a los mayores se cuentan la asociación activa con otras personas, y la defensa de sus intereses e iniciativas. Se los considera depositarios de sabiduría, transmisores de información valiosa, y gente capacitada para enfrentarse a los temibles poderes sobrenaturales. En las sociedades donde no existe la magia, la actitud hacia las personas mayores varía. La proporción de mayores que permanecen activos en estas sociedades primitivas es mayor que en las civilizaciones más ricas, porque se aprovechan los servicios de su escasa población mayor. Probablemente en ningún lugar se ha honrado más la vejez que entre el pueblo palaung del norte de Birmania, donde una larga vida se atribuye a la virtud de una vida anterior. «Que nadie ose pisar su sombra, o sufrirá daño.» Ese privilegio y honor del que gozan los ancianos entre los palaung hace que las niñas ansíen parecer más mayores de lo que son en cuanto contraen matrimonio. En estas sociedades abundan los ejemplos de glorificación de la vejez en leyendas e historias.

Entre los zande de Sudán impera la magia, y las personas mayores adquieren autoridad por sus poderes sobrenaturales. De forma similar, entre el pueblo navajo de Arizona, la magia confiere autoridad a los ancianos. Los recuerdos también pueden otorgar autoridad a los mayores, como entre los musulmanes mende de Sierra Leona; el jefe debe conocer la historia de la nación y la vida y las familias de los fundadores. Los incas eran un pueblo militar donde todo el mundo tenía que trabajar desde una edad temprana; cuando pasaban de los 50 años, ya no estaban obligados a realizar servicios militares pero tenían que seguir haciendo trabajos útiles, a veces hasta más allá de los 80 años.

Pero en la mayoría de las culturas preindustriales, el último capítulo de la vida siempre fue amargo, tal como ilustra el libro de Leo Simmons titulado *Role of the Aged in Primitive Society* [El papel de los mayores en la sociedad primitiva], en el cual se basa en gran medida este apartado. Ha habido ejemplos en los que se deshacían literalmente de las personas mayores. El folclore que ha perdurado refleja una resignación generalizada ante el inevitable empobrecimiento, falta de salud y vitalidad, y la pérdida de familiares y de posición dentro de la comunidad. Eufemismos tales como la «edad dorada» o «tercera edad» rara vez aparecen. Muchas sociedades primitivas no fomentaban la supervivencia de los mayores, sino que los abandonaban a su suerte o los sacrificaban. Para los yakut, un pueblo seminómada de Siberia, la vida era muy dura y el padre gobernaba la familia hasta que la vejez lo debilitaba, entonces lo reemplazaban los hijos y lo trataban casi como a un esclavo.

La autoridad extrema ejercida por padres sobre su descendencia no es inusual. Pero hay casos en los que progenitores muy mayores sufren abusos terribles por parte de sus hijos y otros parientes. En general, tanto los hombres como las mujeres de edad avanzada reciben mejores cuidados en las sociedades agrícolas, donde se cuenta con una residencia permanente y donde el suministro de alimentos se mantiene más o menos constante. Entre los hopi de Arizona, un pueblo dedicado a la agricultura y la ganadería, los hombres ancianos cuidan de sus rebaños hasta que la edad los debilita y los deja casi ciegos. Cuando ya no pueden salir más al campo, se sientan en casa y realizan trabajos manuales, como tejer mantas, o hacer sandalias. Los mayores manifiestan con frecuencia su deseo de «seguir trabajando» hasta la muerte. Entre los hopi hay muchas historias sobre los asombrosos poderes y proezas de la gente mayor.

Un observador señala: «Es imposible retirarse a cualquier edad». Los mayores resultan menos útiles en sociedades que viven de la recolección, la caza y tal vez incluso la pesca, puesto que ya no poseen esas habilidades. Para quienes carecen de hijos o de riquezas en cualquier lugar, la vejez puede ser una etapa dura.

5
La curación

> Todas las enfermedades desembocan en una sola: la vejez.
>
> Ralph Waldo Emerson

El jeroglífico para la «vejez» en el antiguo Egipto del año 2800 a.C. presentaba una persona encorvada apoyada en un bastón (tal vez la primera representación de los estragos de la osteoporosis). Al igual que todos los humanos, nuestros ancestros deseaban conocer la causa de las cosas que les afectaban, como la vejez. Pero también buscaban la manera de evitarla. Aparte de las leyendas relacionadas con la inmortalidad, de las cuales hablaremos más adelante, sus teorías sobre por qué se envejece y cómo evitarlo se remontan a mucho tiempo atrás. En su origen estas explicaciones corrieron a cargo de las creencias religiosas. Pero, con el tiempo, esas indagaciones condujeron al verdadero estudio del envejecimiento y cómo podría tratarse: la geriatría.

Ya en el año 1550 a.C., el papiro Ebers de Egipto, uno de los documentos médicos más antiguos que se conservan, señalaba que la debilidad que conlleva la decadencia senil se debe a la acumulación de pus en el corazón. Tal vez sea ésta la primera explicación no religiosa del envejecimiento. Los taoístas de la China antigua creían que el envejecimiento se debía a la pérdida de algún principio vital que ellos identificaban con la pérdida de semen en los hombres y, por tanto, enseñaban técnicas secretas para que los hombres tuvieran orgasmos sin eyaculación. Según ellos, esos hombres envejecerían mucho menos. Además, si se aprendía a realizar acciones sin esfuerzo, se efectuaban respiraciones vitales y se ingerían alimentos mágicos como el ginseng, también se frenaba el proceso del envejecimiento. En la medicina ayurvédica de India, el viejo sabio Maharishi Chyavana propuso una terapia antienvejecimiento. Cuando el Maharishi se quedó estancado por la edad y por la escasa energía, empezó a tomar chyavanaprasha, un tónico sorprendente y una medicina antienvejecimiento, y afirmó que no tardó en situarse en el camino de la recuperación absoluta. El ingrediente principal de este tónico es la grosella espinosa india.

Hacia el año 400 a.C., la medicina griega estaba impregnada de creencias religiosas. La enfermedad y la vejez se atribuían automáticamente a la intervención de dioses o demonios. Pero algunas de las explicaciones más antiguas y no místicas de la vejez también proceden de los griegos. El «padre» de la medicina, Hipócrates, en lugar de atribuir un origen divino a las enfermedades, indagó en sus causas físicas. Creía que determinadas enfermedades afectaban a edades concretas. Defendía la teoría de que la vejez se debe a la pérdida de calor y humedad. Aristóteles, que tenía un concepto muy negativo de la vejez, percibía el cuerpo envejecido como seco y frío, y también pensaba que la vejez la provocaba la pérdida de calor en el cuerpo, puesto que el calor era la esencia de la vida generada por el corazón. Galeno, para quien la vejez respondía a la constitución seca y fría del cuerpo, recomendaba a los ancianos tomar baños calientes, beber vino y permanecer activos. Galeno (129-216) sostenía que la vejez no es una enfermedad y tampoco es contraria a la naturaleza. San Agustín (354-430) consideraba que la enfermedad y la vejez eran resultado de la expulsión de Adán y Eva del Jardín del Edén.

Recordemos que en aquellos tiempos no había ninguna posibilidad de alcanzar un conocimiento científico sobre el envejecimiento, ya que hasta unos dos mil años después, en el siglo XIX, no se descubrió que el cuerpo está formado por células. La teoría de Darwin sobre la evolución también tuvo una importancia capital, tal como veremos.

El filósofo árabe Avicena (981-1037) fue un seguidor de Galeno y no veía ningún modo de evitar la desecación que provocaba la vejez. *El canon de medicina*, escrito por este autor en el año 1025, fue el primer libro con enseñanzas para cuidar a los mayores, con lo que preconizó la gerontología y la geriatría modernas. En un capítulo titulado «El régimen de la vejez», Avicena abordó «la necesidad de que los ancianos duerman mucho», aconsejaba ungirles el cuerpo con aceite y recomendaba ejercicios como caminar o montar a caballo. Una tesis del canon comentaba la dieta adecuada para los ancianos y dedicaba varios apartados al estreñimiento de los pacientes de mayor edad. El médico árabe Ibn al-Jazzar (*c.* 898-980) también escribió un libro especial sobre la medicina y la salud de los ancianos.

Roger Bacon (*c.* 1214-1294), fraile franciscano, fue el primero en proponer un programa científico de investigaciones epidemiológicas sobre la longevidad en distintos lugares y condiciones. También señaló que la búsqueda de conocimiento depende del «estudio minucioso de los detalles», y que tenía que haber una observación sistemática de la naturaleza. Es autor de un libro sobre el envejecimiento en el que indicaba que la vejez podría evitarse con una dieta controlada, el descanso adecuado, ejercicio, moderación en el estilo de vida y una buena higiene. Hasta aquí todo bien, pero también proponía inhalar el aliento de una virgen joven. Siguiendo la idea habitual de la época de que el envejecimiento se debía a la pérdida de alguna sustancia vital, Bacon sostenía que el aliento de las vírgenes jóvenes repone la pérdida de esa esencia vital. Lo más probable es que esta creencia procediera del pasaje bíblico en que el rey David durmió entre dos vírgenes siendo ya anciano para recobrar la juventud, aunque sin que necesariamente practicara sexo. Una virgen joven podía preservar la juventud de un hombre porque el calor y la humedad de la joven se transferían al anciano y lo revitalizaban.

Roger Bacon también afirmaba que la vida podía prolongarse y que Matusalén era un ejemplo de ello; que la desatención de la higiene acortaba la vida, y que algunos individuos habían usado artes secretas para prolongar la vida. Ponía el ejemplo de un granjero que ingirió una bebida dorada que se encontró en el campo y vivió mucho tiempo, y aquello reafirmaba las convicciones alquímicas de Bacon. En Italia, a mediados del siglo XVI, Alvise Cornaro dijo que la vida se podía alargar comiendo menos porque así se empleaba menos humedad innata, y era necesario mantener en buen equilibrio los cuatro humores que habían constituido la base de la medicina griega: sangre, flema, bilis amarilla y bilis negra. Aún no existía una ciencia seria de la vejez.

Francis Bacon, un impulsor clave de la ciencia del Renacimiento y autor de *Historia de la vida y de la muerte* (1638), propuso por primera vez un estudio del envejecimiento para descubrir sus causas y cómo evitarlo. Fue el primero en reconocer la prolongación de la vida como un objetivo de la medicina. Afirmaba que el envejecimiento es un proceso complejo, aunque remediable, pero «es tan natural morir como nacer». No creía que la vejez se debiera a la pérdida de ninguna sustancia vital. Avanzó poco, pero sí recomendó practicar ejercicio. Asimismo parecía tener cierto sentido del humor: «Nunca seré un viejo. Para mí la vejez siempre se encuentra 15 años por encima de mi edad». Cuenta la leyenda que mientras viajaba en una diligencia hacia Highgate, en el norte de Londres, llegó a la conclusión de que el frío evita el envejecimiento. Hizo el experimento al instante; detuvo el coche, compró una gallina y la rellenó con nieve. Pero el frío le afectó a él y falleció unos días después. Su interés por el envejecimiento sirvió de gran estímulo para que otros lo estudiaran.

El doctor George Cheyne, un médico escocés del siglo XVIII, creía que los ingleses morían por un exceso de comodidades, riquezas y lujo («El mal inglés»), y que la manera de evitar el envejecimiento consiste en ingerir tan sólo la comida justa para que el cuerpo mantenga el calor. Poco después, el médico alemán Hufeland afirmó que la vida acelerada acortaba la existencia, que había que eliminar el consumo de alcohol, masticar despacio los alimentos y tener una buena disposición. Declaró: «A menudo nos encontramos con hombres de edades muy avanzadas que desde la juventud han vivido la mayor parte del tiempo con una dieta de vegetales y, a veces, nunca han probado la carne». Admitía la idea de que cada individuo tiene asignada desde el nacimiento una cantidad finita de vitalidad que va disminuyendo con la edad.

El estudio científico del envejecimiento no empezó a progresar hasta el trabajo de Benjamin Gompertz, cuyo artículo de 1825 exponía las estadísticas demográficas de varios países, y revelaba que el predominio de muchas enfermedades crecía del mismo modo que la mortalidad. Concluyó que la muerte puede derivarse de dos causas por lo general coexistentes; por un lado, el azar, sin que haya una disposición previa a la muerte o al deterioro; por otro, el deterioro, o una incapacidad cada vez mayor para resistir el deterioro, es decir, el envejecimiento. Gompertz se interesó por esto último: ¿cómo confeccionar un modelo sobre la probabilidad de que una persona viva hasta una edad determinada si no le sucede nada inesperado? Sus relevantes resultados mostraron que la mortalidad aumenta exponencialmente a medida que crece la edad entre la madurez sexual y la vejez.

El científico belga Adolphe Quetelet reconoció que la duración de la vida humana está determinada por factores tanto sociales como biológicos, y logró aportaciones importantes a las historias vitales. Quetelet inició su investigación mediante el estudio físico del «hombre medio». Confeccionó un laborioso archivo de estadísticas de población sobre nacimiento, peso y proporciones físicas de hombres de distintas edades. Entre sus resultados aparecieron sólidas relaciones entre la edad y la criminalidad. La teoría de la evolución de Darwin apareció en esta época, y Quetelet quiso saber si la selección de los mejor adaptados continúa después de la fase reproductiva de cada individuo. Un primo de Darwin, Francis Galton, se interesó por el envejecimiento y colaboró con Quetelet para medir la correlación entre la edad y el vigor. En 1884 reunió los tiempos de reacción física de unas 9000 personas de edades comprendidas entre los cinco y los 80 años, datos que no se analizaron hasta mucho después.

En 1881 August Weismann pronunció una importante conferencia dedicada al envejecimiento en la Universidad de Friburgo. Fue la primera tentativa para explicar el envejecimiento basándose en la evolución darwiniana y el comportamiento celular. Estaba convencido de que la inmortalidad sería un lujo inútil y carente por completo de valor para el organismo, y que la causa del envejecimiento radicaba en una limitación de la capacidad de las células para reproducirse. Consideraba el envejecimiento una adaptación, puesto que ayuda a librarse de los mayores decrépitos que compiten por los recursos con otros individuos de su grupo. Como veremos, era una idea errónea. Nunca reconoció el importante principio de que en cuanto un individuo ha logrado reproducirse y cuidar de la progenie, deja de tener valor alguno para la especie. Esclareció asimismo que las células de la línea germinal que producen los óvulos y espermatozoides no envejecen ya que, en ese caso, la especie se extinguiría. Pasarían otros 60 años antes de que volviera a indagarse en la evolución del envejecimiento.

Jean-Martin Charcot, un famoso neurólogo del Instituto Pasteur, también promovió el estudio de la vejez, un tema que consideraba olvidado. Sus clases sobre medicina de la vejez, *Lecciones clínicas sobre las enfermedades seniles y las enfermedades crónicas,* despertó el interés científico por la materia, y la traducción al inglés de esta obra apareció en 1881. Aquellas lecciones tuvieron una repercusión enorme, puesto que Charcot contemplaba la vejez como un deterioro funcional simultáneo a un conjunto particular de enfermedades degenerativas, y hay que diferenciar entre ambas cosas. Iliá Méchnikov, un ruso que llegó al Instituto Pasteur de París en 1888, continuó con el trabajo de Charcot y acuñó el término «gerontología» en 1903.

Méchnikov recibió el Premio Nobel por demostrar que determinadas células del cuerpo humano nos defienden de agentes invasores, como las bacterias, engullendo esos organismos y materia muerta mediante un proceso denominado *fagocitosis*. Consideraba la vejez una involución celular donde la decadencia de las células es mayor que el crecimiento celular. Creía que el envejecimiento se debe a toxinas bacterianas liberadas por el intestino, y que los búlgaros eran especialmente longevos porque comían yogur. Así que promocionó el yogur como medicina contra el envejecimiento. Basándose en esta teoría, bebía leche agria a diario. George Edward Day (1815-1872) escribió un libro muy sensato a partir de la percepción médica del envejecimiento en 1848. Lamentaba que otros médicos apenas se interesaran por tratar los males que aquejaban a los ancianos. Una situación que se prolongó aún hasta los primeros años del siglo XX.

La geriatría moderna nació con la invención de este término por parte de Ignatz Leo Nascher a partir de la palabra griega *geras,* que significa «edad». Nascher nació en Viena en 1863, se graduó en farmacia y después obtuvo el título de Medicina por la Universidad de Nueva York. Escribió varios artículos sobre geriatría y un libro de cuatrocientas páginas publicado en 1914 que se tituló *Geriatrics: The Diseases of Old Age and Their Treatment* [Geriatría: las enfermedades de la vejez y su tratamiento]. Describió el envejecimiento como un proceso de degeneración de las células y los tejidos. Pensaba, erróneamente, que todas las células del cuerpo, salvo las del cerebro, se reemplazan a medida que envejecemos. Un escollo importante para él fue cómo diferenciar entre las enfermedades que aparecen *en* la vejez y las enfermedades *de* la vejez. Es casi seguro que su interés por la geriatría y por el desarrollo de tratamientos para la gente mayor provino de sus visitas a Austria, donde el cuidado de los mayores estaba aumentando mucho por entonces. Se retiró a los 66 años de edad.

El interés de Nascher por la geriatría extraña un tanto por el enorme contraste con su contemporáneo William Osler, el célebre médico canadiense que ocupaba la cátedra de Medicina de la Universidad Johns Hopkins de Baltimore. Osler parecía discriminar bastante a los mayores, tal como revela su último discurso, titulado «El periodo fijo», en el que declaró que los hombres de más de 40 años, superada la edad dorada de los 25 a los 40, son bastante inútiles. A los hombres de más de 60 años se los consideraba inútiles por completo, y el cloroformo no era una mala idea para este grupo de edad. Cuentan que aquel discurso dio lugar a cierto número de suicidios.

Si a comienzos del siglo XX había estudios científicos sobre el desarrollo infantil, el envejecimiento seguía enormemente ignorado. El psicólogo G. Stanley Hall fue uno de los padres fundadores de la psicología como ciencia. Su trabajo más relevante se centró en el desarrollo infantil, pero, interesado por su propio envejecimiento, escribió un libro sobre la vejez titulado *Senescence* [Senectud] en 1922. En él entrevistó a algunas personas mayores y descubrió que su actitud ante la muerte variaba a medida que envejecían. Esta obra representó el primer análisis del cambio de actitudes y pensamiento vinculado al envejecimiento:

> Qué distinta sentimos la vejez de como pensábamos o veíamos que era; qué poco coincide lo que sentimos hacia ella con cómo la ven nuestros jóvenes; ¡y qué difícil es ajustarse a las expectativas que tienen puestas en nosotros! Creen que hemos arribado a un puerto tranquilo y sólo nos queda echar el ancla y descansar.

Peter Medawar señaló en 1952 que los factores del entorno reducen poco a poco la esperanza de vida del individuo, y que la selección natural garantizará que los genes buenos que favorecen la reproducción actúen antes, y que los malos que impiden la reproducción lo hagan mucho más tarde. Esto supuso un gran avance, y más tarde se convirtió en la base de la teoría del soma desechable de Tom Kirkwood, según la cual sólo se dedica una pequeña cantidad de energía a reparar los procesos de envejecimiento en comparación con la destinada a la reproducción, el crecimiento y las defensas. La teoría también sostiene que el envejecimiento se debe a la acumulación de daños en el cuerpo y que los organismos longevos invierten más en la reparación.

Tal vez el mayor impulso para los «mercaderes de la inmortalidad» modernos proviniera del hallazgo de Leonard Hayflick de que las células fibroblastos se dividen un número finito de veces al ponerlas en cultivo. Esto acabó conociéndose como «límite de Hayflick». La revista *Journal of Experimental Medicine* rechazó el artículo original de Hayflick con una carta mordaz del editor que, entre otras cosas, decía: «El mayor dato procedente de la investigación de tejidos en cultivo en los últimos cincuenta años es que las células con la capacidad inherente de multiplicarse lo hacen indefinidamente siempre que se les proporcione el medio adecuado in vitro». Al final se publicó en la revista *Experimental Cell Research* en el año 1961.

Si Nascher fue el padre de la geriatría, Marjory Warren fue su madre, sobre todo en relación con el cuidado de los mayores. Ella trabajó en el hospital Isleworth Infirmary, que en 1935 absorbió un asilo para pobres adyacente para convertirse en el West Middlesex County Hospital. Durante el año 1936, la doctora Warren efectuó revisiones sistemáticas de los varios cientos de internos de las salas del viejo asilo. Muchos de los pacientes estaban mayores y achacosos, y ella adaptó los cuidados a sus necesidades. Acometió una ampliación de las salas y con ello mejoró el ánimo tanto de los pacientes como del personal. Abogó por la creación de una especialidad médica de geriatría que dotara a los hospitales generales de unidades geriátricas especializadas y que instruyera a los estudiantes de medicina sobre los cuidados de la gente mayor. Entre sus innovaciones figuraron la mejora del entorno y el énfasis en incrementar la motivación de los pacientes.

Antes de la segunda guerra mundial se había prestado poco interés a la salud mental o física de la gente mayor.

Mientras Joseph Sheldon trabajaba en el Royal Hospital de Wolverhampton, emprendió un estudio de 583 mayores patrocinado por la Fundación Nuffield y que publicó en el libro titulado *The Social Medicine of Ageing* [La medicina social del envejecimiento] en 1948. Descubrió que más del 90 por ciento vivía en su casa y muchos tenían graves problemas en relación con sus cuidados. Introdujo la fisioterapia a domicilio y promovió la adaptación del entorno para evitar caídas, que eran demasiado habituales. El Ministerio de Sanidad británico no reconoció la psiquiatría geriátrica como especialidad hasta el año 1989. En la actualidad, de los 1700 pacientes que tiene de media cada médico de cabecera, alrededor del seis por ciento pasa de los 75 años y el dos por ciento tiene más de 80. Se producirán unas seis visitas al año por parte de quienes pasan de los 65 años, de modo que los mayores representan una carga bastante grande para los médicos de cabecera.

La primera cátedra de geriatría que se creó en el mundo fue la Cátedra Cargill de la Universidad de Glasgow, asignada al doctor Ferguson Anderson en 1965. Alex Comfort, más conocido tal vez como novelista y por ser autor de la obra *El goce de amar,* fue un gran propagandista del estudio de la vejez. Su primera investigación se centró en el envejecimiento de la mosca de la fruta *Drosophila*, y de caballos purasangre. Después intentó establecer biomedidas del envejecimiento fisiológico.

En Estados Unidos el primer jefe de la Unidad Geriátrica dentro de la División de Quimioterapia de los Institutos Nacionales de Salud, Nathan Wetherwell Shock, fue nombrado en 1940. En 1948, la rama de la gerontología pasó a depender del Instituto Nacional de Corazón. Hubo una tentativa para crear un Instituto de Geriatría con el de Corazón como filial, pero fracasó porque un médico declaró en el senado: «No necesitamos investigar sobre la vejez. Basta con entrar en la biblioteca y leer lo que ya está publicado». Esto contrasta con la opinión que Nathan Wetherwell Shock emitió justo antes de morir en 1989: «Quisiera recordarles que nos formamos y crecimos con el firme convencimiento de que el fenómeno biológico que llamamos "envejecimiento" merecía ser objeto de estudio. Algo hemos conseguido. Pero me gustaría lanzar la advertencia de que nuestro futuro estará determinado única y exclusivamente por la calidad de la investigación científica para desentrañar los mecanismos básicos de los procesos del envejecimiento». En 1974, el Congreso de Estados Unidos autorizó la creación del Instituto Nacional de Geriatría para liderar el estudio y la formación en esa materia.

El estudio de la vejez experimentó una expansión considerable porque se vio que la esperanza de vida iba en aumento y, por tanto, también el número de personas mayores. La Gerontological Society of America [Asociación de Gerontología de Estados Unidos] se fundó en 1946, y la especialidad ha crecido muy deprisa. Ahora hay muchas revistas científicas dedicadas a este tema, como *Gerontology* y *Age and Ageing*. Pero, comparada con otras áreas de investigación médica, esta materia sigue estando un tanto olvidada. En palabras del profesor Tom Kirkwood:

Creo que los médicos luchan contra la vejez porque se han formado para diagnosticar y tratar enfermedades: aspiran a curar a todo el mundo. Para ellos la vejez es un fallo médico. Se avanza poco con las enfermedades relacionadas con el envejecimiento. Tal vez sea posible curar el alzhéimer, pero es muy difícil y la prevención resulta más prometedora. Aún no se ha estudiado lo suficiente a la gente muy mayor, que es lo que hacemos en Newcastle. Ni una sola de las personas de nuestro estudio con más de 85 años padece cero enfermedades relacionadas con la edad, la mayoría de ellas está aquejada de cuatro o cinco.

6
La evolución

Envejecer no es problema. Sólo hay que vivir
lo suficiente.

Groucho Marx

El estudio de la naturaleza de la vejez nos ha ayudado a entender sus mecanismos, primero, desde el punto de vista evolutivo y, después, en relación con el comportamiento de las células. En esencia somos una sociedad de células, y todas nuestras funciones están determinadas por las actividades de las células. La evolución es crucial, ya que ha seleccionado células para que se comporten de modo que garanticen la reproducción del organismo, una característica fundamental de la evolución darwiniana. A la evolución no le interesa la salud, sino tan sólo el éxito reproductivo. Casi todas las características de un organismo, y por supuesto, también el humano, se han seleccionado sobre esa base. El óvulo fertilizado da lugar, mediante división, a todas las células que conforman nuestro cuerpo, así como el de todos los demás animales. La activación y desactivación de genes durante el desarrollo del embrión establecen cuándo y dónde se produce cada proteína determinada dentro de las células y, por tanto, también su comportamiento. Los detalles de este proceso se han ido seleccionando a lo largo de la evolución para dar lugar a adultos que se reproducirán.

¿Se seleccionó también la vejez y responde a otra adaptación que favorece la reproducción? Se ha planteado que el envejecimiento se seleccionó para limitar el número de adultos que compitieran entre sí y, por tanto, redujeran la reproducción dentro del grupo, pero hay signos que indican que esto es falso.

Es esencial distinguir entre los cambios que experimenta el organismo con el paso del tiempo a medida que se desarrolla y después crece, y el proceso del envejecimiento. La vejez no se parece al resto de alteraciones biológicas que experimentamos con el tiempo a medida que nos desarrollamos en forma de embrión, y después crecemos y maduramos tras el nacimiento. El embrión gana edad desde el momento en que está fertilizado, y el cambio más manifiesto que depara la edad después del nacimiento es el crecimiento en sí, el cual forma parte de nuestro programa de desarrollo genéticamente controlado. Con posterioridad continuamos creciendo durante unos 16 años. La pubertad comienza en torno a los 11 años y representa el periodo de transición de la infancia a la adolescencia, marcado por el desarrollo de características sexuales secundarias, el crecimiento acelerado, cambios conductuales y, con el tiempo, la consecución de la capacidad reproductiva. Los cambios de la pubertad se deben a la activación de un sistema complejo que aumenta la frecuencia y amplitud de las hormonas que estimulan el crecimiento de los órganos sexuales. Este sistema permanece activo en los primeros años de la infancia pero se torna bastante inactivo durante este periodo, mientras que la pubertad está marcada por su reactivación para alcanzar la madurez sexual.

Un caso notorio de fallo del crecimiento es el de Brooke Greenberg, una niña de Maryland que a los 17 años seguía teniendo las mismas capacidades físicas y cognitivas de una niña pequeña a pesar de crecer en edad. Medía unos 75 centímetros, pesaba unos siete kilos y su edad mental se estimaba entre nueve meses y un año. Los médicos de Brooke bautizaron aquella afección suya como síndrome X.

Otro gran cambio que se produce con la edad es que cada persona cuenta con dos series sucesivas de dientes. Los bebés empiezan a echar dientes más o menos a los seis meses de edad. Por lo común, hacia los dos años la mayoría de los dientes de leche estará en el lugar que le corresponde. Unos niños echan los dientes antes, otros más tarde. Pero hacia los 12 años todos los dientes de leche se habrán caído y habrán sido reemplazados por la segunda serie de dientes.

Todos estos cambios debidos a la edad difieren bastante de la vejez y sus efectos negativos, y la evolución los ha seleccionado como parte de nuestro programa de desarrollo para favorecer la reproducción. De modo que, ¿por qué sufrimos los efectos negativos de la vejez? ¿Se seleccionó y programó la vejez como parte de nuestro desarrollo?

La culpa recae en gran medida sobre la evolución. Como ya se ha dicho, a la evolución sólo le importa la reproducción, y no la salud una vez que nos hemos reproducido. Como veremos, el envejecimiento se debe a la acumulación de daños en las células con el paso del tiempo. El envejecimiento no forma parte de nuestro programa de desarrollo y no hay genes normales que favorezcan el envejecimiento aunque, como se verá más adelante, existen alteraciones genéticas que pueden provocar un envejecimiento prematuro. Por el contrario, la evolución ha seleccionado con esmero actividades celulares que impiden el deterioro de las células por envejecimiento pero que, por lo común, sólo permanecen activas hasta que ha descendido considerablemente la capacidad reproductora. Ningún animal muere de viejo; muere por la acción de los depredadores y de las enfermedades, entre ellas las relacionadas con la edad. El efecto de la evolución se aprecia al comparar ratones de dos años con crías de elefante de esa misma edad. Los ratones ya son viejos. La evolución ha seleccionado mecanismos para impedir que el elefante envejezca antes de que tenga descendencia, y en algunos elefantes la vejez sólo se manifiesta en los colmillos desgastados. La evolución ha generado gran diversidad de intervalos de vida. Por ejemplo, las ratas viven tres años, y las ardillas, 25.

Tal como dijimos con anterioridad, August Weismann, el gran biólogo teórico y experimental alemán del siglo XIX, fue uno de los primeros en emplear argumentos evolutivos para explicar el envejecimiento. Su idea de partida era que existe un mecanismo de muerte específico diseñado por la selección natural para eliminar a los miembros envejecidos, y por tanto desgastados, de una población. El propósito de esta muerte programada de los mayores consiste en despejar el espacio vital y dejar los recursos a disposición de generaciones más jóvenes: «... no hay ninguna razón para contar con que la vida se prolongue más allá del periodo reproductivo; de modo que el final de ese periodo suele coincidir más o menos con la muerte». Es muy probable que Weismann llegara a esta conclusión durante la lectura de las siguientes anotaciones de uno de los contemporáneos de Darwin y codescubridor de la selección natural, Alfred Russel Wallace, a quien citaría más tarde en su ensayo «La duración de la vida»:

> ... cuando uno o más individuos brinda una cantidad suficiente de descendientes, ellos mismos, como consumidores de alimento en una medida cada vez mayor, representan un perjuicio para esa descendencia. Así que la selección natural los elimina y, en muchos casos, favorece que esas estirpes mueran casi inmediatamente después de haber dejado descendencia.

Pero la teoría es errónea, puesto que casi todos los animales salvajes mueren antes de llegar a viejos. En el mundo natural la muerte no viene causada por el envejecimiento, sino que se debe a muchos otros factores, sobre todo a los depredadores. Algunos animales, como los elefantes, sí llegan a viejos en el mundo salvaje, pero son casos raros. Los ratones en libertad mueren hacia los diez meses de vida, mientras que los de laboratorio llegan a vivir varios años. Algunos animales son más longevos de lo esperable (por ejemplo, las aves planeadoras viven tres veces más que los animales más apegados al suelo). Los petirrojos viven 17 años, mientras que el albatros llega a los 50. Esto se debe a que el vuelo les permite huir de los predadores y encontrar otros lugares para alimentarse, de modo que la reproducción temprana dejó de ser necesaria. Sin embargo, no está claro por qué son tan longevos algunos reptiles, como los cocodrilos y las tortugas.

Las enfermedades asociadas al envejecimiento tienen un impacto negativo considerable en los índices de mortalidad humana. Weismann rechazó más tarde esta teoría para proponer, sabiamente, que el envejecimiento se debía a la derivación de recursos hacia la línea germinal, en lugar de hacia el cuerpo. Si el pernicioso envejecimiento ocurriera en las células germinales, óvulos o espermatozoides, la especie se extinguiría. ¡Cuánta razón tenía!

Asimismo aparecieron teorías sobre el proceso del envejecimiento que no se basan en que sea adaptativo y, por tanto, no se debe a presiones de la selección natural. La primera fue la teoría de la «acumulación de mutaciones», propuesta por primera vez por el gran científico Peter Medawar en 1952 y ya mencionada aquí con anterioridad, la cual defiende que ciertas mutaciones en el ADN de los genes causan cambios celulares perjudiciales relacionados con la edad y podrían acumularse a lo largo de generaciones sucesivas, siempre que sus graves efectos negativos sólo se manifiesten mucho después de la edad óptima para tener éxito reproductivo. Estas mutaciones son sucesos casuales. Las tablas de supervivencia para humanos revelan que la menor probabilidad de muerte en las hembras humanas se sitúa en torno a los 14 años, lo que en las sociedades primitivas probablemente se correspondería con la edad del máximo reproductivo. La evolución ha garantizado que el máximo reproductivo tenga lugar cuando los animales son jóvenes. Las mujeres pierden los óvulos a un ritmo más o menos constante hasta los 35 años, instante en que ese ritmo se multiplica por dos.

Las mutaciones perjudiciales expresadas en momentos más tardíos de la vida son bastante neutras para la evolución, puesto que sus portadores ya se han reproducido y, por tanto, ya han transmitido los genes a la generación siguiente. Como serían pocos los individuos que alcanzaran tales edades, esas mutaciones escaparían a la presión negativa de la selección (la evolución las obviaría). La teoría también predice que si hay menos peligros externos para un animal, el envejecimiento se frena, como en el caso de animales como el albatros. De acuerdo con esta teoría, el envejecimiento es un rasgo no adaptativo, porque la selección natural descuida los acontecimientos que se producen en unos pocos animales longevos que suponen una ventaja adicional pequeña para el número de descendientes.

Hay genes que pueden ser beneficiosos al comienzo de la vida, y más tarde, en cambio, dañinos. En otras palabras, los genes que manifiestan efectos favorables en las aptitudes a edades tempranas y efectos perjudiciales a edades avanzadas podrían explicar el proceso del envejecimiento. La población conservaría esos genes por sus efectos positivos para la reproducción durante la juventud, a pesar de sus efectos negativos a edades posreproductivas más tardías, y esos efectos al final de la vida tendrían el mismo aspecto que el proceso del envejecimiento.

La teoría de la acumulación de mutaciones sostiene, pues, que desde una perspectiva evolutiva, el envejecimiento es el resultado inevitable de la decadencia que experimenta la selección natural con la edad. Por ejemplo, un gen mutante que aniquile a niños pequeños sufrirá una firme selección negativa y, por tanto, no se transmitirá a la generación siguiente; mientras que una mutación letal con efectos restringidos a la gente de más de 80 años no se someterá a ninguna selección, porque no ejerce repercusión alguna en la reproducción y, para entonces, la gente con esta mutación ya se la habrá transmitido a su descendencia. A lo largo de generaciones sucesivas, las mutaciones perjudiciales de incidencia tardía se acumularán y causarán un incremento del índice de mortalidad al final de la vida, que es precisamente lo que observamos y experimentamos.

De acuerdo con esta teoría, las personas que padecen una mutación perjudicial tienen menos posibilidades de reproducirse cuanto antes se manifieste dicha mutación en la vida. Por ejemplo, los enfermos de progeria, una enfermedad genética con síntomas de envejecimiento prematuro, viven tan sólo unos 12 años y, por tanto, no pueden transmitir esos genes mutantes a generaciones subsiguientes. En estas circunstancias, la progeria únicamente aparece debido a mutaciones nuevas y no a los genes de los progenitores. En cambio, la gente que manifiesta una mutación a edades más tardías puede reproducirse antes de que aparezca la enfermedad; es el caso, por ejemplo, de quienes padecen alzhéimer familiar. Como consecuencia, la progeria es menos frecuente que las enfermedades tardías, como el alzhéimer, puesto que los genes mutantes responsables del mal de Alzheimer no se eliminan del acervo génico tan deprisa como los genes de la progeria, y por tanto se pueden acumular en generaciones sucesivas. En otras palabras, la teoría de acumulación de mutaciones predice correctamente que la frecuencia de las enfermedades genéticas aumenta con la edad.

Una segunda teoría postula que puede haber genes cuya expresión resulte dañina al final de la vida, pero que no son silenciosos en épocas tempranas de la vida porque en realidad son beneficiosos para la supervivencia y la capacidad reproductiva, y ejercen algunos efectos favorables. Por consiguiente, esas mutaciones podrían implicar una ventaja selectiva al comienzo de la vida y, más tarde, una negativa. Esos genes se mantendrán en la población debido a su incidencia positiva en la reproducción durante la juventud, a pesar de sus efectos negativos a edades posreproductivas avanzadas, y sus efectos negativos en momentos tardíos de la vida tendrían exactamente el mismo aspecto que el proceso del envejecimiento. Supongamos, por ejemplo, que hay un gen que aumenta la fijación del calcio en los huesos. Ese gen puede tener efectos positivos al comienzo de la vida, porque reduce el riesgo de fracturas óseas y la muerte subsiguiente, pero tal gen puede inducir efectos negativos en momentos más tardíos de la vida porque incrementa el riesgo de osteoartritis debido a un exceso de calcificación. En el mundo natural, un gen semejante no tiene ningún efecto negativo real porque la mayoría de los animales mueren mucho antes de que llegue a observarse su acción perniciosa. De modo que un efecto positivo real durante la juventud se compensa con otro efecto negativo potencial en la vejez; este efecto negativo puede activarse tan sólo cuando los animales viven en un entorno protegido, como un zoo o un laboratorio. Los gravosos ornamentos de los machos de algunas aves son esenciales para la reproducción, pero en fases posteriores de la vida se convierten en una carga. Por ejemplo, los pavos reales tienen una movilidad muy reducida.

Aunque ha habido tentativas para fundir la teoría evolutiva con estudios empíricos de la biología del envejecimiento que se han guiado por estos conceptos sobre la posibilidad de que el envejecimiento se deba a mutaciones, hay pocos signos de que la acumulación de mutaciones produzca la vejez, y sólo se han encontrado ejemplos raros de genes que exhiben las funciones tempranas y tardías necesarias. Estas teorías explican, en efecto, la aparición universal de la vejez. Pero no explican el verdadero proceso del envejecimiento.

El envejecimiento se explica mejor como resultado de la acumulación de daños moleculares aleatorios en células por una variedad de causas (sobre todo, errores debidos al deterioro por el uso), y a continuación comentaremos los mecanismos causantes de ello y que inducen daños en los genes y proteínas que las células no consiguen reparar de manera fiable. Estos sucesos fortuitos se producen en todas las células del cuerpo, y existen algunos mecanismos para reparar el daño. Sin embargo, hay una excepción en ese deterioro en las células germinales que dan lugar a la siguiente generación. Las células germinales no osan sufrir daños relacionados con la edad, porque si lo hicieran pronto dejaría de haber una descendencia sana en el futuro. La evolución es conocedora de ello, y garantiza que no envejezcan. En cambio, las células del cuerpo sí envejecen, y lo único que preocupa a la evolución es limitar ese envejecimiento para que pueda haber reproducción. La evolución selecciona aquellas actividades celulares que retrasan el envejecimiento hasta que se completa la reproducción.

La explicación del envejecimiento en estos términos se basa en parte en una idea de Weismann, quien rechazó su teoría de que el envejecimiento es adaptativo, y más tarde propuso que el envejecimiento evoluciona porque los organismos diferencian los órganos implicados en la reproducción, sobre todo los que crean las células germinales (óvulos y espermatozoides), del resto del cuerpo. Invierten mucho en los órganos implicados en la reproducción, y con ello descuidan las consecuencias del envejecimiento en el cuerpo. Encontramos una confirmación de esto en los organismos modelo, donde la fertilidad y la duración de la vida mantienen una estrecha relación. En el nematodo *C. elegans,* la supresión de las células precursoras de la línea germinal de la gónada interrumpe la reproducción pero alarga la vida, al igual que hacen las mutaciones que reducen la proliferación de la línea germinal. En la mosca de la fruta *D. melanogaster,* una reducción de la reproducción alarga la vida de las hembras, y ciertas hembras mutantes longevas presentan puestas de huevos reducidas, hasta el punto de que algunas son casi estériles. Ciertos ratones con mutaciones que causan enanismo viven mucho y son estériles.

Los estudiosos también han descubierto que el envejecimiento y la duración de la vida sí evolucionan a lo largo de generaciones subsiguientes de especies biológicas en una dirección que admite una predicción teórica, dependiendo de unas condiciones de vida determinadas. Por ejemplo, la selección de una reproducción más tardía (la selección artificial de progenie tardía para concepciones subsiguientes) dio lugar, tal como se esperaba, a moscas de la fruta más longevas, mientras que al situar a los animales en un entorno más peligroso con una mortalidad extrínseca elevada reorientó la evolución, tal como se había predicho, hacia una vida más corta en generaciones ulteriores. La selección de huevos de moscas más viejas condujo progresivamente a moscas mucho más viejas que vivían el doble de tiempo.

Todo esto concuerda con la teoría del soma desechable de Kirkwood, donde soma se refiere al cuerpo. El poder de la selección se desvanece con la edad. La teoría del soma desechable sostenía que «los organismos superiores tal vez obtengan una ventaja selectiva adoptando una estrategia de ahorro energético consistente en reducir la precisión de las células somáticas para acelerar el desarrollo y la reproducción, pero la consecuencia será el deterioro y la muerte a largo plazo». Si se parte de una cantidad finita de recursos, cuantos más gasta el cuerpo en mantenerse, menos dedica a la reproducción. La corrección molecular se reduce, así como otros mecanismos que favorecen la precisión en las células del cuerpo. La energía debe destinarse a preservar la fiabilidad de las células germinales, pero pueden acumularse daños en células del cuerpo (por eso hay tan pocas células germinales en comparación). Desde el punto de vista de la evolución, la prevención del envejecimiento sólo es necesaria hasta que los animales han consumado la reproducción y han cuidado de los pequeños lo bastante bien; la naturaleza ha brindado, pues, mecanismos de reparación para retrasar el proceso hasta que eso se lleva a cabo. De acuerdo con esta teoría, nosotros y otros animales somos desechables en cuanto completamos la reproducción y la crianza de la progenie.

El salmón del Pacífico de ambos sexos no cuida de los jóvenes y muere pocas semanas después de desovar. El macho del ratón marsupial muere por colapso del sistema inmunitario después de una intensa cópula, pero no la hembra. Asimismo hay animales que viven hasta mucho después de pasar la fase reproductiva, como las ballenas y las hembras humanas. En ambos casos se debe a la necesidad de cuidado y alimentación de los pequeños, tanto propios como ajenos en el caso de las ballenas.

Disponemos de signos abrumadores de que el grado de envejecimiento tiene fuertes influencias genéticas. Tal vez la señal más convincente es que las diferencias del grado de envejecimiento entre individuos de una misma especie son despreciables comparadas con las enormes diferencias que se dan entre distintas especies. Las abejas obreras viven tan sólo unas semanas, frente a los varios años que vive la reina porque se alimentó de miel cuando era larva. La cachipolla muda se reproduce y muere en el espacio de un solo día, en algunos casos con una vida funcional que se mide en horas; en cambio, las tortugas gigantes alcanzan los 150 años, seguramente ayudadas por su caparazón protector. El poderoso influjo de la genética se manifiesta, además, en el número creciente de mutaciones de un solo gen capaces de repercutir en la duración de la vida de organismos que van desde la levadura hasta los ratones.

Un ejemplo importante es el del cambio que experimenta la reproducción femenina a medida que se envejece. Esto, que se debe a la menopausia, es diferente del envejecimiento y está programado por los genes. Las mujeres disfrutan de un periodo amplio para reproducirse. La madre de mayor edad procede de India (tuvo gemelos a los 70 años con fecundación in vitro). En Reino Unido, la más mayor tiene 66. Se dice que los 63 debería ser el límite de edad, puesto que los niños necesitan a su madre durante unos 20 años, lo que lleva a esa madre hasta los 83 años de edad. Una niña se convirtió en la madre más joven de Reino Unido a los 12 años de edad.

Esto plantea la cuestión de por qué las mujeres tienen la menopausia y, por tanto, el final de la reproducción. La edad promedio de la menopausia en Gran Bretaña se sitúa en los 51 años. ¿Por qué tienen las mujeres esa privación de años reproductivos en su vida? ¿Qué presiones de la selección podrían dar lugar a esta adaptación exclusiva de los humanos? La menopausia se puede explicar mediante la teoría de la «buena madre», es decir, hay que dedicar la energía a cuidar de los hijos, no a tener más. Podría suceder que, como el parto entraña peligro en el caso de los humanos, la menopausia permitiera que las mujeres mayores sobrevivieran más tiempo y cuidaran mejor de los hijos que ya tenían. Otra posibilidad se conoce comúnmente como la hipótesis de la «abuela», y sostiene que las mujeres que dejaban de ovular en sus años dorados se liberaban del peso de la reproducción y eran más capaces de dedicarse a los hijos y nietos ya existentes, con lo que contribuían a garantizar la proliferación de más individuos con genes inductores de la menopausia, y que éstos tuvieran hijos a su vez.

Un conjunto de datos llamativamente completo e instructivo procedente de Gambia nos permite asomarnos a un mundo sin las ventajas de la sanidad moderna. Lo que revelan los datos es que los niños eran bastante más propensos a sobrevivir hasta la edad adulta si contaban con los cuidados de una abuela. Las abuelas de Gambia son cruciales para la supervivencia de los niños. En otros estudios, los datos revelaron que un niño tenía una probabilidad más de diez veces inferior de sobrevivir si su madre fallecía antes de que cumpliera los dos años, pero que los niños entre uno y dos años tenían el doble de posibilidades de sobrevivir si aún vivía su abuela materna. Ningún otro familiar ejercía algún efecto. Pero, aunque la menopausia puede conducir a una incidencia menor del cáncer, aumenta el riesgo de cardiopatías y osteoporosis.

7
La explicación

> De una edad a otra nada cambia y, sin embargo, todo es completamente distinto.
>
> Aldous Huxley

Si el envejecimiento no está programado por los genes, ¿por qué y cómo es que envejecemos? La respuesta radica en las células. En esencia somos una sociedad de miles de millones de células. En relación con su tamaño, las células son las estructuras más complejas del universo. Las proteínas determinan el comportamiento de las células; los genes tan sólo aportan el código esencial para producir proteínas. Una célula típica, como cualquiera de las de la piel, contendrá miles de proteínas distintas, y millones de copias de algunas de ellas. Interacciones complejas entre las proteínas y los genes establecen qué proteínas serán sintetizadas y especifican así el comportamiento de la célula.

Las proteínas son largas cadenas de unidades muy pequeñas, aminoácidos, cuya secuencia viene codificada en el ADN de los genes, y esa secuencia determina cómo se plegarán las proteínas y qué función asumirán. Envejecemos por desgaste, de un modo no muy distinto al de cualquier máquina, como por ejemplo un coche; los índices de mortalidad de los coches siguen un patrón parecido al de los animales. No existe un único proceso del envejecimiento. El envejecimiento resulta de una acumulación de daños celulares y de la incapacidad de las células para repararlos, sobre todo en el ADN y las proteínas, y para devolver a la célula su funcionamiento normal. El mantenimiento de la integridad del ADN constituye un reto para cualquier célula, porque ese deterioro produce la desaparición de proteínas clave, la síntesis de proteínas en células incorrectas y en momentos equivocados, y también la aparición de proteínas con propiedades perniciosas. Estos daños se acumulan aleatoriamente a lo largo de la vida, desde el preciso momento en que las células y los tejidos corporales empiezan a formarse. Es curioso que organismos con los mismos genes, como los gemelos idénticos, envejezcan de maneras tan diferentes debido a la naturaleza fortuita de las causas del deterioro. Los hechos casuales forman parte esencial de la vejez.

Las células son muy complejas y existen al menos 150 proteínas distintas implicadas en la reparación del ADN cuando éste se daña. Otras lesiones se producen en las mitocondrias, que generan la energía necesaria para las actividades celulares, y en las membranas que envuelven la célula y también residen en su interior. La duración de nuestra vida, y la de otros animales, viene determinada en primer lugar por mecanismos que han evolucionado para regular los niveles de deterioro celular en el organismo. Tal como se dijo antes, las células germinales que dan lugar a los óvulos y los espermatozoides para la reproducción son las únicas que no envejecen gracias a la reparación de los daños. Como nuestra línea germinal (las células que dan lugar a óvulos y espermatozoides) produce la siguiente generación, tiene que eludir el deterioro debido a la edad. Esto exige unos niveles elevados de mantenimiento y reparación en las células germinales, a diferencia de los dedicados a las células del cuerpo. Algunos árboles llegan a vivir cinco mil años debido a que en ellos no existe una diferencia clara entre las células germinales y las corporales, de modo que cuentan con mecanismos para evitar el envejecimiento en todas las células.

¿Cómo se enfrentan los procesos de reparación de las células corporales a la diversidad química del daño molecular, que es crucial para el envejecimiento? Las moléculas dañadas de la célula y las toxinas del entorno pueden adoptar formas casi ilimitadas. Otro ejemplo de la brillantez de la evolución radica en que un conjunto de genes haya evolucionado para codificar proteínas que se enfrenten a la diversidad estructural casi infinita de la basura molecular que se acumula con la edad. El signo molecular más común del envejecimiento en las células es una acumulación de proteínas alteradas que derivan de síntesis erróneas y un mal plegamiento. Existe un grupo de proteínas especiales que ayudan a las células a ocuparse de proteínas mal plegadas y con otros fallos, y que son capaces de retrasar el envejecimiento y de alargar la vida en algunos organismos. El recambio de proteínas es esencial para mantener el funcionamiento de la célula mediante la eliminación de proteínas dañadas o redundantes. Hay indicios de que la acumulación de proteínas alteradas contribuye a la aparición de una serie de desórdenes relacionados con la edad, como los males de Alzheimer o de Parkinson. Se ha demostrado que la gente con dos copias de la variante de longevidad del gen CETP, implicado en el metabolismo lipídico, pierde la memoria más despacio y tiene menos riesgo de desarrollar demencia y alzhéimer.

Las células pueden resolver la acumulación de proteínas y mitocondrias dañadas por la edad engullendo fracciones de sí mismas en lo que se denomina autofagia, y que consiste en la degradación de los componentes dañados de la propia célula. La autofagia puede destruir estructuras deterioradas de la célula como mitocondrias, membranas celulares y proteínas, y se cree que el fallo de la autofagia constituye una de las razones principales de la acumulación de daños celulares y del envejecimiento. Durante el envejecimiento disminuye la eficacia de la autofagia, y los productos celulares dañados se acumulan. TOR (siglas en inglés de *target of rapamycin,* diana de la rapamicina) es una enzima proteica que controla el metabolismo y puede estimular el crecimiento celular, pero también tiene la capacidad de impedir la autofagia. La inhibición de TOR mediante rapamicina puede alargar la vida de organismos modelo. En el gusano nematodo hay signos claros de que la duración de la vida va unida a la capacidad para regular la autofagia. Resultados obtenidos con la mosca demuestran que si se promueve la expresión de un gen de autofagia en el sistema nervioso, se alarga la vida en un 50 por ciento, lo que pone de manifiesto que la vía de la autofagia regula el ritmo al que envejecen los tejidos. Estudios recientes han revelado que el envejecimiento y la autofagia están regulados por los mismos factores de señalización, y que eso implica factores de longevidad como las sirtuinas que se han descubierto en la levadura.

Aunque el envejecimiento es un proceso multifactorial al que contribuyen muchos mecanismos, cualquier cosa que dañe el ADN y, por tanto, elimine proteínas o las vuelva defectuosas, puede causar un mal funcionamiento de las células. Algunos de los mecanismos con mayor responsabilidad en el envejecimiento pueden implicar daños en el ADN. El deterioro del ADN puede provocar una mutación que altere la codificación de una proteína. También hay ADN en las mitocondrias que producen la energía de la célula. El ADN tal vez sea la estructura cuya integridad más cueste a las células mantener a lo largo de su vida. El ADN de todo cromosoma experimenta miles de alteraciones químicas a diario, y a menudo sufre reparaciones (se calcula que la eliminación de bases dañadas en el ADN ocurre 20.000 veces al día en cada célula del cuerpo). Si bien no se ha demostrado que el deterioro del ADN sea una causa directa del envejecimiento, hay diversas afecciones humanas raras, debidas a mutaciones en genes relacionados con la reparación del ADN, que implican síntomas de envejecimiento prematuro.

Las células tienden a reaccionar ante daños graves en el ADN con el suicidio (apoptosis), y esto ofrece una vía para evitar que la célula dañada se vuelva cancerosa. Esto sucede mucho más a menudo en tejidos viejos, donde la acumulación de daños es mayor, y la pérdida resultante de células puede acelerar a su vez el envejecimiento. Los organismos longevos probablemente invierten en un mantenimiento mejor del ADN. Los beneficios de ello se aprecian tanto en un envejecimiento más lento como en el retraso de la incidencia del cáncer, puesto que la inestabilidad del genoma contribuye a favorecer ambos procesos. Los humanos tienen menos probabilidad de contraer cáncer que los ratones porque han invertido más en la reparación del ADN. Los organismos que viven mucho invierten más en el mantenimiento y la reparación celulares que los organismos de vida más corta; ahora bien, esos mecanismos de reparación se debilitan con la edad.

La naturaleza y la evolución parecen exhibir un sentido del humor muy fino al hacernos tan dependientes del oxígeno, un elemento que nos resulta esencial para producir energía pero también puede ser una causa fundamental del envejecimiento y, a la larga, de la muerte. Una causa posible del deterioro del ADN y de otras moléculas que conduce al envejecimiento atribuye buena parte de la culpa a pequeñas moléculas de oxígeno modificadas. Las mitocondrias de las células necesitan el oxígeno para producir energía a partir de las moléculas derivadas del alimento. La producción de ATP, la fuente de energía esencial en las células, por parte de las mitocondrias, da lugar a la creación de esas moléculas de oxígeno reactivo. Los radicales libres como el oxígeno reactivo se forman debido a la pérdida de un electrón que roban a otra molécula y que los vuelve inestables y capaces de dañar otras moléculas. La limitación severa del funcionamiento mitocondrial en gusanos reduce considerablemente su vida, y uno de los mayores candidatos lo constituye el daño causado por oxígeno reactivo. Ciertos ratones enanos viven casi el doble, y esto se debe a la reducción del deterioro de las mitocondrias que tienen en el cerebro. Muchos mutantes de vida larga son resistentes al estrés oxidativo, y especies de mamíferos más longevas suelen tener células que, al estudiarlas en cultivos, se muestran más resistentes a la tensión oxidativa. Los animales grandes producen oxígeno reactivo a un ritmo más lento.

Envejecen incluso los organismos unicelulares, como las bacterias y las levaduras. El requisito crucial para que envejezcan los organismos unicelulares es que al dividirse una célula progenitora dé lugar a una célula descendiente más pequeña y mucho más joven. Esto ocurre en la levadura y la bacteria simple *E. coli*, y en ambos casos se da una división claramente asimétrica y una fase juvenil identificable. *E. coli* se divide por el centro y otorga a cada célula hija un extremo recién regenerado. Sin embargo, el otro extremo de la célula procede de la madre, o de la abuela, o de cualquier otro ancestro. La célula que hereda el extremo viejo exhibe un ritmo de crecimiento más lento, una producción de descendencia reducida y una mayor incidencia de muerte. Por tanto, las dos células aparentemente idénticas surgidas de la división celular tienen una funcionalidad asimétrica; la célula vieja debe considerarse como una progenitora envejecida que produce repetidas descendencias rejuvenecidas. La división asimétrica quizá sea una vía para que las células se libren del deterioro al acumularlo en la célula más vieja durante la división.

En la reproducción de las células de la levadura, la célula hija brota de la célula madre. Tras el brote de unas veinte células hija, la célula madre muere por lo que podríamos denominar vejez. En un principio, la célula madre echa brotes alrededor de cada hora, pero después el intervalo temporal entre cada brote aumenta hasta las tres o cuatro horas. Diferentes cepas de levaduras experimentan distintos grados de envejecimiento, y se han identificado los genes implicados: los genes de la sirtuina (del inglés *silent information regulatory two*). Estos genes intervienen en la prolongación de la vida de varios organismos modelo. En el nematodo, el incremento de la dosis de sirtuina aumenta la vida media hasta un 50 por ciento e involucra la secuencia señalizadora de la insulina. En el caso de las moscas también se ha informado de una sirtuina que alarga la vida.

Los animales utilizados como organismos modelo han sido inestimables para investigar qué determina el envejecimiento y la duración de la vida. Entre esos organismos se cuentan el gusano nematodo *C. elegans*, que posee una cantidad de genes que ronda la mitad de los nuestros, tiene un número fijo de células reducido (959) y por lo común sólo vive unos 25 días; la mosca de la fruta *Drosophila,* que vive un promedio de 30 días y representa un modelo clave para estudios genéticos, y los ratones, que viven varios años. La razón de que el gusano nematodo comience a morir después de un par de semanas estriba en que a los 15 días se le degenera el músculo. No se sabe por qué sucede esto tan pronto, pero el gusano no fabrica en absoluto un músculo tan robusto como el de los mamíferos, y no contiene células satélite capaces de reemplazar células musculares dañadas.

Estudios recientes y muy relevantes de genética molecular han revelado que la evolución ha conservado la ruta metabólica de un factor de crecimiento similar a la insulina que regula la duración de la vida de los nematodos, la mosca de la fruta, los roedores, y probablemente también los humanos. La reducción de la actividad de esta ruta parece prolongar la vida y aumentar la resistencia al estrés ambiental. La variación genética dentro del gen $FOXO_3A$ (los genes tienen a veces nombres bastante raros), capaz de reducir la actividad de esta ruta, está muy vinculada a la longevidad humana.

Un ejemplo sensacional de aumento de la duración de la vida provino de un gusano nematodo. Si se somete a estos gusanos a unas condiciones de suministro limitado de alimento y hay muchos más gusanos, en lugar de desarrollarse para convertirse en gusanos adultos a través de una serie de fases larvarias, adoptan una forma larvaria alternativa que se conoce como larva dauer. Estas larvas dauer ni se alimentan ni se reproducen pero, si las condiciones mejoran, mudan en adultos capaces de reproducirse. Sin embargo, las larvas dauer, de vida muy anodina, pueden llegar a vivir hasta 60 días, más del doble que los gusanos normales. Esto se debe a interferencias con la ruta de la insulina. La insulina tiene un papel crucial en el proceso del envejecimiento. Un descubrimiento notable fue una mutación en un solo gen que doblaba la vida de los gusanos y los mantenía sanos. Este gen codifica un receptor para un factor de crecimiento similar a la insulina. El mecanismo que le permite aumentar la longevidad no está claro, pero implica muchas otras proteínas. Cuando se da una sobreexpresión de sirtuinas se alarga la vida, y se ha demostrado que interaccionan con proteínas de la cascada de señalización de la insulina.

La reducción de señales mediante sustancias químicas similares a nuestra insulina también alarga la vida de la mosca *Drosophila*. Recientemente se ha hecho patente que tener menos señales del receptor de la insulina en el cuerpo de ratones, o simplemente en el cerebro, les alarga la vida hasta un 18 por ciento. Tomados en su conjunto, estos modelos genéticos indican que la disminución de la señalización del factor de crecimiento similar a la insulina puede tener una importancia capital en la determinación de la duración de la vida de los mamíferos, al hacerlos resistentes a factores estresantes tanto internos como externos. Los efectos de comer menos (restricción calórica), que pueden alargar la vida, también actúan a través del efecto insulínico. El ayuno reduce, en efecto, la secreción de insulina, pero cuidado con empeñarnos demasiado en reducir la secreción de insulina porque puede derivar en diabetes.

Hay genes capacitados para alargar la vida o para reducirla. El gen age-1, por ejemplo, codifica parte de una ruta de señalización celular que regula el estado dauer en el gusano nematodo a través de la señalización de un factor de crecimiento similar a la insulina. Mutaciones en genes que codifican constituyentes de esta ruta consiguen alargar la vida no sólo de los nematodos, sino también de la mosca de la fruta y los ratones. Mutaciones de un único gen que afecta a la longevidad actúan mediante su interacción con múltiples genes diana. El aumento de la duración de la vida en mutantes age-1 y otros relacionados de los nematodos lleva asociada una capacidad reproductiva reducida. La edad de la primera reproducción se retrasa y hasta se inhibe en ocasiones por la formación inapropiada de una larva dauer.

Las sirtuinas también intervienen en el envejecimiento de los mamíferos. Una proteína alojada en el núcleo celular de los mamíferos, la NF-kappaB, actúa como principal reguladora de las respuestas del sistema inmunitario, pero también tiene la capacidad de regular el envejecimiento. La activación de la señalización NF-kappaB puede inducir el envejecimiento de las células. Varios genes de longevidad, como las sirtuinas, son capaces de eliminar la señalización NF-kappaB y, así, retrasar el proceso del envejecimiento y alargar la vida. La proteína SIRT-1 (el equivalente mamífero de las sirtuinas) rige el empaquetamiento del ADN en cromosomas, y esta función controla la actividad génica. Cuando se produce un daño en el ADN, SIRT-1 abandona esta tarea crítica para contribuir a la reparación del ADN. Los ratones criados de modo que contaran con un incremento de la actividad de SIRT-1 revelaron una capacidad mayor para reparar el ADN y para ayudar a evitar cambios indeseables en la expresión génica con el envejecimiento. Está relacionado con la prolongación de la vida debida a la restricción calórica.

Existen otras vías de envejecimiento para las células. Leonard Hayflick descubrió en 1965 que algunas células pueden dividirse en cultivo un número de veces limitado al demostrar que las células normales del cuerpo humano en un cultivo celular experimentan unas 52 divisiones, pero esa cantidad se reduce cuando se toman células de individuos de mayor edad. Ese límite no existe en el caso de las células germinales, las cancerosas o las células madre embrionarias. La explicación del decrecimiento de la división celular que se observa con la edad en las células del cuerpo en cultivo parece relacionada con el hecho de que los telómeros (procedente del término griego para «parte final»), que protegen los extremos de los cromosomas, se acortan progresivamente a medida que las células se dividen. Esto se debe a la ausencia de la enzima telomerasa, que es la que devuelve al telómero su longitud normal después de cada división. Esta enzima se expresa por lo común únicamente en células germinales, en los testículos y ovarios, y en ciertas células totipotentes adultas, como las que reponen las células de la piel y el intestino, porque deben evitar que esas células envejezcan. Si los telómeros se quedan muy cortos, la célula pierde la capacidad de dividirse y eso significa que no puede convertirse en una célula cancerosa. Tal vez los telómeros computen cuántas divisiones ha atravesado la célula, puesto que se acortan un tanto con cada división. Esto podría servir para evitar que la célula experimente una división celular desbocada, tal como sucede con el cáncer, y quizás el envejecimiento de las células (de forma que cuenten con un número limitado de divisiones) sea el precio que tenemos que pagar para conseguir esa protección.

Es posible que cada individuo tenga su propio perfil telomérico. Aparte del perfil común, se ha descubierto que cada persona tiene unas características específicas que también conservará a lo largo de la vida. Estudios con gemelos y familias indican que esas características individuales se heredan al menos en parte. La longitud de los telómeros individuales repercute en ocasiones en la heredabilidad de la duración de la vida. En el caso de enfermedades que resultan en un envejecimiento prematuro, se da un acortamiento acelerado de los telómeros, y ahí podría radicar en parte la causa de la afección. Hay nuevos indicios de que el acortamiento de los telómeros afecta al envejecimiento en la población general, y también es probable que afecte al modo en que envejecen los rasgos faciales de una persona. Una mutación en el denominado gen Peter Pan acelera el envejecimiento debido a un acortamiento telomérico. Hasta el siete por ciento de la población cuenta con dos copias de esta mutación, y parece ocho años mayor que otras personas de su misma edad. Alrededor de un tercio de la población tiene una copia, lo que la envejece entre tres y cuatro años. Un 55 por ciento afortunado y de rostro juvenil no tiene la mutación y conserva un aspecto lozano durante más tiempo. La investigación previa ha asociado los telómeros largos a la buena salud, y los cortos a enfermedades relacionadas con la edad, como cardiopatías y algunos cánceres. Así que los telómeros más cortos irían asociados a vidas más cortas. Un estudio descubrió que, entre la gente mayor de 60 años, quienes presentaban telómeros más cortos tenían el triple de probabilidades de morir de una cardiopatía y ocho veces más probabilidad de morir de alguna enfermedad infecciosa. Un estudio de personas centenarias entre judíos askenazis descubrió que su descendencia tenía telómeros más largos, y éstos están relacionados con la protección frente a enfermedades del envejecimiento y una función cognitiva mejor, y pueden conferir una longevidad excepcional.

Cada vez hay más indicios de que el sistema nervioso puede actuar como un regulador central del envejecimiento coordinando la fisiología de los tejidos corporales. En gusanos, una serie de mutaciones distintas que alteran la función de las neuronas sensoriales alarga la vida. Es más, matar neuronas específicas puede incrementar la duración de la vida en gusanos y moscas. Una cuestión interesante es si la desconexión funcional en el cerebro trastorna las retroacciones cerebro-sistémicas implicadas en sistemas hormonales y autónomos cruciales. Esa pérdida de funcionamiento integrado puede contribuir a la aparición de cambios fisiológicos relacionados con la edad, como hipertensión y resistencia a la insulina, y predisponer a los individuos a alteraciones patológicas relacionadas con la edad en el cerebro. Será emocionante indagar en el alcance de esas conexiones funcionales en estudios futuros.

Un hecho asombroso es que las células humanas de la piel se reemplacen cada cinco semanas, de modo que a los 20 años ya hemos mudado las células de la piel unas doscientas veces. ¿Es que las células que forman la piel, las células madre de la piel, no envejecen? Las células madre son células que, al dividirse, dan lugar a una célula hija que se mantiene como célula madre para volver a dividirse a su vez, mientras que la otra célula hija se puede convertir en una célula especializada como, por ejemplo, una célula de la piel. Empleando células de la piel de ratones como un sistema modelo, se compararon varias propiedades de células madre de la piel jóvenes y adultas. Así se descubrió que, a lo largo de la vida promedio de un ratón, no se producía una pérdida apreciable de la capacidad funcional. Parece que las células madre de la piel resisten el envejecimiento celular. No hay ningún signo de que la duración de la vida de alguna especie esté determinada por un suministro o una funcionalidad limitados de su población de células madre. Un análisis de los cambios en la actividad génica a medida que envejece un ratón reveló que algunos tejidos presentaban grandes diferencias: en ratones viejos, por ejemplo, había genes del cerebro que eran más activos que en un ratón más joven, mientras que otros genes lo eran menos.

Algo menos de un tercio de la variación en la duración de la vida humana se debe a diferencias genéticas que son importantes para la supervivencia después de los 60 años. Estudios con gemelos daneses nacidos desde 1870 no encontraron ningún signo de una duración máxima de la vida innata compartida por gemelos idénticos. Sólo en torno al 25 por ciento de la variación en la duración de vidas adultas podría atribuirse a una diferencia genética entre individuos. La búsqueda de genes que incidan positivamente en el envejecimiento humano ha sido intensa, pero muy dificultosa. Un ejemplo lo ofrece el gen Peter Pan, que alarga la vida humana y actúa a través de la ruta de la insulina, que es tan crucial en estudios animales. La mayoría de los hombres longevos (aquellos que acabaron alcanzando una edad promedio de 98 años) portaban la misma versión de un gen que regula la ruta de la insulina.

Existen diversas enfermedades relacionadas con la vejez que tienen una base claramente genética y provocan un envejecimiento prematuro. Una enfermedad genética que causa envejecimiento prematuro es el síndrome de Werner, que consiste en una mutación en un gen que codifica una proteína que desenrolla el ADN. Quienes padecen la enfermedad suelen crecer y desarrollarse con normalidad hasta la pubertad, pero por lo común no dan un estirón, de modo que se quedan bajos de estatura. El característico aspecto envejecido de los individuos con el síndrome de Werner suele empezar a aparecer cuando atraviesan la veintena e incluye la aparición de canas y la caída del cabello, una voz ronca, y una piel delgada y endurecida. Los afectados pueden desarrollar entonces desórdenes como cataratas, ulceraciones en la piel, diabetes de tipo 2, disminución de la fertilidad, endurecimiento severo de las arterias, debilitamiento óseo y algunos tipos de cáncer. La gente con el síndrome de Werner suele vivir hasta finales de la cuarentena o comienzos de la cincuentena. Las causas más comunes de muerte son el cáncer y la aterosclerosis.

El envejecimiento prematuro se conoce como progeria. El síndrome de progeria Hutchinson-Gilford (una enfermedad genética muy rara de la que sólo se han identificado en todo el mundo cincuenta casos en la actualidad) se debe a una mutación en el gen LMNA, que codifica una proteína implicada en la estructura del núcleo de la célula. Los niños con esta mutación tienen cuerpos pequeños y frágiles, como los de las personas mayores, por lo común sólo alcanzan unos 13 años de vida, y fallecen de aterosclerosis y problemas cardiovasculares, aunque se han conocido algunos casos que han vivido hasta casi los 20 o algo más de 20 años. La afección casi siempre se da en gente sin antecedentes de ella en la familia. Se desconoce si la enfermedad se asemeja al envejecimiento normal. Otros genes están implicados en enfermedades relacionadas con la edad, como el mal de Alzheimer.

Todos estos resultados indican que ninguna estrategia de vida es inmune a los efectos del envejecimiento y, por tanto, la inmortalidad quizá sea demasiado costosa o imposible desde una perspectiva mecánica en organismos naturales. Sin embargo, hay excepciones. Las células germinales son inmortales y unos pocos organismos primitivos, como la hidra (un animal primitivo simple en forma de tubo con tentáculos), manifiestan un envejecimiento muy lento o insignificante. Se observaron ejemplares de hidra a lo largo de un periodo de cuatro años y no revelaron ningún deterioro relacionado con la edad, ni siquiera en cuanto a tasas de supervivencia o de reproducción. La razón no está clara, pero podría guardar relación con el hecho de que la hidra se puede reproducir asexualmente formando yemas que se desarrollarán hasta convertirse en hidras maduras, y también es capaz de regenerarse por completo a partir de casi cualquier parte de su cuerpo. La mayoría de las células del cuerpo está capacitada para contribuir a la regeneración, de modo que si algunas envejecen tal vez mueran o se pierdan durante el crecimiento o la formación de yemas.

Entre los factores ambientales relacionados con la vejez, la nutrición desempeña un papel destacado. El gran aumento de la diabetes no dependiente de insulina (tipo 2) en los países industrializados, como consecuencia de una alimentación excesiva, constituye una expresión de este desafío medioambiental que también repercute en los procesos de envejecimiento. Los efectos más acusados de los factores ambientales que frenan el envejecimiento (tanto en organismos simples como en roedores y primates) se han observado en la reducción calórica. En la levadura, la mosca de la fruta y los nematodos, se ha observado que las sirtuinas median como «sensores moleculares» en los efectos que ejerce la restricción calórica en el proceso del envejecimiento. Las sirtuinas se activan cuando la célula tiene un estatus energético bajo.

La exposición a una serie de factores estresantes leves, como la restricción calórica o el calor, puede inducir una respuesta adaptativa que alargue la vida. Por ejemplo, los nematodos longevos con mutaciones en genes de señalización de la insulina son más resistentes al estrés térmico y oxidativo. La hormesis térmica describe esos efectos, que resultan beneficiosos a niveles bajos, pero dañinos a niveles elevados. Si la inducción de resistencia al estrés aumenta la duración de la vida y la hormesis induce resistencia al estrés, ¿puede la hormesis alargar la vida? La respuesta en este caso es un sí rotundo. Por ejemplo, en nematodos, un estrés térmico breve y suficiente para inducir tolerancia al calor, también depara un aumento de la duración de la vida pequeño pero estadísticamente significativo. Una posibilidad surgida de los estudios de hormesis es que la prolongación de la vida en animales debida a una dieta restringida, o a mutaciones en genes de señalización de la insulina, provenga de la hormesis.

Por tanto, cabría asociar el aumento de la longevidad a una resistencia mayor a una serie de factores estresantes. Eso puede resultar del aumento de la expresión de genes que favorecen los procesos de mantenimiento celular, con lo que protegen del daño molecular que causa el envejecimiento. De forma similar, el estrés fisiológico del ejercicio resulta óptimo para conseguir fuerza muscular y mejorar la salud cardiovascular, con independencia de los efectos negativos que pueda tener ese desgaste de cartílagos en las articulaciones, el cual produce artritis. Otro ejemplo válido aquí sería el del consumo de alcohol: en relación con las personas abstemias, la gente que bebe con moderación tiene un riesgo menor de fallecimientos, sobre todo los debidos a enfermedades coronarias cardiacas. En cambio, se desconoce si este efecto implica una hormesis de respuesta al estrés. El estudio de la hormesis de respuesta al estrés y la inducción mediante factores estresantes de procesos bioquímicos que protegen del estrés está aportando datos nuevos sobre los mecanismos que protegen de un conjunto de procesos patológicos, entre ellos el envejecimiento.

Se está investigando mucho sobre los fundamentos celulares del envejecimiento y se están consiguiendo progresos, pero aún queda mucho camino por recorrer hasta que desciframos por completo cómo se dañan las células con el paso del tiempo y, lo que es más importante, cómo se repara ese daño. Tal vez aclare los mecanismos de reparación el conocer cómo se evita el envejecimiento de las células germinales.

El profesor Tom Kirkwood es un eminente científico experto en el envejecimiento que impartió las Conferencias Reith en el año 2001. A él le pregunté qué sabemos sobre este tema:

Tenemos unos conocimientos generales bastante buenos sobre por qué se produce el envejecimiento, y una idea amplia de los mecanismos, pero si consideramos lo que aún nos queda por descubrir y las posibilidades que tenemos de intervenir, no hemos hecho más que empezar. La cantidad de científicos que estudian la vejez es minúscula comparada, por ejemplo, con quienes trabajan en el cáncer. La ampliación de la esperanza de vida es uno de los mayores logros de la humanidad, ya que la hemos doblado en los últimos doscientos años, durante los cuales, los primeros 150 años se evitó que la gente falleciera joven librándola de infecciones y con avances en medicina general, vacunas y cosas semejantes. Hasta hace unos veinticinco años, se creía que ahí se acababa toda la historia. Pero es una gran sorpresa que el aumento de la esperanza de vida no se haya frenado lo más mínimo, puesto que la gente envejece en mejor forma y se aprecia una disminución de la tasa de mortalidad en la gente mayor. Después de todo este éxito, ¿deberíamos dedicarnos ahora a alterar el proceso del envejecimiento en sí?

Esto plantea grandes exigencias. A mí me parece perfecto usar la ciencia para aumentar la duración de la vida siempre que se ponga el acento en la calidad de los años ganados. ¿Es posible la inmortalidad? Desde un punto de vista teórico, sí. Cuando finalicé hace varios años mi libro titulado *El fin del envejecimiento,* se me ocurrió la idea de escribir una obra de ficción, un relato corto titulado «El cuento de Miranda», en el que la ciencia habría logrado posponer indefinidamente el proceso de envejecimiento. Tiene que haber una posibilidad, puesto que la línea germinal no envejece, cuenta con mejores mecanismos de reparación y también se da la eliminación de células menos buenas. No sería tomando un fármaco, sino que exigiría alterar la constitución genética del individuo. Hay animales como la hidra que no envejecen. Pero no lo considero un objetivo práctico. Es una idea de ciencia ficción y debe quedarse ahí.

¿Cómo se sentía él en relación con su propio envejecimiento?

Creo que el proceso de envejecimiento supone un reto (acabo de cumplir los 60, de modo que aún no me afecta demasiado). Disfruto estando vivo, de modo que quiero envejecer, y disfruto conversando con gente mayor que yo. Hay que aceptar la reducción de movilidad. Mucha gente joven no desea los problemas de la vejez, pero cuando lleguen a esa edad podrán disfrutar de una vida muy plena y activa. La mayoría de la gente, también los científicos, aún piensa que estamos programados para envejecer, aunque los indicios contradicen esa idea por completo; forma parte de la necesidad de encontrarle una razón al envejecimiento.

8
La ampliación

Todo hombre desea vivir mucho tiempo; pero
ningún hombre querría ser viejo.

Jonathan Swift

¿Cuánto tiempo podemos, y deberíamos, vivir? Cómo vivir eternamente se convirtió en un asunto apremiante durante mucho tiempo. Una de las leyendas más antiguas sobre la inmortalidad, y también una de las primeras historias escritas, es la de Gilgamesh, el semidiós babilonio, que data del año 2000 a.C. Cuando envejeció y empezó a temer a la muerte, Gilgamesh fue informado de que sobreviviría para siempre si se demostraba capaz de vencer el sueño y permanecer despierto durante siete días y noches. Pero, aunque lo intentó, no lo consiguió. Entonces los dioses le dijeron que había una planta en el fondo del mar que sólo a él lo volvería inmortal si la comía. Gilgamesh encontró la planta pero estaba disfrutando tanto del baño que la dejó en la orilla para seguir nadando. Entonces llegó una serpiente y se la comió. La lección era que el envejecimiento es ineludible.

Las leyendas griegas están repletas de aventuras de dioses inmortales y humanos que persiguen la inmortalidad a través de sus hazañas, o a través de los actos de los dioses. Pero también había una actitud más realista. El filósofo griego Demócrito criticó a la gente por anhelar una vida larga, y sostuvo que si adoptaban una actitud adecuada ante la vejez y la muerte, tendrían una existencia más sosegada. El romano Lucrecio consideraba absurdo no reconocer que una vida larga es insignificante comparada con todo el tiempo que permanecemos muertos. También defendió que la muerte es esencial para contener la población.

Los antiguos eran muy conscientes de los peligros que entraña la inmortalidad si se ignoran los efectos del envejecimiento. Esto se ilustra en el mito griego de Titono, una historia que deberíamos tener en mente cuanto intentemos alargar la vida. Titono era el amante de la diosa del amanecer, la aurora, y fue tan bueno con ella que ésta se presentó ante su padre, el dios de los dioses, Zeus, y le pidió que Titono tuviera vida eterna. Zeus, que era un padrazo, concedió de inmediato la inmortalidad a Titono. El problema fue que la aurora no había caído en pedirle que le concediera también la eterna juventud. Con el tiempo el envejecimiento fue haciendo su aparición y para cuando Titono alcanzó los cien años de edad tenía mermadas sus facultades mentales y deambulaba por el castillo de la aurora balbuciendo sin cesar:

Pero cuando la infame vejez lo abrumó por completo y ya no pudo mover ni levantar los miembros, ella decidió en su interior que esto sería lo mejor para él: lo tumbó en un dormitorio y cerró las espléndidas puertas. Allí balbucea sin cesar y ya no le queda nada de las fuerzas que otrora tuvo en sus ágiles miembros.

La aurora dejó de amarlo y un día lo convirtió en cigarra. Hay quien afirma que cuando hoy en día se oye el canto de las cigarras, en realidad se trata del balbuceo incesante de un grupo de ancianos.

El judaísmo y el cristianismo tuvieron ideas muy sólidas sobre la prolongación de la vida. La Biblia es contraria a la inmortalidad; el versículo 10 del salmo 90 sitúa la duración de la vida humana en setenta años, aunque en el Génesis se admite la posibilidad de llegar a los 120. Cuando Adán y Eva comieron el fruto del árbol de la ciencia, Dios dijo: «Ved. ¡El hombre se ha convertido en uno de nosotros por el conocimiento del bien y del mal! ¡No vaya ahora a tender la mano para tomar el fruto del árbol de la vida, lo coma y viva para siempre!». Dios los expulsó del Jardín del Edén y puso querubines y una espada encendida que giraba en todas direcciones para custodiar la senda del árbol de la vida.

La vejez podría ser la recompensa por tener una vida mortal y un signo del favor de Dios. «Honra a tu padre y a tu madre, como te lo ha ordenado Yavé, tu Dios: vivirás largos años y serás feliz en la tierra que te da Yavé, tu Dios.» «... para que viváis largos días, vosotros y vuestros hijos...», dice Dios en el Deuteronomio. Y en Proverbios: «El temor de Yavé alarga la vida, mas los años de los malos serán abreviados».

Sin embargo, en la Biblia se habla de vidas muy, muy largas: Adán vive 930 años; Noé, 950, y Matusalén, 969 años. Matusalén era un patriarca hebreo y el abuelo de Noé; poco se sabe sobre él salvo que tuvo una existencia extraordinariamente larga. También hay una figura procedente de la tradición cristiana medieval cuya leyenda empezó a difundirse por Europa en el siglo XIII; se trata de Ashaverus, el zapatero judío que obligó a Jesús a seguir cuando cargaba con la cruz y necesitó ayuda. Jesús le dijo que continuaría pero que condenaba a Ashaverus a errar por la Tierra y a sus ropas a permanecer intactas hasta la segunda venida de Cristo. Y cada diez años rejuvenecería. En 1252 se llegó a afirmar que en la abadía de San Albano se había identificado al Judío Errante, y más tarde de nuevo en Hamburgo en 1642.

Muchas fábulas y relatos de India versan sobre la capacidad que tienen los yoguis avanzados de saltar a otro cuerpo para tener una vida más larga. También hay sectas hindúes enteras (como los nath y los aghori) dedicadas a conseguir la inmortalidad física mediante diversos métodos. Mucho antes de que la ciencia moderna convirtiera en absurdas estas especulaciones, la gente que quería huir de la muerte se volvía hacia el mundo sobrenatural en busca de respuestas. Entre otros ejemplos tenemos los taoístas chinos y los alquimistas medievales y su búsqueda de la piedra filosofal.

La negación de la muerte tal vez sea muy común, y los mitos sobre la longevidad son tan antiguos como la propia humanidad. Muchas de esas leyendas se sitúan en lugares donde la gente tiene fama de vivir mucho. Aunque es cierto que en algunas culturas la gente no padece muchas enfermedades crónicas durante la vejez, la duración de la vida de los habitantes de esos lugares es difícil de comprobar. Tal como se afirma en numerosas ediciones del *Libro Guinness de los Récords* entre los años sesenta y ochenta, «no hay ningún tema particular más oscurecido por la vanidad, el engaño, la falsedad y el fraude deliberado que los casos de longevidad humana extrema».

Se afirmaba que Thomas Parr fue el hombre más anciano que ha existido jamás, quien sobrevivió hasta los 152 años. Decían que había nacido en 1483 cerca de Shrewsbury, Inglaterra. No se casó hasta los 80 años, tuvo dos hijos, niño y niña, y ambos murieron en la infancia. Él atribuía su longevidad a una dieta vegetariana y a su templanza moral, aunque supuestamente cuando tenía alrededor de cien años vivió una aventura amorosa y tuvo un hijo fuera del matrimonio. A medida que se difundió la noticia de su edad, «el viejo Parr» se convirtió en una celebridad nacional y fue retratado por Rubens y Van Dyck. En 1635 lo llevaron a Londres para presentárselo a Carlos I. En Londres lo trataron como un espectáculo, pero el cambio de alimentación y de ambiente parecieron causarle la muerte. Carlos I dispuso que lo enterraran en la abadía de Westminster en 1635. William Harvey, el médico que descubrió la circulación sanguínea, practicó una autopsia del cuerpo de Parr. Aquel estudio indicó que Thomas Parr tenía menos de 70 años.

Hacia 1500, Alvise Cornaro, un noble italiano de 40 años, se sintió muy mal y su médico le recomendó: «Rebaje su desenfrenada vida, abandone la bebida, prescinda de la comida abundante, coma lo menos posible y evite los excesos corporales. Así se pondrá bien». Cornaro escribió el *Tratado de la vida sobria* y defendía que los hombres y mujeres no están destinados a morir a los 60 o 70 años, sino que con cuidados y una buena constitución podían tener una vida extremadamente larga. La clave de la longevidad radicaba en dejar los excesos en todas las cosas, y aconsejaba la moderación extrema. Murió a los 102 años.

Las leyendas sobre aguas curativas abundan. La gente siempre ha hablado y creído en aguas que devuelven la juventud y la salud. Heródoto, el historiador griego que vivió en el siglo v a.C., aportó mucha información a lo largo de su vida sobre la naturaleza del mundo y el prestigio de las ciencias. Él hablaba de una fuente que contenía una clase muy especial de agua en la tierra de los etíopes, y atribuía la longevidad de ese pueblo a aquellas aguas. Las historias sobre aguas curativas también entroncan con Alejandro Magno y su búsqueda del «agua de la vida». Viajando casi hasta los confines del mundo, Alejandro encuentra la tierra de la oscuridad y la atraviesa con su sirviente Andreas. Alejandro no consigue orientarse en la oscuridad, pero su sirviente sí. Andreas bebe del agua de la vida y se vuelve inmortal.

Otro ejemplo que dio origen a la idea de una fuente de la juventud procede de los nativos de La Española, Puerto Rico y Cuba, quienes contaron a los primeros expedicionarios españoles que en Bimini, una tierra del norte, había aguas con poderes curativos tan milagrosos que cualquier anciano que se bañara en ellas recuperaba la juventud. Se cree que Juan Ponce de León, que había acompañado a Colón en su segundo viaje en 1493 y que más tarde conquistó y gobernó Puerto Rico, se enteró de la leyenda a través de los indios. El mito no era nuevo, y es probable que Ponce de León tuviera alguna idea de que aquellas aguas se mencionaban en textos medievales, y que Alejandro Magno las había buscado en el este de Asia. Ponce de León, que había conseguido grandes riquezas con sus servicios en las colonias, financió el equipamiento de tres naves y zarpó en busca de la fuente mítica que le devolvería la salud y la juventud. Lo que encontró no fue Bimini, sino Florida, y ahora muchas personas enfermas creen que tuvo éxito en su empresa, puesto que en los meses de invierno prescinden de los cuidados de sus buenos médicos y huyen al sur, al clima más cálido de Florida.

Las leyendas sobre edades extremas persisten en la actualidad. Los abjasianos son un pueblo que vive en la cordillera del Cáucaso, en el sur de Rusia, una región montañosa próxima a la frontera iraní. Tienen fama de disfrutar de muy buena salud y de tener una longevidad extrema. En las décadas de 1960 y 1970 se hablaba de vidas de 150 años, bodas a los 110 años y paternidades a los 136. La afirmación más notable fue que un hombre llamado Shirali Muslimov contaba 168 años cuando falleció en 1973. Los soviéticos lo honraron dedicándole un sello postal. En un pasaporte oficial figuraba 1805 como el año de su nacimiento; Muslimov carecía de un certificado de nacimiento conocido. La historia se contó en la revista *National Geographic Magazine,* pero más tarde la publicación se retractó de aquel artículo. Entre los individuos que han proclamado gozar de inmortalidad física figura el conde de Saint-Germain; en la Francia del siglo XVIII, afirmaba tener siglos de edad, y la gente que cree en la doctrina de los Maestros Ascendidos está convencida de su inmortalidad física. Un santo indio conocido como Vallalar afirmó haber conseguido la inmortalidad antes de desaparecer para siempre de una habitación cerrada bajo llave en 1874.

La senectud resulta de un desequilibrio acumulativo entre deterioro y reparación. Los avances en la reducción del daño mejorando las condiciones de vida y previniendo enfermedades, junto con las intervenciones médicas, son las causas fundamentales del aumento de la longevidad. Pero, mitos aparte, a lo largo de la historia de la humanidad sólo se han verificado unos cincuenta casos de personas que han llegado a los 114 años. Menos de veinte de ellas llegaron a cumplir 115. Se estima que en todo el mundo debe de haber entre 300 y 450 individuos supercentenarios vivos (es decir, de más de 110 años), pero desde junio de 2010 hay una lista de tan sólo 79 personas supercentenarias verificadas, y únicamente tres de ellas son hombres. Lo que no está claro es hasta qué punto son felices.

En la actualidad, la persona más anciana del mundo es una mujer japonesa llamada Kama Chinen que está a punto de cumplir 115 años.* El récord de edad verificado lo ostenta la francesa Jeanne Calment, fallecida (con 122 años y 164 días de edad) el 4 de agosto de 1997. Había nacido en Arlés, Francia, el 21 de febrero de 1875. Puede que los genes favorecieran su longevidad, ya que su padre vivió hasta los 94 años y su madre, hasta los 86. Montó en bicicleta hasta los cien años y fumó hasta los 117.

Si la mujer más longeva llegó hasta los 122 años, el hombre más anciano hasta la fecha alcanzó la edad de 115 años. Fue Christian Mortensen (1882-1998), un estadounidense de origen danés cuya edad está completamente comprobada, aunque el *Libro Guinness de los Récords* aún lo sitúa en el segundo puesto en la lista de los hombres más viejos de la historia, precedido por el discutido caso de Shigechiyo Izumi, de 120 años. El hombre vivo más viejo del mundo, Henry Allingham, falleció recientemente a los 113 años, en julio de 2009. Se habló mucho sobre él en las noticias; tenía seis nietos, 12 biznietos, 14 tataranietos y un chozno. Había sufrido dos depresiones nerviosas causadas, según él mismo, por trabajar demasiado. Vivía en una casa para militares retirados invidentes.

El estudio del genoma de 1055 personas centenarias descubrió que ahora se puede predecir con un 77 por ciento de fiabilidad si alguien puede vivir hasta los cien años. El resultado se basa en el análisis de 150 mutaciones. Se descubrió que el 90 por ciento de la gente centenaria posee una firma genética particular de mutaciones en genes relevantes. Sin embargo, debemos recordar que esta prueba genética no nos dirá cuánto tiempo *vivirá* una persona, ya que la genética sólo determina alrededor de una cuarta o una tercera parte de la

* Estos datos se corresponden con el momento en que el autor escribió esta obra, publicada originalmente en 2011. La señora Kama Chinen falleció en mayo de 2010, ocho días antes de cumplir los 115 años. *(N. de la T.)*

duración de nuestra vida; únicamente nos revelaría cuánto tiempo *podríamos* vivir.

Se cree que las madres más tardías que se conocen son dos mujeres indias llamadas Rajo Devi y Omkari Panwar, de las que se dice que ambas fueron madres en 2008 a los 70 años de edad, tras someterse a un tratamiento de fertilidad. Pero ninguna de ellas tiene un certificado de nacimiento que permita comprobar su edad. El padre más mayor del mundo, el granjero indio Ram Jogi, tuvo un hijo en 2007 a los 90 años. Está casado con su cuarta esposa, alardea de que no quiere parar, y cuenta con seguir engendrando hijos hasta los cien años. El señor Jogi admite que no sabe con certeza cuántos hijos le han dado sus cuatro esposas, pero tiene al menos doce hijos, nueve hijas y veinte nietos.

Alice Sommers nació en Praga hace 106 años y es la persona más anciana que conozco. Vive muy cerca de mi casa y es una conocida pianista y profesora de piano, de hecho, aún toca varias horas al día. Vive sola, disfruta de una salud bastante buena pero sale poco, por lo común acompañada de su nieto. Cuando le pregunté cómo se sentía siendo mayor, me respondió:

Tiene muchas cosas buenas. La experiencia. Mirar atrás y disfrutar de lo aprendido. Sólo cuando llegamos a hacernos tan mayores podemos apreciar la belleza de la vida. Estamos rodeados de milagros. Los recuerdos son tan importantes. No hay nada malo en la vejez. Nada en absoluto, y no le temo nada a la muerte porque ése es el orden natural de las cosas. Tuve la suerte de nacer con un temperamento muy bueno. Cuando me topo con una situación negativa enseguida le encuentro algo bueno. No pienso en cuánto me gustaría vivir.

¿Cómo se cuida?

Me cuidan extraordinariamente bien. Una chica viene por la mañana durante media hora y después viene otra por la tarde durante otra media hora. Y el ayuntamiento me trae la comida a domicilio. Uso una lupa para leer, por eso no leo mucho, pero Bach es mi filósofo de la música.

Quienes pasan de los 90 años a menudo parecen sobrellevarlo bien, y la gente centenaria puede llevar una vida cotidiana tan buena como quienes tienen diez años menos. Ser independiente es un poderoso indicador de una vida larga. Varios estudios revelan que más de un tercio de los supercentenarios son aún independientes y capaces de cuidarse solos. En general parece que este grupo de edad tan avanzada está peor que otros mayores más jóvenes, pero después la muerte les sobreviene con rapidez. Por ejemplo, sólo el cuatro por ciento muere de cáncer comparado con el 40 por ciento de quienes rondan la cincuentena. También presentan índices muy bajos de cardiopatías, aunque algunos fuman mucho. Se da una incidencia elevada de algunas formas de demencia, pero no de alzhéimer, aunque sus cerebros presentan signos de esa enfermedad.

Un estudio descubrió que aproximadamente la mitad de las personas que alcanzan los cien años de edad eluden las enfermedades crónicas hasta después de cumplir los 80 años, y en torno a una quinta parte se libró de todas las enfermedades crónicas importantes. Los hijos de personas centenarias padecen menos cáncer y cardiopatías. Una variación en el gen FOXO$_3$A, un regulador clave de la ruta de señalización de la insulina/IGF-1, ejerce un efecto positivo en la esperanza de vida de los humanos, y se detecta con mucha más frecuencia en gente que vive hasta los cien años o más (esto parece darse en todo el mundo). El gen ApoE también puede ayudar con la demencia. Se dice que si no se deja de fumar o no se controla la tensión y el colesterol, la esperanza de vida disminuye entre diez y quince años. En cambio, Clement Freud comentó: «Si decides dejar de fumar, de beber y de amar, dejas de vivir y lo que pasa es que se te hace más largo».

Estudios de gemelos y de familias longevas han indicado que los genes explican alrededor de un tercio de la duración máxima de la vida, pero incluso gemelos idénticos envejecen de distinto modo, y eso puede deberse en parte a la activación y desactivación fortuita de sus genes debido a influencias ambientales. El resto de condicionantes depende de cómo se viva y de factores casuales como accidentes o infecciones. Los hermanos de centenarios tienen una posibilidad bastante mayor de convertirse en centenarios a su vez. Ya hemos visto que el sistema del factor de crecimiento semejante a la insulina IGF-1 está implicado en la determinación de la duración de la vida de organismos modelo, así que ¿podría alargarse la vida humana reduciendo su actividad? La respuesta parece afirmativa. Mutaciones que se sabe que deterioran la función del receptor del IGF-1 aparecen sobrerrepresentadas en una cohorte de judíos askenazis centenarios, y variantes del ADN del gen receptor de la insulina van asociadas a la longevidad en una serie de grupos localizados en todo el mundo. No se ha demostrado que el aumento de la actividad de las sirtuinas, relacionadas con la edad en la levadura, incitado mediante el fármaco resveratol, alargue la vida en los mamíferos.

En organismos modelo, como el gusano, la mosca de la fruta y el ratón, los cambios en genes pueden deparar un aumento espectacular de la duración de la vida, que llega a multiplicarla por cinco. Un efecto equivalente en la prolongación de la existencia humana daría una duración media de 400 años, y una vida máxima de más de 600 años. Pero ¿qué salud tendrían esos individuos? Y ¿padecerían los efectos de la vejez? No nos olvidemos jamás de Titono. Muchas de las vías que regulan la duración de la vida en organismos modelo se conservan a lo largo de la evolución, pero los genes que podrían deparar un incremento espectacular de la duración de la vida humana no se han identificado.

¿Cuánto nos gustaría vivir? Las encuestas revelan que de media la gente quiere vivir hasta los 90 años, aunque aproximadamente un 15 por ciento no tiene ni idea de cuánto le gustaría vivir. Muchas personas dan gran importancia a la salud durante la vejez y la mitad, por ejemplo, teme perder la capacidad de conducir un coche. Los mayores se muestran menos temerosos que los jóvenes. Sólo la mitad de la opinión pública desea que los científicos trabajen en el desarrollo de mecanismos para alargar la vida.

El artista japonés Hokusai realizó su célebre grabado en madera *La gran ola de Kanagawa* en la década de 1820, cuando tenía unos 65 años de edad. Incluso después de llegar a los 80, siguió produciendo numerosos grabados magníficos. A menudo expresó su deseo de vivir más allá de los 90, y justo antes de morir a los 88 suspiró y pronunció sus últimas palabras: «Si el cielo me diera diez años más, o una prolongación de siquiera cinco años, sin duda me convertiría en un verdadero artista». También fue él quien escribió:

> Nada de lo que creé antes de llegar a los setenta años merece tenerse en cuenta. A los setenta y tres aprendí la verdadera estructura de la naturaleza, los animales, árboles, aves, peces e insectos. Así que a los ochenta habré progresado aún más. A los noventa desentrañaré el misterio de las cosas; a los cien habré llegado realmente a un estado fabuloso; y cuando tenga ciento diez, todo lo que haga, ya sea un punto o una línea, cobrará vida. Ruego a todos los que vivan tanto como yo que comprueben si mantengo mi palabra.

En *Volviendo a Matusalén,* de George Bernard Shaw, la inmortalidad es importante. La obra se enmarca en la idea de que sólo la longevidad extrema de Matusalén y de otros patriarcas bíblicos pudo dotar a la humanidad de la sabiduría necesaria para autogobernarse. La solución que propone Shaw es aumentar la longevidad: tenemos que aprender a vivir mucho más tiempo. Sin embargo, con anterioridad había escrito en *Matrimonio desigual:* «Al fin y al cabo, ¿qué hombre es capaz de tener la insana vanidad de creer que su eternidad sería soportable siquiera para él mismo?».

En la novela *Los viajes de Gulliver* (1726), de Jonathan Swift, los humanos de una nación especial llamados Struldbrug nacen con una apariencia completamente normal pero, en realidad, son inmortales. Aunque no mueren, no dejan de envejecer. La obra de Swift describe el horror de la inmortalidad sin la eterna juventud, como el mito de Titono. Son seres humanos normales hasta que cumplen los treinta años, y entonces caen en el desaliento. Cuando llegan a los ochenta años de edad se los considera legalmente muertos, y sufren muchos achaques que incluyen la pérdida de la vista y del cabello:

Eran la imagen más dolorosa que he contemplado jamás, y las mujeres, más horribles aún que los hombres... a los noventa años pierden los dientes y el pelo, y no distinguen ningún sabor pero comen y beben todo lo que pillan, sin disfrute ni apetito... cuando hablan olvidan el apelativo corriente de las cosas, y los nombres de personas, incluso de quienes son sus amigos y parientes más próximos... y siempre que ven un funeral se lamentan y afligen porque otros se han ido a un puerto de reposo al que ellos no pueden abrigar esperanzas de arribar jamás. Al lector le resultará fácil creer que, después de todo lo que había visto y oído, sentí muy mitigado el gran apetito de tener una vida eterna. Me avergoncé en el alma de las gratas ideas que me había formado, y pensé que ningún tirano podría inventar una muerte a la que no me entregara con gusto para abandonar una vida así.

De modo que si anhelamos una vida más larga, deberíamos asegurarnos de que conservamos la salud y la capacidad de cuidar de nosotros mismos. Las estadísticas revelan que el tiempo que podemos contar con vivir hoy en día con una salud precaria después de los 65 ronda los cinco años. Esto significa que deberíamos prevenir de algún modo los efectos negativos de la vejez.

Ha habido muchas tentativas para alargar la duración de la vida y evitar el envejecimiento. Hacia finales del siglo XIX, el distinguido neurólogo Charles-Édouard Brown-Séquard descubrió a los 70 años que se fatigaba por la noche, y desarrolló las primeras inyecciones de extracto de testículo para rejuvenecer. Abogó por la inyección subcutánea de un preparado líquido hecho a base de testículos de cobayas y perros para prolongar la vida humana. Esto animó al ruso Serguéi Voronov a realizar trasplantes de «glándulas de mono» para rejuvenecer a los ricos decrépitos, porque creía que el envejecimiento se debe a la disminución de las secreciones endocrinas. En Kansas, el método de John R. Brinkley para rejuvenecer la virilidad (mediante el trasplante de gónadas de cabra) conquistó el país. Son los precursores del empleo moderno de la terapia de sustitución hormonal con testosterona, para tratar el cansancio masculino. Una clínica suiza de la década de 1930 inyectaba órganos de embriones de oveja en las nalgas de los pacientes a un precio elevado; entre sus clientes se dice que figuraron Churchill, Eisenhower y el papa Pío XII, pero no existe ninguna prueba fiable de que el método funcionara.

En general se admite que una dieta restringida pero de calidad que contenga verduras, pescado y fruta, junto con la práctica de ejercicio y una actitud positiva hacia la senectud pueden favorecer una vejez sana y duradera. Los lugares donde la gente vive más y con mejor salud se suelen denominar «zonas azules»; aunque muchas de las afirmaciones son exageradas, en todas esas regiones la gente mayor se mantiene mucho más activa y juvenil porque sigue las pautas para tener una vejez saludable. Son zonas azules Okinawa, en Japón, con la población de centenarios más documentada y estudiada, y el valle de Hunza en Pakistán. Cuenta la leyenda que la gente de Hunza vive hasta los 90 años con buena salud, y muchos habitantes llegan a cumplir los 120 años. Siguen una dieta basada fundamentalmente en frutas, cereales y verduras. Se afirma que en el valle de Vilcabamba, en la región sur de Ecuador, la gente llega a los cien años y más, un logro que se atribuye al agua mineral natural.

Una hormona que secreta la glándula suprarrenal desciende a la mitad de sus niveles desde que los hombres tienen 30 años hasta que cumplen 60. Esta reducción podría causar algunos de los procesos del envejecimiento, pero las tentativas para elevar esos niveles en personas mayores no han dado resultados útiles. Ensayos clínicos han demostrado que otras hormonas diversas, como la hormona del crecimiento, la testosterona, el estrógeno y la progesterona, mejoran algunos de los cambios fisiológicos asociados al envejecimiento humano. Sin embargo, no se ha demostrado que ninguna hormona frene significativamente, detenga o revierta la vejez. Es posible que bajos niveles de testosterona constituyan la causa del cansancio, la depresión y la debilidad sexual de los hombres mayores. La hormona del crecimiento se produce en la glándula pituitaria (una pequeña estructura en la base del cerebro), es necesaria para el crecimiento durante la infancia, pero también ayuda a mantener tejidos y órganos a lo largo de la vida. A una mediana edad, la glándula pituitaria empieza a reducir lentamente la producción de la hormona del crecimiento. Algunos testimonios sostienen que el tratamiento de individuos mayores con la hormona del crecimiento puede reducir algunos de los cambios fisiológicos negativos que se observan con el avance de la edad, pero los resultados en humanos han creado controversia. Hay publicidades que anuncian que, manteniendo la producción natural del propio cuerpo de nutrientes del crecimiento, una hormona humana del crecimiento como las que contiene Sytropin puede deparar unos efectos espectaculares: «¡Si no queda completamente satisfecho, le devolvemos el dinero! Le ayudará a mantener la vitalidad y la energía, y el brío de la juventud. Es una fuente natural de nutrientes esenciales para el crecimiento que ayudan al cuerpo a contrarrestar algunos de los duros efectos de la edad». Hay pocas pruebas de esto, o de que la ingesta de este suplemento favorezca la longevidad o mejore la calidad de vida.

Linda Partridge es una genetista que estudia la biología y la genética del envejecimiento. Le pregunté si lo estamos haciendo bien:

Creo que tenemos un conocimiento mucho mejor del que teníamos porque, al menos, hemos descubierto una manera de prolongar la vida de animales en laboratorio mediante mutaciones en genes concretos. Esto representa un descubrimiento crucial que comenzó con gusanos nematodos, y los gusanos con la vida ampliada siguieron sanos. ¿Alargarán esos mismos genes nuestra vida? Es probable, puesto que consiguen alargar la vida de ratones, y la observación de humanos ancianos parece revelar que hay implicados procesos similares, como la ruta de señalización de la insulina. No es tanto que alarguen la vida, sino que mantienen sano el animal a medida que envejece y cubren un amplio espectro de enfermedades relacionadas con la edad, de modo que no sólo no contraen cáncer o enfermedades cardiovasculares, sino que además sufren menos osteoporosis, tienen mejor la piel. Esto no es lo que esperábamos observar. Y es una noticia estupenda.

Tenemos que cerciorarnos de que esto ayudará a la gente. No se destina suficiente dinero al estudio de la vejez. La opinión pública debe conocer los avances y saber que es una materia excelente a la que dedicar financiación.

Un posible problema es el de la relación entre científicos investigadores y científicos clínicos, porque la geriatría se interesa sobre todo por la atención primaria, y ni está muy solicitada entre los estudiantes, ni cuenta con una base investigadora sólida. Esto significa que probablemente se ofrece una introducción a la materia en alguna especialidad médica, como la endocrinología, la cardiología o la neurología. Las compañías farmacéuticas harán de puente: los fármacos serán la vía de acceso. Es muy improbable que eso conlleve la modificación del genoma. Y puede que haya que tomar medicamentos durante mucho tiempo con fines preventivos, de manera que la gente empezará a tomar fármacos a una mediana edad y continuará tomándolos el resto de la vida (así que los medicamentos tendrán que ser muy seguros). Es probable que la esperanza de vida continúe aumentando a un ritmo de dos o tres años por década. La inmortalidad mediante la alteración de genes queda fuera del alcance de mi imaginación.

Aún no se ha demostrado que una dieta restringida ayude con el envejecimiento. Cuando me encuentro con gente que lo ha puesto en práctica la percibo muy infeliz (la temperatura del cuerpo desciende dos grados). El ejercicio es enormemente beneficioso para la gente mayor, y la práctica de ejercicios bastante simples establece una diferencia significativa en cuanto a movilidad general. Yo corro entre dos y tres veces por semana (unos 6,5 kilómetros). Considero que mi vejez tiene algunas ventajas enormes y uno o dos inconvenientes. Con la vejez te sometes a la lotería de la salud y depende de cómo se te dé. Yo he tenido suerte, porque no he hecho nada para cuidarme la salud. No pienso tan deprisa como antes, pero disfruto de las ventajas de vivir más relajada.

Se ha llegado a afirmar que si nos libráramos de todas las enfermedades sólo añadiríamos entre quince y veinte años a los ochenta actuales. Para existencias más largas, habría que reducir el propio proceso del envejecimiento de las células y los tejidos. Ha habido intentos para avanzar en esa dirección pero, aunque la inmortalidad no fuera posible, ¿se podría retrasar al menos la vejez? El secreto de una vida larga no se conoce, y tal vez no exista, pero el ejercicio y una dieta de calidad y variada parecen ayudar. Un estudio elaborado con 17.000 hombres realizado por la Universidad de Harvard a lo largo de treinta años descubrió que el ejercicio moderado prolonga la vida tan sólo uno o dos años. La práctica regular de ejercicio mantiene al individuo delgado y en forma, reduce el estrés, y aumenta la capacidad cardiovascular.

En animales se ha observado que la limitación del consumo de comida, tan sólo comiendo menos, puede alargar considerablemente la vida. Cuando se mantiene a ratas de laboratorio en unas condiciones agradables pero con una ingesta de alimento tal que al destetarlas pesen la mitad que sus vecinas bien alimentadas, las primeras viven alrededor de un 40 por ciento más. La rata más vieja con una ingesta elevada de alimento ronda los mil días de vida, pero algunas de las que tienen restringida la comida llegan a vivir 1500 días, un cincuenta por ciento más. En ratas hembra, la edad a la que pierden la capacidad de reproducirse se prolonga desde los 18 meses hasta los 30. La dieta debe contener vitaminas y minerales, pero es irrelevante si la reducción calórica proviene de carbohidratos, proteínas o grasas.

La restricción calórica puede aumentar la longevidad de ratones, pero también puede dañar el sistema inmunitario y la cicatrización de heridas. Una ingesta baja de calorías elimina la mayoría de las enfermedades comunes en animales viejos, como el cáncer, la hipertensión y el deterioro cerebral. Si se pasa de un régimen restringido de alimento a una dieta normal, el proceso del envejecimiento parece acelerarse realmente. Los monos con una dieta restringida se revelaron tres veces menos propensos a contraer enfermedades relacionadas con la edad. Al final del estudio habían muerto la mitad de los que seguían una dieta normal, mientras que la tasa de mortalidad entre los que siguieron una dieta restringida ascendió a tan sólo uno de cada cinco.

Se están dedicando esfuerzos considerables a conocer los procesos moleculares que intervienen en la prolongación de la vida a través de una restricción calórica, y si las sirtuinas están implicadas en ello. Hay que estudiar mucho más la restricción de la dieta en humanos, puesto que tiene efectos secundarios negativos. Una manera posible de frenar el envejecimiento consistiría en reducir el metabolismo bloqueando los receptores de la insulina y la hormona del crecimiento.

Algunos indicios procedentes de la isla japonesa de Okinawa —donde es probable que haya más centenarios por cada cien mil habitantes que en ningún otro lugar del mundo— muestran que los humanos también podríamos retrasar el envejecimiento reduciendo la ingesta calórica. El consumo medio de alimento por adulto asciende, por razones culturales, a un 20 por ciento menos que la media en todo Japón, y los niños en edad escolar de Okinawa comen menos de dos tercios de lo que se recomienda en Japón. Los índices de mortalidad por derrames cerebrales, infartos y cáncer ascienden tan sólo a unos dos tercios de los índices de Japón en su conjunto, y la tasa de mortalidad en gente de 60 años equivale a la mitad de la media nacional.

Los humanos que practiquen la restricción calórica deberán reducir la ingesta de calorías en aproximadamente una cuarta parte. Por ejemplo, una persona que necesite 2000 calorías diarias para conservar el peso, tendría que consumir entre 1500 y 1600 calorías al día con una dieta restringida. Comer tan poco tal vez alargue la vida, pero ¿quién querría vivir con tan sólo 1600 calorías al día? Una sola hamburguesa ya tiene 1200 calorías. Pero con el aumento de la obesidad, la resistencia a la insulina y la diabetes de tipo 2, deberían acentuarse las intervenciones enfocadas a reducir el peso y a controlar la glucosa. Estudios recientes sobre los efectos de reducir los niveles de colesterol de lipoproteínas de baja densidad han revelado una reducción considerable de la mortalidad por cardiopatías coronarias y de los índices de infarto de miocardio no fatales, con efectos persistentes en pacientes mayores de 75 años. Los sujetos con una longevidad excepcional y sus descendientes tienen bastantes más lipoproteínas de alta densidad, lo que se refleja en su salud general y en el rendimiento de su función cognitiva. Las dietas ricas acortan la vida no por un exceso de calorías, sino por razones más complejas (existe un desequilibrio dietético entre la fecundidad y la duración de la vida, de forma que cada una se maximiza con diferentes niveles nutricionales óptimos). Ciertos aminoácidos (las estructuras a partir de las cuales se forman las proteínas) pueden acortar la vida de la mosca pero aumentar su fecundidad. Es una cuestión compleja y aún no se ha desentrañado.

Evitar la demencia, sobre todo el alzhéimer, es determinante para alargar la vida, puesto que afecta a una de cada veinte personas con más de 65 años. Investigadores del Instituto de Psiquiatría de Londres sostienen que cada año adicional trabajado retrasa la aparición de la demencia tan sólo un mes. De modo que trabajar hasta los 70 en lugar de retirarse a los 65 es probable que nos brinde seis meses más sin padecer alzhéimer. No estoy seguro de que sea suficiente beneficio para justificar el esfuerzo adicional, pero alargar la vida laboral no es lo único que podemos hacer para protegernos. El estudio respalda las teorías previas de que mantener la mente activa durante el máximo tiempo posible puede ayudar a posponer el deterioro mental. En contraste con estudios anteriores, en cambio, los investigadores descubrieron que la calidad o la duración de la formación de cada hombre o el tipo de trabajo que realizaba cada uno, no tuvieron ninguna repercusión en la edad de aparición de la enfermedad.

Una comunidad de gente mayor de Nueva York con una media de edad de 77 años se sometió a un seguimiento durante cinco años y medio. Realizaron tests de alzhéimer neurológicos y psicológicos estándar cada 18 meses y se vio que una actividad física elevada reducía en un tercio el riesgo de padecer alzhéimer, mientras que la gente que seguía una dieta mediterránea rica en frutas, verduras, cereales y pescado, pero baja en carne y aves, presentó un riesgo reducido en un 40 por ciento. En los participantes que practicaban mucho ejercicio y, a la vez, seguían una dieta mediterránea, el riesgo descendía en un 60 por ciento. De modo que probablemente la mejor manera de reducir el riesgo de demencia consiste en combinar el hábito de mantenerse físicamente activo con el consumo de una dieta equilibrada, y en revisarse la tensión y el colesterol con regularidad.

Otro estudio descubrió que los adultos que comen pescado varios días por semana tenían casi un 20 por ciento menos de posibilidad de desarrollar demencia que quienes no toman nada de pescado. Aunque el consumo de café se había asociado previamente a un riesgo menor de desarrollar alzhéimer, investigaciones más recientes apuntan a que la cafeína puede incidir directamente en la enfermedad en sí. Ratones con un equivalente roedor de la enfermedad revelaron un 50 por ciento de reducción de los niveles de la proteína amiloide en el cerebro después de que los científicos añadieran cafeína al agua de los bebederos. Una cantidad moderada de alcohol también puede ayudar, pero el diez por ciento de los casos de demencia se debe a excesos con la bebida.

La propia actitud que se adopta ante el envejecimiento puede repercutir, y una actitud positiva puede alargar la vida unos cinco años. En 1968 un equipo estudió a un grupo de personas con edades comprendidas entre los 18 y los 49 años, que rellenaron un cuestionario que medía en qué grado coincidían con 16 ideas negativas sobre la vejez. Entre ellas constaba la creencia de que la gente mayor está «débil» y «desamparada». Treinta años después, el 25 por ciento de quienes revelaron un concepto negativo sobre la vejez habían sufrido alguna cardiopatía o derrame cerebral, frente al 13 por ciento de los que rechazaron esas ideas. Quienes contemplaban la vejez como una experiencia positiva vivieron una media de siete años y medio más. Las mujeres optimistas sobre su futuro mostraron un 14 por ciento menos de probabilidades de morir por alguna causa que las pesimistas, y un 30 por ciento menos de posibilidades de morir de enfermedades cardiacas después de ocho años de seguimiento del estudio. Otros signos sobre los beneficios de la actividad mental proceden de un estudio con religiosas longevas, a pesar de que tenían placas amiloides características del mal de Alzheimer en el cerebro. La percepción positiva de la vejez propia repercute más en la supervivencia que una tensión o un colesterol bajos. Por otro lado, hay algunos indicios de que el estrés, sobre todo breve, resulta beneficioso y ayuda a reducir el proceso del envejecimiento, incluido el alzhéimer. Una idea contemporánea muy polémica sugiere que la holgazanería y la falta de ejercicio y de ambición alargan la vida.

Aunque se remonte a miles de años atrás, aún perdura entre nosotros la antigua tradición taoísta de consumir setas y otras sustancias mágicas, además de comer menos, que practicaban en India algunos monjes itinerantes para alargar la vida. Ahora hay místicas religiosas modernas que creen en la posibilidad de alcanzar la inmortalidad física mediante la transformación espiritual como parte de sus doctrinas religiosas. Creen que cuando Dios nos llame el día del Juicio Final, ellos irán a lo que denominan el monte Sión de África para vivir en libertad para siempre. Evitan hablar de una «vida que dure para siempre» y usan deliberadamente los términos «vida eterna». Un ejemplo de ello lo tenemos en el cantante jamaicano rastafari Bob Marley, quien se negó a formalizar un testamento a pesar de padecer las fases finales de un cáncer con metástasis avanzada porque eso sería como «entregarse a la muerte» y renunciar a la posibilidad de vivir para siempre. El colectivo de los renacedores cree que puede conseguir la inmortalidad siguiendo la respiración «conectada» del renacimiento.

La industria multimillonaria de los tratamientos antienvejecimiento se tratará en el próximo capítulo. Un artículo publicado por la revista *Scientific American* en 2002 y respaldado por unos cincuenta científicos declaraba que las promesas más espectaculares de quienes defienden la medicina antienvejecimiento en forma de fármacos específicos, cócteles vitamínicos o mezclas esotéricas de hormonas no se fundamentan en pruebas científicas, y es difícil no llegar a la conclusión de que dichas promesas se basan en razones comerciales. Han resurgido y proliferado proveedores y empresarios sanitarios que promocionan productos y cambios en el estilo de vida que, según afirman, frenan, detienen o revierten el proceso del envejecimiento.

La American Academy of Anti-Aging Medicine [Academia Estadounidense de Medicina Antienvejecimiento] promueve la rama de la medicina que combate los signos de la edad, e instruye y certifica la formación de médicos en esta especialidad. Ronald Klatz, cofundador de esta institución, declaró: «No perseguimos un envejecimiento digno, sino no envejecer jamás [...]. Los líderes del movimiento antienvejecimiento contribuirán a iniciar una nueva era moderna de la humanidad: la sociedad sin vejez. Existe un remedio para este apocalipsis del envejecimiento, y ese remedio llega justo a tiempo para salvar América». Pero sus prácticas se han topado con la hostilidad de la ciencia, y no hay ninguna prueba de que funcione lo que defienden.

Las intervenciones médicas para curar enfermedades relacionadas con la edad sí aumentan la esperanza de vida, pero ninguna ha demostrado alterar los procesos subyacentes del envejecimiento. En el presente no existe nada semejante a una operación antienvejecimiento. Por ejemplo, en la actualidad, tenemos pocos indicios a partir de estudios con humanos de que los suplementos que contienen antioxidantes reduzcan el ritmo del envejecimiento. El uso de cosméticos, la cirugía plástica, los tintes para el cabello y otros recursos similares para ocultar las manifestaciones de la edad tal vez sean eficaces para enmascarar los cambios que depara la edad, pero no frenan, detienen ni revierten el envejecimiento.

Sin embargo, hay numerosos anuncios de productos antienvejecimiento, y el público se gasta ingentes sumas de dinero en ellos, aun cuando en la mayoría de los casos hay una base científica escasa o nula para sus promesas, y algunos pueden tener unos efectos secundarios perjudiciales. Algunos científicos contribuyen sin querer a la proliferación de estos productos antienvejecimiento pseudocientíficos al no intervenir en el debate público sobre la ciencia fiable de la investigación de la vejez. Por ejemplo, hay anuncios de un tratamiento que evita el acortamiento de los telómeros y, por tanto, favorece la longevidad. Aunque el acortamiento de los telómeros puede limitar de algún modo la vida de las células, no hay ningún signo de que sea crucial en la determinación de la longevidad humana.

Se rumorea que hay varias sustancias capaces de prolongar la vida. Un estudio en Holanda con más de mil hombres de más de 40 años descubrió que quienes bebían medio vaso de vino al día vivían unos cinco años más que quienes no probaban nada de alcohol, y dos años y medio más que quienes tomaban cerveza y licores. Plantas como el ginseng, la rhodiola y la maca tienen ingredientes activos que algunos afirman que contrarrestan el envejecimiento. Los estudios revelan que un compuesto vegetal, el resveratrol, puede alargar la vida de la levadura, los gusanos, moscas y peces, pero de momento no hay ningún indicio de que ayude en el caso de los humanos. El resveratrol parece intervenir en los efectos del envejecimiento en parte mediante la activación de sirtuinas. El resveratrol está presente en las uvas y en bayas silvestres, y también es un componente esencial del vino tinto.

En el ámbito de los fármacos que retrasan el envejecimiento en animales de laboratorio ha aparecido una nueva estrella que, por tanto, es candidata a hacer lo mismo en la gente. El fármaco es la rapamicina, ya mencionada en relación con TOR, su diana, y la cual se usa para suprimir el sistema inmunitario en pacientes trasplantados y para tratar ciertos cánceres. Esta sustancia consigue alargar la vida de nematodos y moscas de la fruta, y hace poco prolongó significativamente la vida de ratones. Al administrársela a ratones de 600 días de edad, alargó su vida alrededor de un 30 por ciento. No se ha probado en humanos y deberá hacerse con gran cautela debido a sus efectos en el sistema inmunitario. Estudios con modelos de ratones indican que el debilitamiento de la ruta en la que actúa la rapamicina brinda una protección generalizada frente a una serie de enfermedades relacionadas con la edad.

Aubrey de Grey es un investigador que, a diferencia de la concepción científica oficial, cree que será posible impedir considerablemente el envejecimiento. Calcula que dos tercios de la gente que muere cada día en el mundo fallecen de vejez, considerando la «muerte por vejez» como la muerte por causas que aquejan a las personas mayores más que a los adultos jóvenes. Defiende que conseguiremos reducir los efectos del envejecimiento hasta tal punto que los humanos tendremos unas probabilidades del 50 por ciento de ser realmente inmortales en los próximos treinta años. De Grey cree que la medicina regenerativa tendrá la capacidad de detener todo el proceso del envejecimiento en ese plazo de tiempo. Trabaja en el desarrollo de lo que él mismo ha llamado «Estrategias para una senectud insignificante mediante ingeniería», una estrategia de reparación de tejidos destinada a rejuvenecer el cuerpo humano. Su afirmación se basa en parte en que las mitocondrias se deterioran debido al daño que causan los radicales libres en el ADN, lo que hace que sus células huésped secreten más radicales libres y, por tanto, dañen otras células. Considera que se podrá evitar el deterioro del ADN de las mitocondrias. Asimismo sostiene que muchas enfermedades degenerativas relacionadas con la edad van asociadas a una función lisosomal inadecuada. Los lisosomas son pequeñas vesículas alojadas en el interior de las células cuyo contenido puede destruir casi cualquier sustancia celular indeseada, pero no todas, y se sabe que esta deficiencia constituye la base de varios problemas relacionados con la edad, entre ellas las enfermedades cardiovasculares y la degeneración macular. La enfermedad de Alzheimer guarda relación con la incapacidad de otros agentes eliminadores de residuos para destruir proteínas indeseadas tanto dentro como fuera de la célula. Las acumulaciones de proteína amiloide, una causa posible del alzhéimer, se forman a partir de la alteración de una proteína normal. Una vacuna antiamiloide podría ayudar, ya que el sistema inmunitario destruiría las acumulaciones. Un ensayo clínico en esta línea se suspendió cuando un paciente enfermó de gravedad, pero un nuevo ensayo ha alcanzado ahora la fase 3.

Para evitar el envejecimiento de este modo, habrá que reparar o volver inocuos numerosos tipos de daños moleculares y celulares acumulativos, de forma que se eviten las patologías relacionadas con la edad y causadas por cantidades excesivas de esos daños. En varios casos, eso exige manipular genes, lo que en la actualidad tendría que hacerse en el huevo fertilizado. Y, después, el científico tendría que esperar más de cien años para comprobar si el individuo sobrevive hasta entonces y no sufre problemas derivados de la manipulación de los genes. Esta hipótesis es muy improbable; es demasiado arriesgada, y pocos estudiosos, por no decir ninguno, vivirán para ver si funcionó el tratamiento. Así que, tal como acepta De Grey, la aplicación generalizada de terapias regenerativas para el envejecimiento dentro de algunas décadas depende del desarrollo de terapias génicas somáticas seguras y altamente efectivas, que en la actualidad siguen siendo una aspiración de enormes dimensiones. Además, una batería eficaz de terapias deberá tratar el cáncer, el deterioro extracelular causante de patologías como enfermedades cardiacas, e infecciones virales y bacterianas. Por último, tampoco está nada claro que el impedimento del envejecimiento celular evite la aparición de anomalías cognitivas como la demencia o la depresión, y De Grey admite nuestra ignorancia en estas materias.

En Reino Unido, la esperanza de vida actual en hombres y mujeres asciende a 77 y 82 años, y se cree que los jóvenes que hoy tienen veintitantos vivirán cinco años más que los adultos que ahora andan por la cincuentena. Se ha calculado que uno de cada ocho ciudadanos británicos que ahora tienen 35 años llegará a cumplir más de cien. La mitad de los niños vivos hoy en países con esperanzas de vida altas celebrarán su centésimo cumpleaños. En Reino Unido, con una población de 61 millones de habitantes, 400.000 personas tienen más de 90 años, y hay más pensionistas que niños menores de 16 años. La pequeña localidad de Montacute, en el condado de Somerset, posee la esperanza de vida más alta de Gran Bretaña para hombres, posiblemente debido a que muchos de ellos producen los alimentos que consumen y eso los obliga a realizar un trabajo duro. En Estados Unidos, la esperanza de vida masculina es de 75 años, y la femenina alcanza los 81. En este país se prevé que la población con más de 85 años aumente de los cuatro millones actuales a 20 millones en 2050, momento en que habrá casi un millón de personas centenarias. En el momento presente, alrededor del diez por ciento de la población mundial tiene más de 60 años, pero en el año 2050 ascenderá al 20 por ciento, y la población mundial formada por personas mayores superará a la población infantil. La proporción en que el número de mujeres con cien años supera al número de hombres es de cinco a uno. Japón ostenta en la actualidad la esperanza de vida femenina más alta del mundo, estimada en 85 años, e Islandia, la masculina, que asciende a 80 años.

Hoy viven unas cuarenta mil personas centenarias en Estados Unidos, y constituyen el segmento de población que más rápido crece. Tradicionalmente los científicos han creído que la mayoría de la gente que vive hasta los cien años experimenta una «compresión de la morbilidad», es decir, no desarrolla enfermedades crónicas comunes relacionadas con la edad, como diabetes o enfermedades coronarias, hasta etapas muy tardías de la vida, o ni siquiera entonces. En cambio, en tiempos más recientes se ha descubierto que casi un tercio ha sufrido en realidad alguna enfermedad crónica de larga duración, en muchos casos a lo largo de quince años o más, antes de cumplir los cien. Lo que en realidad experimentan estas personas es una compresión de la incapacidad: evitan las grandes incapacidades y precisan poca o ninguna asistencia para realizar las actividades de la vida diaria, al menos hasta una edad muy avanzada.

El aumento del número de gente mayor en todo el mundo desarrollado ya está teniendo unas consecuencias notables que no harán más que crecer en el futuro. Leon Kass, que ha presidido el Consejo de Bioética del presidente de Estados Unidos, ha planteado si los problemas resultantes de la superpoblación tornarían no ética la prolongación de la vida. «Simplemente anhelar una vida más larga para nosotros mismos es tanto un signo como una causa de nuestra incapacidad para abrirnos a la procreación y a cualquier propósito más elevado [...]. El afán de alargar la juventud no es tan sólo un deseo infantil de comerse la vida propia y quedársela, también es una manifestación de un anhelo infantil y narcisista incompatible con la entrega a la posteridad.» Destacó la importancia de que la vida tenga una duración limitada para las nuevas generaciones, las cuales merecen ocupar su lugar en el mundo.

Francis Fukuyama, quien predijo que a la larga se produciría un triunfo global del liberalismo político y económico, sostiene que los esfuerzos para incrementar la longevidad humana corren el riesgo de socavar los esquemas de la seguridad social, dañando las estructuras familiares y volviendo a Estados Unidos vulnerable a ataques de otros países con poblaciones más jóvenes. Él señala que podría llevarnos a un «futuro poshumano», en el que la existencia humana sería radicalmente distinta de la actual. Tal vez sea una visión alarmista, pero los problemas asociados a la prolongación de la vida humana no dejan de ser graves.

¿Qué efectos tendría el hecho de que aumentara aún más la edad de la población? ¿Sería una ventaja la inmortalidad, o más bien un desastre? En el relato corto de Kurt Vonnegut de 1968 titulado «Mañana y mañana y mañana», un abuelo de 172 años toma una pócima antienvejecimiento, y desquicia a sus descendientes reservándose la mejor comida y el mejor espacio. Muchos temen que la prolongación de la vida sin reducir las enfermedades aumentaría el tiempo que viviríamos con unas capacidades físicas y mentales limitadas, pero también ofrecería nuevas oportunidades. La superlongevidad, la prolongación extrema de la vida, exigiría que cada ciudadano aprendiera nuevas habilidades. Probablemente anhelaríamos experiencias novedosas. Incluso ahora, gran parte de los jubilados se sienten mucho más jóvenes y ansían tener una vida activa que en ocasiones también implica nuevas ocupaciones y aprendizajes. Vivir más permitiría a la gente descubrir cómo es el futuro, pero necesitaríamos estar sanos y atendidos, y no aburridos. Y reparemos de nuevo en que a pesar de toda la investigación, aún no se ha descubierto ningún método para evitar el envejecimiento que no sea la práctica de un estilo de vida saludable.

No obstante, existen diversas organizaciones dedicadas a alargar la vida y hasta a alcanzar la superlongevidad. Leon Kass parece creer que si el cuerpo no envejece, temeremos más a la muerte. También opina que nos trastornará y que nos privará del sentido que se supone que le encontramos a la vida cuando envejecemos. La superlongevidad restará trascendencia al paso del tiempo y eso tendrá malas consecuencias debido al aumento de la población. La imagen que va apareciendo, con tal vez muchos cientos, o incluso muchos miles, de pequeños efectos y deterioros en tejidos específicos, plantea un reto que dará que pensar a quienes aspiran a desarrollar una ingeniería que reduzca la senectud. El control de los riesgos conductuales y medioambientales para reducir el deterioro celular quizá sea una prioridad más realista, dada la elevada probabilidad de que la inmensa mayoría de la gente tenga gran cantidad de vulnerabilidades genéticas a una u otra enfermedad no relacionada con la edad. Se ha propuesto un programa de bioingeniería de cinco millones de libras (unos seis millones de euros) para investigar cómo resolver los problemas asociados al envejecimiento del cuerpo. La investigación se centrará en las articulaciones, la columna vertebral, la dentadura, el corazón y la circulación. Esto parece más sensato que intentar desarrollar una ingeniería genética segura y eficaz para alterar miles de pequeñas funciones deterioradas de las células.

En la obra de Shakespeare *A buen fin no hay mal principio* (también conocida en castellano como *Bien está lo que bien acaba),* el rey sufre una indisposición física relacionada con la vejez. Cuando Helena se ofrece a curarlo, lo cual hará más tarde con una pócima de su padre médico, el rey responde con esta advertencia:

Os lo agradecemos, doncella;
pero no creo mucho en la curación
cuando nuestros doctores más estudiados nos abandonan y
toda la universidad ha concluido
que el arte del trabajo es incapaz de rescatar a la naturaleza
de un estado incurable.

9
La prevención

Haría cualquier cosa en el mundo para recuperar la juventud, menos practicar ejercicio, madrugar o volverme respetable.

Oscar Wilde

Si no podemos ser inmortales, ¿podemos al menos seguir pareciendo jóvenes? Casi todo el mundo quiere parecer razonablemente joven mientras viva hasta una edad considerable sin grandes incapacidades. El atractivo de la juventud no es ningún misterio: la evolución quiere que nos reproduzcamos y por eso nos ha seleccionado para que la gente joven nos resulte atractiva, puesto que ésa es la gente óptima para reproducirse. El mismo principio nos ha llevado a no encontrar ningún atractivo en los rostros avejentados. ¿Qué podríamos hacer para evitar los cambios de aspecto que experimentamos con la edad? Tener los genes adecuados es un buen comienzo, al igual que mantenerse en forma y activos, y comer los alimentos adecuados; mantenernos delgados es uno de los factores clave para parecer jóvenes, pero eso no disimula las arrugas.

Los esfuerzos por ocultar y eludir la vejez distan mucho de responder a una obsesión moderna. En el antiguo Egipto se aplicaban afeites en la cara y los ojos, y se han descubierto útiles cosméticos, sobre todo espátulas para maquillaje de ojos, en las tumbas más antiguas. La miel, al igual que diversas plantas y hierbas, se usaba para elaborar ungüentos antiedad. La planta del aloe se usaba con frecuencia como tratamiento antiarrugas, y sigue entre nosotros aún hoy. Se sabe que Cleopatra usaba ácido láctico como exfoliante con el convencimiento de que le confería mayor belleza. El árido clima desértico de Egipto favoreció el uso generalizado de aceites corporales como productos hidratantes. Se cree que todas las clases de la sociedad egipcia se preocupaban por su apariencia, y tanto hombres como mujeres.

El patrón se repitió en todo el mundo antiguo. Como ahora, el acento se ponía en la belleza juvenil de las mujeres, más que en la de los hombres. Al poeta latino Ovidio lo desesperaron las usurpaciones del tiempo: «Los años marchitarán esos encantadores rasgos; las arrugas atravesarán esa frente, ajada por el tiempo; esa belleza caerá presa de la implacable vejez que avanza paso a paso sigilosa». Otros autores percibieron tanto la ironía como el patetismo de la situación. «El hombre encanecido y sus dos amantes» es una de las fábulas de Esopo, escrita hacia el año 600 a.C.:

Un hombre de mediana edad que empezaba a encanecer tenía dos amantes, una mujer madura y otra joven. A la mayor de las dos no le gustaba tener un amante que pareciera mucho más joven que ella; así que, siempre que acudía a verla, ella solía arrancarle de la cabeza los cabellos oscuros, para que pareciera más mayor. Por otro lado, a la amante más joven le disgustaba que tuviera ese aspecto mucho más avejentado que ella, de modo que aprovechaba cualquier oportunidad para despojarlo de las canas y darle una apariencia más juvenil. Entre ambas no dejaron ni un solo cabello en aquella cabeza, y el hombre lució una calva perfecta.

En un estudio reciente, muchos hombres y mujeres afirmaron que están, estarán o estuvieron en su mejor momento físico, no durante la juventud, sino durante los primeros años de su mediana edad, alrededor de los 40 años. Quienes tenían 65 años o más, dijeron que los 46 fue su mejor edad. Pero en cuanto a aspecto exterior, la juventud sigue siendo la edad dorada. Marie Helvin, que a los 54 años aún sigue ejerciendo como supermodelo, declaró: «Por favor, pégueme un tiro si sigo haciendo esto a los 80. De todos modos, llegará el día en que no pueda hacerlo. Mi madre siempre dijo que las mujeres japonesas parecen jóvenes durante muchos años hasta que una mañana se despiertan y han envejecido como cien años. Y tiene razón. A ella le pasó a los 79».

Las celebridades y muchas otras personas han caído en las garras de la estética de la juventud clónica. La revista estadounidense de belleza *New Beauty* ofrece artículos para saber cómo tener unos pies impecables, y relaciona los diez productos estrella para reducir las arrugas. Sin embargo, se dice que el tratamiento necesario para conseguir esa juventud ha hecho que muchas mujeres parezcan figuras escapadas del museo de cera de Madame Tussauds. Muchas se han inyectado una masilla en el rostro para quitarse las arrugas, mientras que otras se han sometido a cirugía plástica. En cierto estudio, el 20 por ciento de los hombres dijo que su matrimonio podría salvarse si sus esposas se sometieran a cirugía plástica; parece que nadie les preguntó a ellas si querían que sus maridos se redujeran la barriga.

Se calcula que el mercado global de productos cosméticos antienvejecimiento mueve unos 57.000 millones de dólares, una cifra que se espera que aumente a una velocidad de vértigo en años venideros. La cirugía plástica en Reino Unido se ha triplicado en los últimos cinco años. Los británicos se gastan casi 500 millones de libras al año (unos 600 millones de euros) en el cuidado de la piel, y esos números se quedan raquíticos frente a los de Estados Unidos. Por supuesto, todo ese dinero no se lo gastan las personas mayores, pero los productos antiedad son el sector que más crece. Un artículo de la revista *Time* de comienzos de 2009 presentaba el concepto de la «amortalidad» al referirse a las tentativas para evitar la vejez y conseguir un salto en la esperanza de vida. En él se defendía que las conductas propias de cada edad quedarán relegadas al pasado, igual que los televisores en blanco y negro. Los amortales no temen la extinción, la niegan.

Los estudios para sondear actitudes frente a la vejez, la belleza y la cirugía estética deparan resultados muy diversos. En uno de ellos, realizado con unos dos mil estadounidenses de más de 18 años, así como quinientas personas que se han sometido a cirugía plástica, casi todos los encuestados estaban contentos con el aspecto que tenían para su edad, y más de la mitad opinó que la belleza interior es más importante que la apariencia física. Sólo una persona de cada tres dijo que la belleza física es lo que más cuenta. Más de la mitad pensaba que hombres y mujeres envejecen con dignidad, y sólo una cuarta parte de las mujeres consideraban importante para sí mismas tener un aspecto físico atractivo. La mayoría de las mujeres estaba satisfecha con su apariencia. Después de los 45 las mujeres tenían más interés en tener un buen aspecto para su edad que en aparentar una edad diferente. Virginia Ironside, consejera sentimental en revistas, ha comentado: «Quiero tener buen aspecto a mi edad, pero también quiero parecer lo bastante mayor para que la gente me ayude a abrir puertas pesadas». Ella también agradece sobremanera que le cedan el asiento en autobuses atestados.

Sin embargo, en otro estudio, casi tres cuartas partes de las mujeres mencionaban la figura corporal como un «asunto crucial». Al mismo tiempo, los hombres también invierten más tiempo en cuidar su apariencia física. Hacia un 20 por ciento dijo que se plantearía algún tratamiento de cirugía estética en el futuro, mientras que un 22 por ciento no sabía si lo haría. Los menores de 40 años revelaron casi el doble de probabilidades de plantearse una intervención en el futuro. Un estudio realizado por la revista *Which?* descubrió que el 50 por ciento de las personas con edades comprendidas entre los 16 y los 24 años contemplan los tratamientos con Botox como un regalo de Navidad deseable, y la cifra se sitúa en el 45 por ciento entre las personas en la franja de edad entre los 55 y los 64 años. En una encuesta entre escolares, el 18 por ciento de los niños y el 25 por ciento de las niñas se negaron a imaginarse cualquier clase de arreglo porque lo veían antinatural o sencillamente innecesario. Una niña comentó: «No me mejoraría porque no quiero ser diferente. Me gusta ser quien soy».

Sin embargo, a pesar de las opiniones de la gente, en general la cirugía estética ha ganado popularidad en Gran Bretaña, donde se ha triplicado en la primera década del siglo XXI. Según las cifras emitidas por la British Association of Aesthetic Plastic Surgeons [Asociación Británica de Cirujanos Estéticos y Plásticos], en 2003 sólo se practicaron 10.700 intervenciones, pero en 2009 el número aumentó hasta 36.482. Uno de los sectores que más creció fue el de la gente de mediana edad o mediana edad tardía. Estas cifras no incluyen las intervenciones no quirúrgicas, como el empleo de Botox, el cual se ha incrementado aún más deprisa. Las intervenciones más comunes fueron de aumento de pecho, liposucción y cirugía facial y de párpados.

En Estados Unidos se practicaron más de diez millones de intervenciones quirúrgicas y no quirúrgicas en 2008, con un coste superior a 11.800 millones de dólares. Los hombres se sometieron a más de 800.000 tratamientos estéticos. Llama la atención que en torno a un cuarto de esas intervenciones se practicara en gente de entre 54 y 61 años, y una fracción mucho menor, en gente con más de 65. La cirugía plástica facial puede ayudarnos a sentirnos mejor, pero no influye en lo que sucede en el interior del cuerpo. Las intervenciones de cirugía antiedad se anuncian ampliamente en Internet acompañadas de la exhortación: «Pida consejo gratuito a nuestros expertos». Entre esos tratamientos figura la eliminación de bolsas en los ojos, que puede devolvernos una apariencia juvenil al quitar grasa y exceso de piel de ambos párpados, tanto el superior como el inferior; y el estiramiento de frente se centra en la restauración de la parte superior del rostro para corregir las cejas caídas y el exceso de piel en esa zona. La cirugía de estiramiento facial desafía los signos más visibles del proceso del envejecimiento: se elimina el exceso de piel en rostro y cuello para conferir un aspecto más liso y fresco. La operación puede durar entre dos y tres horas, y se recomienda que los pacientes pasen al menos una noche en la clínica de cirugía estética después de la intervención. La liposucción conlleva la eliminación de depósitos de grasa de cualquier parte del cuerpo, una intervención que no suele tardar en completarse más de una hora y media. El tiempo de recuperación es mínimo y la mayoría de los pacientes hace vida normal en unos pocos días.

Quienes se someten o planean someterse a una intervención de cirugía estética aún son una clara minoría, pero las cifras aumentarán si se consiguen realizar con fiabilidad. Como cualquier otra operación quirúrgica, estas intervenciones entrañan algunos riesgos. Y no todas las intervenciones brindarán los resultados deseados, tal como ilustra el caso de la desafortunada estadounidense Jocelyn Wildenstein, quien afirma haberse gastado cuatro millones de dólares en cirugía facial estética para gustar a su marido. A esta mujer le han puesto el cruel apodo de «La novia de Wildenstein» y, al parecer, su horrorizado marido comentó: «Parece convencida de que puedes arreglar una cara como si arreglaras una casa». Pero los beneficios emocionales de los resultados de la cirugía plástica pueden superar con mucho las compensaciones físicas. Si en alguna ocasión se ha sentido mal por su aspecto, la cirugía plástica quizá le haga sentirse mejor consigo mismo.

El tratamiento basado en la inyección de Botox tal vez sea el remedio estético más popular en todo el mundo. Los anuncios hacen referencia a las líneas de expresión del entrecejo y la frente, a las patas de gallo y a las arrugas alrededor de la boca, las cuales nos confieren un aspecto ajado, cansado y avejentado. La Food and Drug Administration [el departamento de control de alimentos y medicamentos de Estados Unidos] aprobó por primera vez los tratamientos con Botox en 1990 para tratar espasmos del músculo ocular en personas menores de 65 años; sin embargo, enseguida se reparó en sus cualidades estéticas. Botox es el nombre comercial que se ha aprobado para la toxina botulínica producida por la bacteria *Clostridium botulinum*. Al inyectarla en pequeñas dosis en determinadas zonas, el Botox bloquea los nervios que activan los músculos responsables de las acciones repetitivas que forman finas líneas de expresión y arrugas y, literalmente, paraliza la zona. Un tratamiento normal de Botox con la intervención de un médico cuesta unos 460 euros, y los resultados pueden durar hasta ocho meses. Pero, por supuesto, no siempre tiene los efectos deseados, y a veces deja el rostro con gesto de disgusto o da dolor de cabeza. Una actriz declaró que a ella se le quedó la cara como la de un extra de *El planeta de los simios.*

Multitud de cremas y lociones antiarrugas que se venden en farmacias y grandes almacenes prometen reducir las arrugas y prevenir o revertir los daños causados por el sol. En la cúspide del mercado, Oro Gold Cosmetics ha introducido una gama de productos antiedad (que incluye sueros para el contorno de ojos o un tratamiento facial biónico y cremas hidratantes, entre otros) sometidos a una infusión en oro de 24 quilates, lo que, según esta firma, aunque sin ninguna base fiable, tiene muchas propiedades para inducir el rejuvenecimiento de la piel. Pero ¿funciona realmente alguno de estos productos? Algunos estudios señalan que las cremas antiarrugas contienen ingredientes capaces de reducir las arrugas, aunque según los médicos de la clínica Mayo, muchos de esos ingredientes no se han estudiado científicamente para demostrar sus beneficios. Las cremas y lociones pueden mejorar ligeramente el aspecto de la piel, dependiendo del tiempo que se use el producto y el tipo y la cantidad del ingrediente activo que lleven, pero cualquier efecto de las cremas antiarrugas sin receta no durará mucho. Hay que usar la crema antiarrugas una o dos veces al día durante muchas semanas para empezar a notar alguna mejoría. Y, en cuanto las dejes, es muy probable que la piel recupere su apariencia arrugada original, según los dermatólogos. Hay estudios que han confirmado que las cremas antiarrugas más caras no funcionan mejor que los productos más baratos.

La revista *Which?* decidió someter a prueba las cremas antiarrugas. Seleccionó 12 hidratantes normales y 12 cremas antiedad. Grupos de cuatro mujeres probaron cada producto durante cuatro semanas. Ninguna de las 96 mujeres sabía qué producto estaba usando, y al final de la prueba les pidieron que valoraran si habían usado una crema hidratante o una antiedad. Tres cuartas partes se decidieron por la crema hidratante. La mayoría de ellas no había notado ninguna diferencia en el aspecto o el tacto de la piel, y de las 48 mujeres que habían estado usando una crema antiedad, sólo diez comunicaron alguna mejoría.

Which? concluyó que «algunas de las propiedades que se atribuyen a los ingredientes de las cremas antiedad se pueden corroborar pero, con las bajas concentraciones que se emplean en las cremas, es improbable que hagan algo más que hidratar la piel». Esta idea también la respalda una persona que trabaja en la industria cosmética: «No existe ningún ingrediente milagroso que quite años a nuestro aspecto», sostiene Gisele Mir, una científica dedicada a la cosmética y fundadora de la gama de productos Mir para el cuidado integral de la piel. «El único milagro es que la industria cosmética haya conseguido convencernos de ello durante tanto tiempo. En mi opinión podemos llegar a dañar la piel usando productos antiedad. Creo que muchos de esos productos aceleran el envejecimiento en lugar de evitarlo». La tretinoína, un derivado de la vitamina A, es el único medicamento de uso tópico que ha demostrado ser un reductor de arrugas.

Los anuncios y la publicidad parecen interminables. Un anuncio que aparece a página completa en varias publicaciones de Reino Unido dice: «¿Envejece tu piel demasiado deprisa? Nuestros científicos lo creen realmente así... Inspirándose en veinticinco años de investigación puntera del ADN, Estée Lauder presenta ahora un innovador tratamiento antiedad...». Y en Estados Unidos: «Descubra los cinco rituales secretos procedentes de un recóndito monasterio del Himalaya que le harán rejuvenecer treinta años: ¡con tan sólo diez minutos al día! 39 dólares. Este exclusivo complejo bioenriquecido de transresveratrol y potentes polifenoles y antocianinas se ha creado específicamente para combatir el envejecimiento a un nivel tanto genético como metabólico». Se afirma que la base de maquillaje de la línea cosmética de CoverGirl mejora considerablemente la piel en tan sólo cuatro semanas, y la vinculación de la supermodelo Christie Brinkley a CoverGirl tuvo un éxito inmenso. Ella declaró: «CoverGirl es parte de mi ADN y estoy encantadísima de volver a estar en familia. Me entusiasma promocionar un producto nuevo desarrollado específicamente para mujeres como yo, que quieren un maquillaje que cubra sin irregularidades y que combine los últimos descubrimientos científicos sobre el cuidado de la piel. Tengo muchas ganas de trabajar con esta marca en un momento de tanta innovación». Pero los beneficios de los productos que previenen el envejecimiento facial están tan poco demostrados como los tratamientos médicos.

En abril de 2009 se comunicó que un nuevo producto de los Laboratorios Boots, que funciona estimulando la producción de una proteína que favorece la elasticidad de la piel, suavizó considerablemente las arrugas del 70 por ciento de las voluntarias, con edades comprendidas entre 45 y 80 años. Fue un estudio independiente dirigido por la Universidad de Manchester y, por tanto, parece tratarse de un avance importante. Aquella información provocó una invasión de los establecimientos de Boots que aún continúa. En un mes, febrero de 2010, Boots vendió más de 700.000 cremas antiedad. En cambio, otros expertos sostienen que sólo una de cada cinco personas conseguirá resultados algo mejores que con cremas hidratantes normales. Un nuevo producto de una naturaleza bastante distinta es un dispositivo que estimula los músculos del rostro mediante electricidad; se dice que es más seguro y eficaz que la cirugía plástica, y que actúa estimulando los músculos faciales, pero no hay información procedente de estudios serios.

Siempre vale la pena tener en cuenta qué relación existe entre la «opinión experta» y los intereses comerciales que hay detrás de un producto. Una noticia reciente del *Boston Globe* contaba que cuando una paciente de 73 años de edad preguntó a un eminente dermatólogo qué podía hacer para tener un aspecto más joven, recibió una respuesta inmediata. La animó a acudir a la farmacia más cercana y comprar una marca específica de cremas antiedad para combatir arrugas y aumentar el volumen de los labios. Los productos formaban parte de la línea de cosméticos del propio doctor.

El empleo de cremas antiarrugas dos veces al día puede ahuecar la piel temporalmente, lo que torna menos visibles las arrugas. Esas cremas también pueden ser excelentes hidratantes y tener un perfume agradable y hacernos sentir bien. Pero, por muy caras que sean y por muchos logros que les atribuyan, no harán retroceder el reloj. Una manera crucial de evitar las arrugas consiste en esquivar el sol de forma sensata y usar protectores solares. Aunque, ¿son las arrugas un signo tan terrible de envejecimiento comparadas con otros indicadores?

El peso y otros factores repercuten en nuestro aspecto. Un estudio realizado en Estados Unidos con fotografías de 186 parejas de hermanos gemelos idénticos con entrevistas detalladas deparó unos resultados asombrosos. Una señora de 70 años parecía seis años más joven que su hermana porque estaba más rellena y eso le disimulaba las arrugas de la cara. Los antidepresivos y el alcohol conferían a una de las gemelas un aspecto más envejecido, al igual que el bronceado y el consumo de tabaco. Antes de los 40, la gemela más delgada se veía más joven y atractiva, pero pasados los 40, la de más peso parecía más joven (con una diferencia de peso que rondaba los once kilos). Así que lo que comemos seguramente nos beneficia más que lo que nos untamos en la piel en la guerra contra las arrugas. Aunque, desde luego, el sobrepeso puede envejecernos mucho la salud.

Algunos estudios indican que el pelo pesa más que las arrugas a la hora de valorar la edad de una persona (nuestro aspecto llega a desviarse entre cuatro y cinco años de nuestra verdadera edad). También es importante el volumen de los labios, que confiere al rostro una apariencia más joven y depende casi por completo de los genes de la persona. Eso explica la gran cantidad de tratamientos de cirugía plástica para los labios, algunos de los cuales acaban produciendo, por desgracia, «labios de trucha».

Tranquiliza saber, a partir de los sondeos de opinión, que mucha gente cree que la verdadera belleza está por dentro, no por fuera. Y a pesar de la gran cantidad de tratamientos faciales para evitar tener un aspecto avejentado, hay quienes defienden que deberíamos aprender a vivir con este proceso universal. Anne Robinson, una conocidísima presentadora, se hizo un estiramiento facial a los 61 años y ahora usa Botox. Un artículo del *Daily Mail* reconoce que es difícil seguir siendo presentadora de televisión a su edad; pero ¿no sería mejor, sostiene, que alguien como Robinson, que es un modelo para las mujeres, defendiera los derechos de las mujeres a medida que envejecen? Cuando mujeres como ella recurren a la cirugía plástica crean una presión molesta en mujeres de una edad similar. Tal como comenta un cirujano plástico, los estiramientos faciales son peligrosos y es espantoso que los rellenos inyectables para las arrugas se anuncien en televisión.

Todas esas intervenciones pueden generar un deseo obsesivo por alcanzar una belleza ideal. Un artículo de la revista *Evening Standard* de Londres brindaba diez consejos para que las mujeres parecieran diez años más jóvenes: eliminar las células muertas de la piel usando una manopla humedecida cada noche; rellenar el volumen del rostro con inyecciones; usar Baby Botox para librarse de las líneas marcadas del ceño; usar protector solar todos los días; usar un suero exfoliante caro; combatir un tono de piel irregular con un corrector iluminador; acudir a maquillarse con expertos; pedir consejo sobre el color y el corte del pelo; pintarse las pestañas y las cejas; asegurarse de que la dentadura tiene un tono pálido armonioso. ¿Cuánto tiempo queda al día para entregarse al resto de los placeres de la vida?

Oscar Wilde encontró un modo de eludir los signos de la vejez en *El retrato de Dorian Gray*. Dorian es un joven culto, rico y de una belleza excepcional a quien retratan en un cuadro. Entonces maldice el excelente y atractivo retrato porque cree que algún día le recordará el aspecto que habrá ido perdiendo con la edad. En un ataque de angustia, vende el alma para que sea el cuadro el que soporte la carga del tiempo y la infamia y le permita conservarse joven para siempre. Su deseo se cumple y él no manifiesta signos de envejecimiento, pero el retrato, sí. Sólo con su muerte recupera el cuadro la imagen del joven, mientras que su cuerpo exhibe todas las arrugas. Una cita muy conocida del libro reza: «La tragedia de la vejez no es ser viejo, sino ser joven».

Tal vez Lucille Ball estuviera en lo cierto: «El secreto para mantenerse joven está en vivir honestamente, comer despacio y mentir sobre tu edad».

10
El trato

> La vejez parece mejorar cuatro cosas: es mejor quemar leña vieja, beber vino viejo, confiar en los viejos amigos y leer autores viejos.
>
> Francis Bacon

A la evolución no le interesan los viejos cuando dejan de contribuir a la reproducción o al cuidado de quienes pueden reproducirse. Y, mientras el amor por los niños es universal y está genéticamente determinado porque la reproducción es el cometido de la vida, las actitudes hacia los mayores van de otro modo. El trato que se dispensa a las personas mayores varía de una cultura a otra; incluso dentro de una misma sociedad, la gente no sitúa a los mayores dentro de una categoría claramente definida, y las actitudes hacia ellos son diversas.

La postura ante el envejecimiento y la senectud ha cambiado en gran medida debido al retraso de la edad de jubilación y a que la gente vive y trabaja durante más tiempo, y ya no sabemos qué es la «vejez» en realidad. Un estudio reciente realizado en Reino Unido reveló que, por término medio, la gente cree que la «juventud» suele acabar a los 45 años de edad, y que la «vejez» comienza a los 63 años. Los participantes de más edad opinaron que la juventud se prolonga más y que la vejez comienza más tarde que los encuestados más jóvenes. El grupo de edad más elevada que participó en el estudio situó el comienzo de la vejez a partir de los 70 años, mientras que el grupo más joven estimó el comienzo de la vejez alrededor de los 55. En cuanto al final de la juventud, los participantes más mayores lo situaron a los 57 años, mientras que los más jóvenes lo fijaron en los 37. La valoración de «viejo» y «joven» es tan variable que una persona mayor considera aún jóvenes a quienes tienen 57 años, mientras que una persona más joven estima que a esa edad ya se es viejo. Ahora se envejece más despacio y la gente alcanza la «vejez» más tarde. Esta postura posmoderna ante el envejecimiento refleja la sensación de que, aunque la vejez nos afectará a todos, podemos posponerla si la afrontamos manteniéndonos activos, tanto física como mentalmente. Pero hay muchas opiniones que hacen que quienes envejecen, y en especial las mujeres, se nieguen a desvelar su verdadera edad incluso entre sus amistades.

«Edaísmo implícito» es la expresión que se emplea para aludir a las ideas, los sentimientos y los comportamientos negativos e inconscientes hacia la gente mayor. Becca Levy, cuya investigación indaga en la incidencia psicosocial en la vejez, se centra en cómo afectan los factores psicológicos, sobre todo la percepción de la vejez por parte de individuos mayores, en la cognición y la salud durante la vejez, una percepción que, según afirma ella, «tiende a ser en su mayoría negativa». Podemos comparar esas posturas con las de los indios nambikwara, pobladores de la región sudoccidental de la Amazonía brasileña, quienes tienen una sola palabra para decir «joven» y «bonito», y otra para «viejo» y «feo». En general los mayores no se consideran físicamente atractivos, lo cual tiene sentido puesto que los viejos ya no se reproducen y, desde un punto de vista evolutivo, han perdido toda su belleza; pero pueden servir de ayuda a los niños y la gente más joven, lo cual no exige tener ningún atractivo físico.

No está nada claro que la percepción de la vejez en la antigüedad haya influido en la concepción actual. En la antigua Grecia, Sófocles, Eurípides y Platón siguieron siendo productivos hasta los setenta y tantos años, y propugnaron ideas positivas y respetuosas sobre los ancianos. Pero debemos recordar que en aquella época había muy pocos mayores, ya que la esperanza de vida rondaba los 30 años, y la mitad de las personas nacidas no superaban los diez años de edad. Las enfermedades más mortíferas eran las infecciosas, como la fiebre tifoidea, la viruela, el cólera o la malaria. Así que llegar a los 80 años era excepcional. Muchos griegos consideraban la degradación física debida a la edad una desgracia peor que la propia muerte.

Platón, junto con otros muchos autores de la Antigüedad, tenía una idea positiva sobre la vejez: «La vejez trae una gran sensación de sosiego y libertad. Cuando las pasiones han perdido su fuerza, te libras, como dice Sófocles, no sólo de un tirano furioso, ¡sino de muchos!». Platón también escribió que «Cuanto más desvanece la vejez el disfrute de los placeres físicos, tanto más crecen los deseos y el deleite por los asuntos del intelecto». Hacía hincapié en que los hijos deben respetar a sus padres, y tanto él como Sócrates señalaron que se puede aprender mucho en compañía de los mayores. En Esparta se protegía y veneraba a los mayores, y la política de Gobierno la decidía un consejo de veintiocho ancianos con más de 60 años de edad y elegidos de por vida. Pero había opiniones diferentes.

Aristóteles alababa la juventud, y sus ideas sobre los mayores se oponían bastante a las de Platón: «Porque, por haber vivido muchos años y haber sido engañados mucho más y por haber cometido errores, y porque son malas la mayoría de las cosas, no aseguran nada con firmeza, y dicen en todo mucho menos de lo que conviene». Para Aristóteles, el hombre sólo avanzaba hasta los 50 años, y a partir de ahí se convertía en un charlatán y se quedaba anclado en el pasado. La cultura griega manifestaba abiertamente aversión y repugnancia hacia la vejez. Mucha gente creía que los dioses se llevaban a quienes amaban durante la juventud, y dejaban que los indeseados experimentaran la vejez. Sin embargo, se promulgaron varias leyes griegas que obligaban a los hijos a mantener a sus padres, y se castigaba con severidad a los culpables de maltrato a sus mayores (en Atenas hasta con la pérdida de cargo público).

En la Grecia antigua, Aristófanes fue uno de los primeros en mofarse de la debilidad de las personas mayores en sus obras de teatro. Eurípides también tenía una idea negativa de la vejez; en su obra *Alcestis*, Admeto proclama: «Los ancianos siempre dicen ansiar la muerte, la edad los oprime, han vivido demasiado. ¡Palabras, y nada más que palabras! En cuanto se acerca la muerte ni uno solo quiere irse y la edad deja de pesarles». Tampoco Esquilo era más benévolo en *Agamenón:*

> ¿Qué es un anciano?
> Su follaje se marchita,
> camina con tres pies y
> no más firme que un niño
> vaga como un sueño a mediodía.

El enigma de la esfinge que custodiaba la entrada a la ciudad de Tebas es bien conocido: ¿cuál es el ser, preguntaba, provisto de voz que tiene cuatro patas, dos patas y tres, y es más lento cuantas más patas tiene? Al pasar por allí, Edipo respondió: el ser humano, que primero va a gatas, después camina con dos piernas en la madurez, y en la vejez usa tres porque se apoya en un bastón. Al quedar resuelto el enigma, la esfinge se mató.

El filósofo Cicerón, que introdujo a los romanos en el pensamiento griego, era positivo ante la vejez y celebraba el placer de dedicarse a actividades intelectuales en esa etapa de la vida, como el desempeño de un cargo público, la composición literaria, el aprendizaje de una lengua, y el estudio de la filosofía. Pero también relacionó las dificultades:

> Cuando reflexiono sobre el tema, encuentro cuatro razones por las que la vejez puede parecer amarga: primero, nos aparta de la vida activa; segundo, resta vigor al cuerpo; tercero, nos priva de casi todos los placeres; cuarto, no dista mucho de la muerte.

El poeta romano Ovidio también era poco entusiasta: «Adiós a la risa, al amor feliz y al sueño fácil», y «Tiempo voraz, y tú, envidiosa vejez, juntos destruís todas las cosas». Se ha calculado que un 20 por ciento de los senadores romanos tenían 60 años o más. Tanto Cicerón como Plutarco sintieron al llegar a viejos que no gozaban del respeto que merecían. El dramaturgo romano Plauto creó personajes mayores amables, y en una de sus obras señala que los ancianos deberían evitar parlotear sobre los asuntos públicos o deslizar la mano bajo el vestido de una mujer desconocida. Se ha afirmado que desde el antiguo Egipto hasta el Renacimiento los escritores han tratado el tema de la senectud de un modo estereotipado, mediante comparaciones similares y pocos intentos de ahondar realmente en ella.

El respeto a los mayores era un principio importante en el judaísmo. El Antiguo Testamento dice que debemos cuidar de nuestros padres cuando sean viejos: «Ponte en pie ante el hombre encanecido, honra al anciano y teme a Dios» (Levítico 19:32). De ello se ha interpretado que cuando pase ante nosotros una persona mayor, hay que levantarse en señal de respeto. La vejez quizá sea un modo de premiar a quienes honran a sus padres: «Honra a tu padre y a tu madre para que tus días se alarguen sobre la tierra que Yavé, tu Dios, te da» (Éxodo 20:12). El Corán adopta una visión parecida: «Obra bien con tus padres, aunque a uno de ellos o a los dos les llegue la vejez estando contigo [...] tampoco les reprendas, sino háblales con respeto». Para Buda, nacido en el año 564 a.C., la vejez era un espectáculo de amargura y pesar que había que eliminar. Contra esto, los Upanishads, los textos sagrados del hinduismo, hablan de una senectud activa y alegre.

Como Jesús era joven, puede que los primeros cristianos atribuyeran más importancia a la juventud que a la vejez, y la cristiandad más antigua hizo poco por los mayores, aunque es posible que la construcción de hospitales y asilos los ayudara. En la Edad Media, los jóvenes manejaban el mundo; hasta los papas eran mayoritariamente jóvenes. Hubo excepciones: Carlomagno gobernó hasta los 72 años, y Enrico Dandolo, un dux de Venecia que vivió en el siglo XII, es famoso por su lamentable participación en la Cuarta Cruzada a los 90 años de edad. Pero cuando Carlos V de Francia falleció en 1380 a los 42 años, ya se lo consideraba un anciano.

Las civilizaciones orientales de la antigüedad manifestaban respeto hacia los mayores. La elevada posición de los ancianos en China se debe a Confucio (551-479 a.C.), quien proclamó su superioridad; para él toda la casa debía obediencia al hombre de más edad, quien tenía derecho de vida y muerte sobre sus hijos. Cuando cumplió los 70 años, Confucio dijo: «Podría seguir los dictados de mi corazón sin desobedecer la ley de la moral». Confucio declaró que la piedad filial «... es la raíz de toda virtud, y el tallo del que brota toda enseñanza moral». Los chinos deseaban envejecer, o al menos parecer mayores, debido a los privilegios de los que disfrutaban los ancianos. Cuando se reunían dos personas de distinta edad, la más anciana hablaba libremente y la más joven la escuchaba con respeto, de modo que el hombre joven deseaba envejecer para poder hablar más y escuchar menos. En la vida familiar, la edad confería autoridad. Los jóvenes veían la ventaja de honrar y obedecer a sus padres; hasta la gente de mediana edad podía beneficiarse de la sabiduría de los mayores y sentirse compensada por mantenerlos. Varios proverbios chinos ilustran esta idea: «Para triunfar, consulta con tres ancianos». «Quien no acepte el consejo de un anciano se convertirá algún día en mendigo.» «Las familias que tienen un anciano, tienen un tesoro.» Como consecuencia, en China se señalaba con reverencia el cincuenta cumpleaños de los hombres. Los padres tenían derecho de vida y muerte sobre sus hijos.

Las personas mayores rara vez aparecen en la literatura occidental de la Edad Media, aunque en *La muerte de Arturo*, de T. Malory, el rey supera los cien años de edad, y Chaucer relata con repugnancia la actividad sexual de un anciano en su obra *Los cuentos de Canterbury*. Al parecer, la mayoría de los autores de los siglos XVII y XVIII contemplaban la vejez como un periodo de decadencia física, y consideraban cascarrabias, charlatana y olvidadiza a la gente mayor. *Moll Flanders* (1722), de Daniel Defoe, es una de las primeras novelas que sigue la vida de una mujer hasta que llega a los setenta años, y que revela su gran carácter. Moll llevó una vida escandalosa, pero en sus últimas palabras declara que ella y su marido han decidido «pasar el resto de nuestra vida en sincera penitencia por la vida horrible que hemos llevado». Para Moll, la vejez es un tiempo de alegría y buen humor que nos permite compensar los defectos de toda una vida. Goethe, que escribió *Fausto* a los 65 años, también adoptó una postura favorable:

> Así pues, vivaz anciano,
> no te aflijas;
> a pesar de las canas,
> aún amarás.

Charles Dickens no aceptaba que se comparara la vejez con la niñez, y decía que se parecen tanto como la muerte al sueño. En *La tienda de antigüedades,* el abuelo de la pequeña Nell es muy afable, pero se entrega demasiado a los juegos de azar. Las obras de Victor Hugo tienen muchos personajes mayores con rasgos benignos. En el cuento de Guy de Maupassant titulado «Esto se acabó», un hombre mayor vuelve a encontrarse con una mujer a la que amó, pero queda impresionado por lo mucho que ha envejecido; sólo la hija de la mujer se parece a aquel amor de juventud.

Shangri La es un lugar ficticio que aparece en la novela que escribió James Hilton en 1933 titulada *Horizontes perdidos* y tal vez inspirada en la visita que éste realizó al valle de Hunza en el norte de Pakistán, cuyos habitantes tienen fama de vivir mucho y gozar de buena salud. El ejercicio es una parte importante de su existencia, puesto que las montañas son un terreno extremadamente agreste. Se alimentan sobre todo de frutos y cereales, cebada y mijo. Algunos estudiosos los han descrito como «la gente más feliz de la tierra». Los personajes principales de la novela están recluidos en un monasterio donde los monjes practican una mezcla de cristianismo y budismo, y donde algunos son inmortales.

La novela *Memento mori* que escribió Muriel Spark en 1958 marca el comienzo de un interés constante entre los escritores por lo que V.S. Pritchett llamó «el gran tema eliminado y censurado de la sociedad contemporánea, al que no nos enfrentamos, que consideramos indecente: la vejez». En novelas previas aparecía a menudo el deterioro de la madurez. En *Memento mori,* todos los personajes tienen más de 70 años, la mayoría pasa de los 80, y residen en una clínica geriátrica. La novela se centra en las llamadas anónimas que dicen «recuerda que has de morir». La vejez se presenta como una mezcla confusa de sentimientos, recuerdos e incapacidades que derivan en la muerte: «Me encantaría que me dejaran morir en paz. Pero los doctores se horrorizarían si me oyeran decir esto. Están tan orgullosos de los nuevos fármacos y métodos que han desarrollado para tratarnos... siempre hay algo nuevo. A veces, al ritmo actual de los descubrimientos, temo no morir nunca».

Desde *Memento mori* han aparecido muchas novelas con protagonistas de más de 70 años, pero tratan casi en exclusiva sobre el aislamiento, la impotencia y la decadencia considerados inherentes al proceso de envejecimiento. Las últimas líneas del último relato del último libro de John Updike, *My Father's Tears,* describen a un hombre de setenta y muchos años alzando el vaso de agua que usa para tomarse los medicamentos de la noche (la pastilla para bajar el colesterol, el antiinflamatorio, la pastilla para dormir, el suplemento de calcio) para brindar «por el mundo visible, para mandar al infierno su inminente desaparición del mismo».

Al poeta W.B. Yeats lo enojaba la vejez, la cual reconocía como inexorable, pero su conocido poema es precioso y esperanzador:

Cuando alcanzada la vejez, canosa y somnolienta,
y, amodorrada junto al fuego, tomas este libro,
lo lees sosegada y sueñas con la tierna mirada
que tuvieron tus ojos, y con sus coloridas sombras;
cuántos amaron tus momentos de alegre donaire,
y amaron tu belleza con amor falso o certero,
pero un hombre amó el Alma peregrina que hay en ti,
y amó las aflicciones de tu rostro cambiante;
e inclinándote hacia los troncos en ascuas,
murmuras con cierta pesadumbre cómo huyó el Amor
y anduvo deambulando por los altos montes
y ocultó su rostro entre una multitud de estrellas.

El poema de T.S. Eliot «Little Gidding» es pesimista:

Déjame desvelarte los dones reservados a la vejez
para rematar el esfuerzo de toda tu vida.
Primero, el frío roce de la razón que expira
sin encanto, sin ofrecer ninguna promesa
salvo la amarga insipidez del fruto amargo
cuando el cuerpo y el alma empiezan a partirse en dos.

Un estudio reciente de Age Concern descubrió que la gente mayor suele tipificarse como «afable e incompetente», o «temblorosa pero querida», y la gente joven está estereotipada como más bien fría pero competente. La consideración de la gente joven como más competente que la gente mayor tal vez pueda explicarse porque los fallos de memoria se atribuyen a la pereza durante la juventud, pero a la incompetencia durante la vejez. Un descubrimiento clave logrado por el estudio consistió en que la gente mayor conserva tópicos y valores sobre sí misma que probablemente provengan de prejuicios basados en la edad. Los datos concretos que respaldan esta idea son que la gente de más de 65 años presenta la misma tendencia que el resto de la población a creer en el estereotipo de que las personas mayores son «afables pero incompetentes», y las que pasan de los 75 años son más propensas a aceptar que la competencia desciende con la edad. Las personas con más de 75 años son las menos dadas a querer que la gente mayor adquiera la igualdad de oportunidades. Los resultados generales revelaron que mucha gente se identificaba con su propio grupo de edad y que se sentía muy cómoda perteneciendo a él, pero esto no se da en alrededor de una cuarta parte. Hasta la población mayor tiende a estereotipar su propio grupo de edad. Mientras la gente mayor estaba tipificada como más afable, más admirable y más moral que la gente joven, la juventud se consideraba más capaz. En general, cundía un concepto más positivo sobre el propio grupo de edad, y la mayoría de las amistades de casi todas las personas participantes tenían su misma edad.

En todos los grupos de edad se tiende a aceptar que la gente mayor es admirable en alguna medida, y afable en un grado aún superior. Es más, las personas mayores se consideran a sí mismas con más probabilidades de ser vistas como morales, inteligentes y capaces que grupos más jóvenes. Asimismo se contemplan con menos probabilidades de inspirar lástima o repugnancia. Una idea muy extendida es que debería valorarse y apreciarse a la gente con más de 70 años; existe un consenso casi universal a este respecto. Muchas personas consideran que la igualdad de oportunidades laborales para los mayores aún no ha avanzado lo suficiente. Aunque los niños estadounidenses tienen una idea positiva acerca de las personas mayores de su propia familia, a veces abrigan una idea general negativa sobre la vejez. Una explicación es que los cuentos destinados a los niños más pequeños suelen retratar a la gente mayor como malvada o misteriosa, como la perversa bruja de Hansel y Gretel, y los trasgos maquinadores como Rumpelstiltskin. En términos generales, los niños tienen una percepción afable de la vejez y suelen tener una idea más favorable de los hombres mayores que de las mujeres.

Sólo la cuarta parte de las personas consultadas en un estudio sobre el trabajo consideraron nada probable que la gente de más de 70 años fuera considerada competente en el trabajo, mientras que casi la mitad declaró que la gente menor de 30 años tiene bastantes o muchas probabilidades de serlo. En cambio, otros estudios indican que los trabajadores más jóvenes no suelen ser mejores que los de más edad, a pesar de la percepción generalizada de que sí lo son. Se ha demostrado mediante experimentos que no existe una diferencia significativa entre las capacidades de los trabajadores jóvenes y las de los mayores, de forma que cada grupo rinde especialmente bien o mal en distintas áreas. Se afirma que la menor eficacia de los mayores debida a la merma de las facultades cognitivas se compensa con el perfeccionamiento de sus capacidades debido a una experiencia previa considerable.

La mayoría de la gente se sentiría más cómoda con un jefe bien cualificado de más de 70 años que con uno menor de 30. Casi la mitad cree que las empresas evitan tener empleados mayores por una cuestión de imagen. En general se acepta que una buena manera de reducir los prejuicios y la discriminación entre los grupos mayores y jóvenes consiste en fomentar que ambos grupos de edad establezcan lazos de amistad personal. Sin duda, una buena relación entre nietos y abuelos podría ayudar.

El crítico de televisión A.A. Gill, colaborador del *Sunday Times,* presentó una idea más contundente al describir a los mayores como «los zombis que aparecen al final de la película de terror de nuestra propia casa [...]. Envejecer da tanto miedo en parte porque tratamos muy mal a los mayores, y los tratamos mal porque nos dan miedo [...] ésta es la mayor vergüenza y el mayor horror de nuestra sociedad y nuestra edad».

Los alemanes tienden a contemplar la vejez de un modo mucho más negativo que los estadounidenses, y los estadounidenses se consideran mayores a una edad mucho más temprana que los alemanes. Pero hoy en día en Estados Unidos no se trata a la gente mayor con el respeto y la reverencia a los que estaba acostumbrada en otras épocas previas de la historia. El gerontólogo David Hackett Fischer señala que la literatura de los siglos XVII y XVIII de la América colonial hacía hincapié en el respeto y la consideración hacia los mayores. Sostiene que los mayores se contemplaban con un sentimiento de profundo respeto y veneración, a diferencia de las ideas más modernas. En la actualidad las personas mayores se han convertido prácticamente en marginadas de la sociedad, de forma que muchas viven apartadas de ella, a menudo en complejos residenciales para jubilados o en clínicas geriátricas.

En las sociedades industriales modernas, el énfasis y el valor recaen en los jóvenes, de tal modo que la publicidad va destinada a ellos y los glorifica. Cuando la publicidad se digna contar con el individuo mayor, procura darle un aspecto más juvenil. Los mayores son víctimas de falsas creencias y actitudes irracionales difundidas durante mucho tiempo por los medios de comunicación de masas. Al parecer lo más halagador que se le puede decir a una persona mayor estadounidense es que no «aparenta su edad» y que «no actúa como alguien de su edad», como si tener aspecto de viejo fuera lo más condenatorio del mundo. Pero al menos, para muchos de los mayores «no pasan los años», tal como se nos dice una y otra vez.

Muchas ideas negativas pero influyentes sobre la vejez siguen procediendo de los medios de comunicación, entre ellas las películas y la televisión, así como los libros. En un texto importante sobre la vejez, Simone de Beauvoir escribió:

Es la vejez, más que la muerte, lo que hay que confrontar con la vida. La vejez es una parodia de la vida, mientras que la muerte transforma la vida en un destino: en cierto modo la preserva confiriéndole la dimensión absoluta. La muerte anula el tiempo [...]. Nunca me he encontrado con una sola mujer, ya fuera en la vida real o en libros, que haya contemplado su propia vejez con alegría.

Ella recurre al ejemplo de León Trotski para ilustrar que hasta las señales del cuerpo pueden resultar ambiguas, y existe la tentación de confundir algunas enfermedades curables con la vejez irreversible. A Trotski lo aterrorizaba envejecer y se ponía nerviosísimo cuando recordaba el comentario de Turguénev que Lenin citaba a menudo: «¿Sabes cuál es el peor de los vicios? Tener más de 55». En 1933, cuando él mismo cumplió justo 55 años, escribió una carta a su esposa quejándose de cansancio, insomnio, desmemoria; le parecía estar perdiendo las fuerzas y eso lo preocupaba. «¿Será que la edad ha llegado para quedarse, o no es más que un deterioro pasajero, aunque repentino, del que me recuperaré? Ya veremos.» Afligido, recordaba el pasado: «Añoro con pesar tu vieja fotografía, esa en la que estamos los dos cuando éramos tan jóvenes». Se recuperó de aquello y volvió a dedicarse a todas sus actividades.

En *A conciencia,* John Updike escribió:

A medida que envejezco, siento que tengo la cabeza llena de agujeros donde antes había electricidad y materia, y me pregunto si cuando sea toda ella un agujero sentiré más dolor por la pérdida que ahora. Lo que no sabemos no lo sabemos: al menos en eso los estoicos tienen razón. La ignorancia es una especie de bienaventuranza, y la senilidad, como la ebriedad, molesta más a los espectadores que al portador.*

En un número del año 2000 de la revista *Ageing and Society* [Envejecimiento y sociedad], Elizabeth Markson y Carol Taylor daban cuenta de que habían encontrado 3038 películas estadounidenses realizadas entre 1929 y 1995 y protagonizadas por actores masculinos de más de 60 años de edad que tuvieron al menos una nominación en los Oscar. (Estamos habituados a ver actores masculinos mayores muy conocidos que

* Traducción de Manuel Sáenz de Heredia, publicada por Tusquets Editores, *A conciencia,* col. Andanzas 131, Barcelona, 1990. *(N. del E.)*

doblan en edad a las estrellas femeninas que deben cortejar; es menos frecuente, por no decir desconocida, la situación inversa.) Pero una selección aleatoria de esas películas reveló que, mientras los hombres mayores se caracterizan como «vigorosos, en activo e implicados en amistades de su mismo sexo y en aventuras, ya sean héroes o villanos», las mujeres permanecen «periféricas a la acción o se retratan como señoronas ricas, viudas, madres o solteronas solitarias». Concluyeron que los papeles cinematográficos han permanecido bastante estáticos en cuanto a estereotipos de edad y de género, a pesar de los cambios que se han producido en la sociedad.

Entre las películas más célebres protagonizadas por personas mayores figuran *Fresas salvajes (Smultronstället)* de Bergman, donde se recurre al recuerdo para indagar en el desencanto de un médico de edad avanzada mientras medita sobre su vida y su mortalidad. *Paseando a Miss Daisy (Driving Miss Daisy)* le valió a Jessica Tandy un Oscar a la edad de 80 años por su interpretación de una señora judía y con mal genio del sur de Estados Unidos y la relación que mantiene con su chófer. *En el estanque dorado (On Golden Pond)* estuvo protagonizada por los veteranos actores Henry Fonda y Katharine Hepburn como pareja de edad avanzada que supera desavenencias con una hija distanciada. En tiempos más recientes ha habido películas que han tratado el tema del alzhéimer, en especial *Iris,* basada en la vida de la escritora Iris Murdoch, y *Lejos de ella (Away From Her),* donde Julie Christie interpreta a una paciente que insiste en ingresar en una residencia para mayores, lo que contraría enormemente a su esposo, puesto que no le permiten comunicarse con ella ni visitarla durante un largo periodo de tiempo. Y fue toda una sorpresa que un hombre de 78 años, algo gruñón pero tenaz y afable, protagonizara la película de animación *Up,* que estrenó Walt Disney en 2009. Aquel señor se propuso cumplir el sueño de su vida y contemplar las tierras recónditas de América del Sur; pero no emprende solo su viaje, porque un niño de ocho años, un explorador intrépido empeñado en conseguir la insignia de ayuda a los mayores, se convierte en su polizón. Ambos viven aventuras asombrosas y divertidas, y se topan con perros habladores, un villano malvado y un ave rara. El niño consigue su recompensa.

Estudios realizados en Estados Unidos han desvelado que en los programas televisivos emitidos en franjas horarias de máxima audiencia, sólo el tres por ciento de los personajes tiene 65 años o más, cuando este grupo de edad se corresponde en realidad con el nueve por ciento de la población estadounidense. Los mayores que aparecen retratados suelen ser gente marginada, ridícula o basada en estereotipos. Aún son menos las mujeres mayores que aparecen, aunque en la sociedad hay más mujeres mayores que hombres. La televisión ha reproducido la situación de la gente mayor en series como la estadounidense *Las chicas de oro (The Golden Girls)*, protagonizada por cuatro mujeres que compartían casa y que ganó varios premios Emmy, y la serie británica *As Time Goes By* [A medida que pasa el tiempo], donde Judi Dench y Geoffrey Palmer daban vida a una pareja que vuelve a encontrarse después de un paréntesis de 38 años. Y, por supuesto, está el imponente personaje de la perspicaz detective Miss Marple, creado por Agatha Christie para recordarnos que no toda la gente mayor tiene que permanecer al margen de la acción. En el dilatado serial radiofónico de la BBC titulado *The Archers* [La familia Archer], June Spencer, que aún sigue encarnando a la matriarca Peggy Woolley a sus 90 años de edad, se vio inmersa en un guión sobre la demencia de su marido en la ficción muy semejante a las experiencias que vivió con su marido en la vida real, y Betty Driver aún desempeñaba un papel a los 90 años de edad en *Coronation Street* [Calle Coronation]. La serie televisiva de humor de la BBC titulada *One Foot in the Grave* [Un pie en la tumba] fue tan popular que el personaje principal, Victor Meldrew, se ha convertido en sinónimo de anciano constantemente amargado y cascarrabias.

En política, el prestigio de los mayores varía enormemente de una sociedad a otra. Los regímenes basados en el gobierno de los mayores (gerontocracias) han abundado en los Estados comunistas, donde la cantidad de tiempo al servicio del partido se contemplaba como la máxima cualificación para el liderazgo. En la época de los Ocho Inmortales del Partido Comunista de China, quienes tuvieron mucho poder en la década de 1980, se bromeaba con que «los octogenarios instan a reunirse a septuagenarios para que decidan qué sexagenarios tendrían que retirarse». Por ejemplo, el presidente del partido Mao Zedong tenía 82 años cuando falleció, mientras que Deng Xiaoping mantuvo una poderosa influencia hasta cumplir casi los 90. En la Unión Soviética, la gerontocracia se fue afianzando cada vez más desde la década de 1970 hasta, al menos, marzo de 1985, cuando asumió el poder un joven y ambicioso Gobierno encabezado por Mijaíl Gorbachov.

A la opinión pública no siempre la entusiasman los políticos de edad avanzada. Sir Menzies Campbell tenía 64 años cuando lo eligieron líder del Partido Liberal Demócrata de Gran Bretaña en 2006. Las viñetas de los periódicos lo representaban viejo, calvo, desaliñado y como si tuviera 150 años. Los medios se cebaron en su edad, la que lo convertía, decían, en inaceptable e inadecuado para el puesto; el *Financial Times* proclamó que los líderes tienen que ser jóvenes. No pararon de preguntarle si no era demasiado viejo para el cargo. Él defendió con rotundidad la utilidad de la gente mayor y adujo que su experiencia era muy valiosa, pero se vio obligado a abandonar el cargo. Algo parecido le sucedió a John McCain a los 72 años, cuando muchos lo consideraron demasiado talludito para optar a la presidencia de Estados Unidos. Si McCain hubiera triunfado en la campaña de 2008 se habría convertido, a los 73 años, en el presidente más mayor de la historia de Estados Unidos. Los debates sobre su edad persiguieron a McCain durante aquella carrera fallida, y la gente se acordó de que Ronald Reagan empezó a manifestar síntomas de alzhéimer cerca de los 80 años. Sin embargo, el presidente de Egipto Hosni Mubarak, de 81 años, ha estado en el poder durante 28 años.* Al economista J.K. Galbraith lo irritaba oír a los 87 años comentarios edaístas como «¿Aún trabajas?» o «¿Haces ejercicio?». Le daban ganas de responder a quienes le hacían esas preguntas: «Compruebo que aún estás bastante inmaduro».

Fueron los jóvenes, no los mayores, quienes se beneficiaron en los años sesenta de la prosperidad occidental durante la posguerra. La juventud empezó a desarrollar su propia cultura, y los jóvenes de la década de 1960 no quisieron perder sus privilegios. La venta de cosméticos para ocultar el envejecimiento se multiplicó aproximadamente por diez en Estados Unidos durante ese periodo. El ejercicio físico cobró popularidad, y las mujeres empezaron a negarse a aceptar su estereotipo de vejez. La publicidad centró la atención en la tercera edad, y aparecieron revistas dirigidas a clientes de edad avanzada, pero los mayores quedaron apartados de gran parte de la vida pública. Roger Daltrey cantaba en esos años sesenta un tema que decía «quiero morir antes de envejecer», y Timothy Leary aconsejaba ignorar en el campus universitario a cualquiera que pasara de los 30. Muchos de nosotros, cuando veíamos de jóvenes a los mayores, no creíamos que eso nos fuera a pasar a nosotros.

Una tentativa para desarrollar un antídoto contra la cultura de lo joven es *The Oldie* [La antigualla], una revista mensual que lanzó en 1992 Richard Ingrams, quien había sido editor de *Private Eye* [El ojo privado] durante 23 años. Incluye artículos de interés general, humor y tiras cómicas y a veces se ha considerado un refugio para «viejos y viejas gruñones», una imagen que la propia publicación ha explotado a lo largo de años con consignas como «*The Oldie*: cómprela an-

* Hosni Mubarak cumplió 81 años en mayo de 2009 y tenía esa edad en el momento en que el autor escribió este libro. Su permanencia en el poder se prolongó durante un total de 29 años largos, desde octubre de 1981 hasta febrero de 2011. *(N. de la T.)*

tes de palmarla» y sus mofas sobre la «cultura juvenil» y los absurdos de la vida moderna.

A quienes teman envejecer alentará saber que casi la mitad de los estadounidenses de 65 años o más describen el momento presente, cuando se les pregunta por ello, como «los mejores años de mi vida». Pero al mismo tiempo, muchos de los comentarios emitidos por gente mayor sobre sí misma no se apartan mucho de los tópicos: «La terrible terquedad de mi cuerpo por seguir viviendo me admira»; «¿Qué es lo que quiero? Dinero y una mujer más joven»; «Observo en mí todo lo que solía irritarme de los hombres maduros que he conocido: la desmemoria, el ser repetitivo, obcecado con paquetes y cuerdas, una temblorosa lentitud de movimientos con pequeñas lagunas de desatención [...]. También siento un egocentrismo inocente, un balbuceo absorto que me vuelve ciego y sordo, e indiferente a las tendencias y modas contemporáneas tan cruciales para los jóvenes»; «Cualquier intento de concretar la vida en el más allá, de concebirla siquiera en sus detalles más generales, nos horroriza».

Un artículo reciente aparecido en el periódico *Evening Standard* de Londres y escrito por Tim Lott, quien anda por los cincuenta y tantos, revela actitudes actuales nada atípicas frente al envejecimiento. Señala que el novelista Kazuo Ishiguro, cercano a los 60 años, cree que después de la treintena los escritores ya tienen demasiada edad, y que las mujeres ya se sienten mayores a los 34. Lott reconoce que muchos grandes escritores despuntaron al final de sus vidas, pero dice:

Envejecer tiene sus desventajas: hueles mal, se te desmorona la dentadura, y te das cuenta de que los malos hábitos de los que creías que podrías deshacerte a pura fuerza de voluntad son tan inevitables como tu arrugada piel. Pero el mayor consuelo radica en que todos tus coetáneos se desmoronan exactamente igual que tú. Hasta quienes antes eran estrellas del rock aparecen ahora alegremente en televisión como catadores de pastel de cerdo retirados y con calvas incipientes.

En otro texto dice que la ventaja de ser mayor es que al fin sabes quién eres. Si estás feo, también lo están todos tus contemporáneos. Probablemente también tendrás más dinero.

La organización benéfica WRVS, que cuenta con voluntarios que trabajan para los mayores, descubrió que el 40 por ciento de la opinión pública cree que no hace lo suficiente para ayudar a la gente mayor, el 65 por ciento cree que los mayores representan un aporte positivo para la sociedad, y el 76 por ciento cree que no se trata a la gente mayor con respeto; afirman que los mayores se perciben como inútiles y antipáticos. «Desgraciadamente, los viejos verdes imbéciles envejecen», así fue como se calificó a varios mayores en un artículo periodístico que describía sus actividades en grupo. Otro comentario despectivo parecido y reciente lo encontramos en el listado de las mejores ciudades para vivir de todo el mundo: Viena ocupa el primer puesto en la lista, pero uno de los comentarios negativos es que está llena de ancianas gruñonas envueltas en pieles.

«No puedes enseñarle trucos nuevos a un perro viejo» no es más que uno de los muchos proverbios que existen sobre la vejez. A pesar de la inmensa cantidad de cuentos y proverbios que elogian la sabiduría de la gente mayor e instan a cuidarla, el folclore está repleto de reflexiones de una desconfianza básica hacia la vejez. El temor a lo viejo se refleja asimismo en los cuentos fantásticos de muchos países, en los que las mujeres mayores, incluso las que en un principio parecen amables y bondadosas, suelen convertirse en brujas siniestras. Varios personajes demoniacos, en especial los niños intercambiados y el mismísimo diablo, pierden sus poderes cuando se les tiende una trampa para que desvelen su edad. Los padres no siempre cuentan con recibir en la vejez los mismos cuidados que ellos brindaron previamente a sus hijos. Tal como reza el proverbio: «Un padre alimenta mejor a diez hijos, que diez hijos a un padre».

En un cuento popular irlandés, el padre de un hombre se vuelve tan viejo que ya no sirve para nada más que comer y fumar, de modo que el hombre decide echarlo de casa con nada más que una manta. «Dale sólo media manta», le dice al hombre su propio hijo desde la cuna, «así podré darte yo la otra mitad cuando envejezcas y te eche de casa.» Tras oír aquello, el hombre recapacita rápidamente y permite que su anciano padre se quede a pesar de todo diciendo: «Las buenas obras se malgastan en ancianos y granujas». Otro hombre en la flor de la vida maltrata a su anciano padre; le pega y lo saca de casa arrastrándolo por el pelo. Cuando él mismo llega a la vejez, su hijo lo trata del mismo modo. Un día, el hijo lo saca a rastras hasta cruzar el umbral de la cancela y ponerlo en la calle. «¡Estás yendo demasiado lejos!», grita el anciano. «Yo nunca arrastré a mi anciano padre hasta más allá de la cancela.»

Muchas actitudes hacia los mayores están profundamente arraigadas y se reproducen de una generación a la siguiente. A continuación veremos cómo afecta eso a la manera en que se trata y cuida en la práctica a las personas mayores.

11
El maltrato

> El edaísmo es tan detestable como el racismo
> o el sexismo.
>
> Claude Pepper

Levin von der Schulenburg, un alto cargo de la región del Altmark, se encontraba de viaje en 1580 cuando vio que varias personas conducían a un hombre mayor a algún lugar. «¿Adónde van con ese anciano?», preguntó, y le respondieron «¡A Dios!». Iban a sacrificarlo porque ya no era capaz de ganarse la vida por sí solo. Cuando el alto cargo se dio cuenta de lo que ocurría, las obligó a que le entregaran al anciano. Lo llevó a su casa y lo contrató como portero, un puesto que ocupó durante veinte años más.

El geronticidio (el asesinato de personas mayores cuando dejan de tener alguna utilidad) aparece en los cuentos populares de muchos territorios, pero también ha sido una realidad histórica. Incluso hoy algunas culturas no fomentan la supervivencia de los mayores, y mucho menos soportan su carga continuada. Es excepcional que algunas tribus primitivas veneraran y valoraran a los ancianos. La dureza de la vida y la escasez de alimentos pueden volver los corazones insensibles al trato indulgente con los mayores. Entre los casos más repugnantes figuraban exigencias de matar a las personas mayores en varias sociedades indígenas, como la de los inuit, habitantes del Ártico, donde el último caso ocurrió en 1939. Se desconoce la fiabilidad de estas noticias.

El término *ageism* (vertido al castellano por la Comisión Europea como «edaísmo») se introdujo en 1969 para aludir a una mezcla de actitudes perniciosas frente a los mayores, el fomento de tópicos negativos sobre la vejez, y prácticas discriminatorias contra la gente mayor. Pero, como hemos visto, esta práctica se remonta a tiempos muy remotos. Un comentario sobre prejuicios contra los mayores anterior a la generalización del uso del término lo emitió Max Lerner en 1957: «Es natural que la cultura trate a los ancianos como los últimos restos de lo que antes fue un buen material». El psicólogo Dominic Abrams ha afirmado: «El edaísmo es la variante más extendida de menoscabo que sufre la población británica, y parece mucho más acusada que las relacionadas con el sexo, la raza y la religión: afecta a todo tipo personas». En 1975 Robert Butler describió el edaísmo «como un proceso de estereotipia sistemática y discriminación de la gente mayor debido única y exclusivamente a que es mayor»; y R.C. Atchley lo definió como «una aversión hacia el envejecimiento y la gente mayor basada en la creencia de que la vejez priva a la gente de atractivo, inteligencia, sexualidad, y la vuelve inútil para trabajar, y senil». Según él, la investigación revela que la mayoría de los estadounidenses practica cuando menos un edaísmo leve.

Un buen ejemplo de edaísmo y discriminación por razones de edad en la vida cotidiana de Reino Unido lo representa la edad de jubilación obligatoria, fijada a los 65 años o después, aunque se ha abolido la jubilación obligatoria para los funcionarios públicos. La jubilación anticipada no siempre es buena para el individuo. Más de cien mil personas se han visto obligadas a jubilarse recientemente contra su voluntad, lo que ha complicado sobremanera la vida de muchas de ellas. Esta política, que obligó a retirarse a unos 120.000 trabajadores mayores en 2009, está tirando a la basura miles de millones de libras de la economía nacional cada año. Obligar a más de cien mil trabajadores a salir del mercado de trabajo ha generado un agujero de unos 3500 millones de libras (unos 4000 millones de euros) en pérdidas de rendimiento económico, de los cuales 2000 millones de libras (2500 millones de euros) se corresponden con sueldos perdidos por los propios trabajadores. Pero el Gobierno ha asegurado que acabará con la edad de jubilación obligatoria.

Un estudio aparecido en *The Economist* sobre artículos relacionados con la vejez publicados a lo largo de un periodo de diez años reveló que la mayoría de ellos tenía un concepto eminentemente edaísta de los mayores, considerados una carga para la sociedad y a menudo retratados como débiles contribuyentes. El coste de la atención médica de las personas mayores se considera a menudo insostenible, y las pensiones, una «bomba de relojería» demográfica. A la larga, el aumento de la esperanza media de vida tal vez conlleve un incremento muy notable de la densidad de población, pero también ha reportado grandes beneficios al bienestar económico a lo largo del siglo pasado; estas ganancias se deben al aumento de la esperanza de vida y a la mejora de la salud, y no se restringen a un puñado de personas mayores.

Trabajar al final de la vida puede favorecer una buena salud y el bienestar de la gente mayor, y tal vez suponga una diferencia radical en las finanzas: diez años más de vida laboral pueden doblar el valor de una pensión privada típica. Los magistrados y miembros de jurados no pueden ejercer después de los 70 años, y los trabajadores mayores se consideran sistemáticamente inferiores a los jóvenes, aunque no haya ninguna diferencia significativa en el rendimiento. De hecho, en realidad los trabajadores mayores son más fiables en cuanto al absentismo que los jóvenes. El Reglamento sobre Igualdad en el Empleo (Edad) de 2006 de Reino Unido ha convertido en ilegal la discriminación en el ámbito laboral o en cuanto a formación de las personas por razones de edad. Ningún trabajador debe estar en desventaja en ningún aspecto laboral, como la contratación, incentivos laborales y despido. Pero aún quedan excepciones cruciales, y la más importante de ellas es que esto no se aplica a los mayores de 65 años.

Si para realizar una tarea se necesita de verdad a alguien con una edad determinada, es lícito discriminar para cumplir ese requisito. Un ejemplo sería que un actor tuviera que representar un personaje joven; en este caso sí podría discriminarse a los actores mayores para seleccionar a uno joven.

Pero es ilegal que un empleador discrimine a alguien por tener más de 50 años, a menos que pueda justificar esa decisión, o que se atenga a alguna de las excepciones que contempla la ley. Un ejemplo de discriminación sería el caso de una mujer de 60 años que solicitó un trabajo y consiguió demostrar que estaba mejor cualificada para el puesto que la persona elegida, de 35 años, aunque en el anuncio se especificara que se buscaba a un «encargado joven». El impreso de solicitud preguntaba la fecha de nacimiento. El sueldo y los incentivos deben basarse en las capacidades, no en la edad.

En Estados Unidos, el Acta de Discriminación por Edad en el Empleo de 1967 protege a las personas de 40 años o más de discriminaciones en el empleo por razones de edad. Permite a los empleadores favorecer a los trabajadores mayores por razones de edad aun cuando haciéndolo perjudiquen a trabajadores más jóvenes. Un artículo aparecido en el *Wall Street Journal* sostenía que, como el desempleo aumenta cuando cae la economía, están aumentando las quejas por discriminación por razones de edad. Aunque la jubilación obligatoria se abolió en Estados Unidos, hay ciertos trabajos sujetos a leyes de jubilación forzosa. Es el caso de profesiones demasiado arriesgadas para la gente mayor o de trabajos que requieren unas capacidades físicas y mentales especiales. Algunas de esas ocupaciones son las relacionadas con el personal militar, el cuerpo de bomberos, pilotos de aviación y oficiales de policía. Pero la jubilación no se basa en una evaluación física real de la persona, y por eso mucha gente considera que las leyes de jubilación obligatoria en estas profesiones son una variante de discriminación por razones de edad.

El edaísmo es algo más que una mera actitud negativa hacia la vejez. En ocasiones conlleva la denegación de créditos sin intereses, de una tarjeta de crédito o del seguro para un coche debido a la edad; la prestación de un servicio de menor calidad a la gente mayor por parte de ciertas organizaciones; límites de edad para obtener prestaciones, como un seguro de vida con pensión de invalidez; que un médico decida no derivar a un paciente a un especialista; la pérdida del empleo. La discriminación por razones de edad implica a veces un trato muy negativo que repercute en el modo de vida de la persona afectada.

Un importante estudio bianual con más de dos mil adultos realizado por Age Concern desde 2004 desvela todo el alcance de la discriminación por edad en Reino Unido. En él se ve que el número de víctimas de edaísmo supera en más de tres veces el de las afectadas por cualquier otro tipo de discriminación. La discriminación directa se produce cuando un empleador trata peor a un trabajador que a otros por razones de edad. Tres quintas partes de la gente de 65 años o más creen que la gente mayor sufre una discriminación generalizada por razones de edad, incluso en su puesto de trabajo.

No sorprende, pues, que recibiera tantos apoyos la arremetida de la ministra laborista Harriet Harman contra el edaísmo en una nueva Ley de Igualdad que aún no se ha aprobado, pero que defiende la prohibición de la discriminación por razones de edad en provisión de bienes, instalaciones, servicios y cargos públicos. Una medida así podría convertirse en un hito en la lucha por la equidad en la vejez. Pero, tal como señala Age Concern:

> La ley sólo concede a los ministros el poder de prohibir la discriminación por razones de edad en ciertos puestos si así lo desean. Queremos ver un imperativo legal inquebrantable para introducir nuevos derechos, tanto en el sector público como en el privado. La discriminación por razones de edad en los servicios de atención sanitaria y de asistencia social puede traducirse literalmente en la diferencia entre la vida y la muerte. A la gente mayor se le están negando tratamientos vitales sin ningún amparo legal, tan sólo por su edad. A los mayores se les niegan a diario productos financieros como seguros de viaje sin otra razón que la fecha que figura en su certificado de nacimiento.

Los estudios indican que la mayoría de los estadounidenses practica cuando menos un edaísmo ligero. El International Longevity Center [Centro Internacional de Longevidad] de Estados Unidos descubrió que una mayoría de las personas mayores se queja de ser ignorada o de recibir un trato insensible, impaciente y paternalista por parte de otros por la simple razón de su edad. El resultado puede ser algo más que una mera situación embarazosa. La investigación muestra que los individuos que reciben este tipo de trato acaban a menudo debilitados por una merma de la autoestima y de la confianza en sí mismos, así como con una asistencia sanitaria deficiente. Si bien cerca de un tercio de los participantes en el estudio había sufrido edaísmo en el último año, los que pasaban de 65 y, sobre todo, de 75 años, mostraron menos tendencia que el resto de la población a considerar grave la discriminación por razones de edad.

El ex viceprimer ministro Michael Heseltine afirmó, a sus 76, años que Gran Bretaña se está convirtiendo en una sociedad edaísta que «venera el altar de la juventud», y culpó a la cultura de las noticias ininterrumpidas durante 24 horas de perpetuar los tópicos sobre jóvenes y mayores. Dijo:

> En mi opinión, lo «viejo» es en primer lugar y sobre todo algo maduro, asentado y comprobado, algo que ha superado la prueba del tiempo. Pero percibo que la sociedad en su conjunto, y en especial los medios de comunicación, no lo ven igual que yo.

La rabina Julia Neuberger cree que en Reino Unido se menosprecia a mucha gente mayor y se la hace sentir inútil. Se ha señalado que el edaísmo es peor que el racismo o el sexismo porque apenas se reconoce su trascendencia. La discriminación por razones de edad está poco estudiada en comparación con el racismo o el sexismo; la forma de discriminación considerada más grave es el racismo, y le sigue la discriminación por discapacidad.

El ultraje de los ancianos es el mayor problema del edaísmo. Hasta medio millón de personas mayores podrían sufrir abusos en Reino Unido, según un informe de 2004 de la Cámara de los Comunes. Éste desveló que dos tercios de los casos de atropello se producen en el entorno doméstico de los propios afectados y en forma de abusos sexuales, maltrato físico, extralimitaciones financieras, desatención y un exceso de medicación. Muchos abusos no se comunican porque la gente mayor no se atreve, tiene miedo o siente vergüenza. A menudo el personal encargado de sus cuidados no interviene porque carece de la formación necesaria para identificar los atropellos, o desconoce los procedimientos para informar sobre éstos.

Un estudio del año 2006 dedicado al maltrato y la desatención de la gente mayor en Reino Unido descubrió que en 2005 unas 227.000 personas de 66 años o más, residentes en domicilios privados, denunciaron haber sufrido maltrato por parte de algún miembro de la familia, una buena amistad o algún cuidador profesional. En un tercio de los casos el maltrato provino de vecinos y conocidos. En términos generales, la mitad de los casos de maltrato guardaban relación con la pareja u otro miembro de la familia. En torno al diez por ciento implicaba a un cuidador profesional, y el cinco por ciento a una buena amistad. La mayoría de las personas responsables de maltrato físico, psicológico o sexual eran hombres, mientras que los abusos financieros aparecían más repartidos entre personas de ambos sexos. Tres cuartas partes de los encuestados dijeron que el maltrato en cuestión había ejercido en ellos un efecto grave o muy grave, y que se habían sentido heridos y aislados. Alrededor de un tercio no se lo contó a nadie, pero la mayoría lo habló con la familia, con amigos o con algún asistente social o profesional sanitario. Muy pocos dieron parte a las autoridades locales o la policía.

En los países en vías de desarrollo no existen estadísticas sistemáticas de maltratos, pero los archivos de delitos, las noticias periodísticas, los registros de bienestar social y estudios a pequeña escala contienen indicios de que los abusos, las negligencias y la explotación financiera de los mayores son mucho más comunes de lo que se admite en esas sociedades. Cuentan que el director de un hospital de Kenia comentó: «La gente mayor representa un gran quebradero de cabeza y una pérdida de recursos. El mejor favor que nos puede hacer una organización de personas mayores es mantenerlas fuera de mi hospital».

En el ámbito de la atención sanitaria, el edaísmo representa un problema relevante porque la Red del Servicio Nacional de Salud Mental sólo atiende a gente menor de 65 años. Parece tratarse de un caso claro de discriminación por razones de edad, sobre todo porque la demencia afecta a gran cantidad de personas por encima de los 65 años. Quienes pasan de esa edad reciben servicios de menor coste y calidad que la gente más joven, aun cuando sufren idéntica afección. A los pacientes con más de 65 años se les están negando tratamientos que sí se brindan a gente más joven, bien porque son demasiado caros o bien porque su médico de atención primaria no les habló de ellos.

Hay considerables signos de discriminación de los mayores en el ámbito de la sanidad, donde el personal sanitario no cree los síntomas médicos o clínicos que cuentan los mayores, o los desprecia por considerarlos dolencias normales de su edad. Los pacientes más ancianos de los hospitales llegan a contemplarse como una amenaza financiera: los ven menos como a seres humanos con necesidades sanitarias que como a «bloqueadores de camas» caros e inanimados. En ocasiones, los propios médicos y otros profesionales sanitarios adoptan actitudes, creencias y comportamientos relacionados con el edaísmo en contra de los pacientes de más edad. Se ha descubierto a través de estudios que con frecuencia los médicos no parecen mostrar interés por tratar los problemas médicos de los mayores. Hay indicios de que más de un tercio de los médicos considera erróneamente que la hipertensión forma parte del envejecimiento, y no trata el problema en los pacientes de edad más avanzada.

El aforo habitual de las residencias para personas mayores de Inglaterra asciende a 34, frente a las nueve plazas que suelen tener las residencias para adultos de edades inferiores. Muchos de los propios mayores creen que los médicos tienen peor disposición hacia ellos que hacia pacientes más jóvenes. Menos del diez por ciento de la gente mayor que padece depresión clínica se deriva al especialista de los servicios de salud mental, frente a un 50 por ciento del grupo de adultos de menor edad con problemas mentales y emocionales. Los mayores que han sufrido un derrame cerebral tratados en el Servicio Nacional de Salud de Reino Unido no reciben el mismo grado de atención que pacientes más jóvenes, a quienes se explora con escáner más deprisa y más a menudo. Las alas de salud mental para pacientes mayores en los hospitales son menos limpias, más ruidosas y más violentas que la media.

La rabina Julia Neuberger y muchos otros han abogado por que se legisle contra esta discriminación por razones de edad. Los pacientes de mayor edad tienen menos probabilidades de que se investiguen sus síntomas en su totalidad. Un estudio realizado por la organización Patients Association [Asociación de Pacientes] denunció que algunos miembros del personal de enfermería del Servicio Nacional de Salud de Reino Unido tratan con una crueldad espantosa a los mayores; a algunos los dejan sin comida o bebida, mientras que a otros los obligan a dormir con ropa de cama sucia. Se calcula que ha habido hasta un millón de incidentes de este tipo en los últimos años. Aunque haya intervenciones quirúrgicas u operaciones con índices muy altos de supervivencia para curar su afección, los pacientes más ancianos tienen menos probabilidades que otros más jóvenes de recibir todos los tratamientos necesarios. Se ha señalado que esto se debe a que los médicos temen que los pacientes de más edad no tengan la fortaleza física suficiente para tolerar los tratamientos curativos y hay más probabilidad de que sufran complicaciones durante la intervención que desemboquen en fallecimiento. El tratamiento de la gente mayor suele basarse en planteamientos destinados a controlar la enfermedad, más que a prevenirla o curarla. Miles de personas mayores reciben el alta hospitalaria demasiado pronto.

Algunas fuentes señalan que el edaísmo en el sistema público de salud comienza en las escuelas de medicina, donde empieza a formarse la juventud (a la que, por supuesto, nunca le llegará la vejez). Sólo el diez por ciento de las escuelas de medicina de Estados Unidos exige formarse en geriatría, y menos del tres por ciento de los médicos ha asistido alguna vez a un curso sobre esa materia. En Reino Unido hay algunas escuelas médicas que no enseñan medicina geriátrica. Cuando realmente interaccionan con pacientes mayores durante su labor, los médicos los ven a veces con repugnancia y los describen en términos negativos como «deprimentes» o «locos». En cuanto al uso de escáneres, los mayores tienen unas probabilidades algo menores que la gente más joven de que los exploren con escáner en busca de cánceres o de que les realicen un diagnóstico precoz de su enfermedad.

Fuera del sistema de atención sanitaria, la asociación Help the Aged comunicó que la gente mayor suele decirles que se siente ignorada e infravalorada en su entorno. Hay que dedicar mucha más energía y determinación para llegar a gente a la que rara vez se oye, como las personas mayores aisladas y las que viven en la pobreza. En cambio, y por fortuna, mucha gente muy mayor se mantiene gracias al cariño y los cuidados de familiares y amigos.

Algunas formas de edaísmo se describen como «prejuicios benévolos» porque la tendencia a sentir lástima va unida a la contemplación de los mayores como «afables» pero «incompetentes». Esto se asemeja a los prejuicios que imperan con mucha frecuencia contra las mujeres y las personas discapacitadas. El estudio de Age Concern reveló grandes indicios de «prejuicios benévolos». La cordialidad que se siente hacia la gente mayor implica que en general se acepta que los mayores merecen un trato preferente como, por ejemplo, viajar con descuentos. Pero la percepción de incompetencia se traduce en que la gente mayor se contemple también como «no apta para el puesto» o «un peligro sobre ruedas» cuando no hay ninguna prueba que respalde esas afirmaciones. El prejuicio benévolo también conduce a considerar «natural» que la gente mayor tenga menos expectativas y menor capacidad de elección y de control, y que se tengan menos en cuenta sus opiniones.

Cuando una persona mayor olvida el nombre de alguien, se considera un síntoma de senilidad, pero cuando una persona joven no consigue recordar un nombre, solemos denominarlo un fallo de la memoria. Un periódico informó recientemente de que la actriz Keira Knightley tuvo un «golpe de senilidad» al salir de un avión procedente de Londres, debido a las siete horas de vuelo y una diferencia horaria de cinco horas. Sólo se le había olvidado algo, pero esa expresión representa un ejemplo suave de edaísmo. El empleo de dicha expresión significa que sufrió uno de los problemas que aquejan a los mayores. Yo los conozco más que bien. Pero los jóvenes también olvidan cosas.

Cuando una persona mayor se queja de la vida o de un incidente concreto, se la califica de cascarrabias y difícil, mientras que a una persona joven tan sólo se la considerará crítica. Está bastante extendida la idea de que la gente mayor, a su edad, no aspira a tener las mismas oportunidades en la vida que las que tiene la gente más joven y, por tanto, es «natural» que los mayores abriguen menos expectativas, y se tengan menos en cuenta sus opiniones. Por fortuna, tal como también hemos visto, abunda más el estereotipo de que la gente mayor es moral y admirable, y una inmensa mayoría coincide en que merece ser valorada y apreciada. Pero, aunque la mayoría de la gente crea que las personas mayores deberían tener sin ninguna duda las mismas oportunidades de acceso a la sanidad y la atención, la realidad no suele ser ésa.

El edaísmo también se manifiesta, ya sea de manera implícita o explícita, mediante el empleo de un lenguaje condescendiente con los mayores. Hay muchos artículos edaístas en los medios que a menudo presentan a los mayores como una carga para miembros más jóvenes de la familia y para la sociedad en todo su conjunto. Análisis críticos han señalado que tanto los retratos positivos como los negativos sobre la gente mayor que aparecen en los periódicos pueden caer en el edaísmo.

Los tópicos negativos sobre la gente mayor abarcan desde la imagen hostil de un «abuelete cascarrabias» hasta imágenes menos explícitas. Entre los términos edaístas nada infrecuentes figuran «viejo carroza», «viejo chocho», «vejestorio» y «viejo verde»; hasta la propia palabra «viejo» se usa a menudo como un insulto. El «lenguaje para viejos» alude a un modo de comunicarse con las personas mayores que consiste en simplificar el lenguaje y hablar con un volumen y una entonación exagerados. Esto tal vez se base en ciertas creencias sobre la gente mayor y en la experiencia personal.

La expresión «lenguaje paternalista» describe en concreto dos métodos negativos de comunicación: una cortesía innecesaria y el empleo de oraciones simples y cortas en voz muy alta y lenta, con una tonalidad y un cariz exagerados por parte del hablante para dirigirse a una persona mayor; y el habla infantil, que recurre al tono y el talante habituales para dirigirse a los niños. Estas dos maneras de hablar tienen efectos negativos en los mayores. Los activistas antiedaísmo de Estados Unidos han abogado con firmeza contra el uso periodístico de términos como «viejo», «carroza» o «abuelete», y hasta «*senior*». Recomiendan evitar expresiones como «de cierta edad» y las dos variantes de «viejecita» y «ancianita». El consejo se incluye en una guía sobre cómo informar destinada a los medios de comunicación y publicada por los organismos International Longevity Center [Centro Internacional de Longevidad] y Aging Services [Servicios al Envejecimiento] de California.

Con esta guía se pretende ayudar a los periodistas y publicistas a presentar a las «personas mayores» (el término que ellas prefieren) de un modo «meramente actual y objetivo».

Los autores señalan que el 80 por ciento de los mayores estadounidenses se han visto sometidos a tópicos edaístas. Aunque los nombres y caracterizaciones varían, el mensaje es siempre el mismo: los hombres y las mujeres mayores son incompetentes y les faltan capacidades. Una advertencia para periodistas: «Si hay que identificar a individuos de más de 50 años, se prefiere el empleo de "personas mayores", frente a "ancianos" o "viejos", términos ambos que pueden ser discriminatorios de por sí, puesto que no usamos la expresión "nueva" para referirnos a las personas menores de 50 años. Si fuera relevante para la historia que se cuenta, deberá figurar la edad». Se descarta el empleo de la expresión «edad dorada» para describir el periodo de la vida de un individuo posterior al momento en que pasa a considerarse persona mayor.

Las imágenes, al igual que las palabras, también pueden ser edaístas. En Dinamarca y algunos otros países se han organizado campañas para rebatir la imagen de la gente mayor como obesa o achacosa. En Australia se ha invertido dinero para promocionar la contribución de los mayores a la vida social; en Melbourne, una valla publicitaria proclamaba: «Mira más allá de las arrugas».

Los tópicos y la infantilización de la gente mayor a través de un lenguaje paternalista repercuten en su autoestima y su comportamiento. El edaísmo, a diferencia de la discriminación, tiene consecuencias graves. La exposición a los estereotipos edaístas ejerce efectos negativos en la fisiología y las facultades mentales. Después de oír una y otra vez que los mayores son inútiles, estas personas empiezan a sentirse del mismo modo que las perciben los demás, como dependientes y como miembros que no aportan nada a la sociedad. Ciertos estudios han revelado explícitamente que cuando la gente mayor oye hablar de su supuesta incompetencia e inutilidad, rinde peor en cuanto a competencia y memoria. Estos tópicos negativos se transforman, pues, en profecías autocumplidas. Pero entonces este comportamiento refuerza a su vez los estereotipos actuales y el trato que se da a las personas mayores.

Las actitudes negativas hacia los mayores y los tópicos relacionados con este colectivo aparecen bien pronto en la vida de los niños, incluso de maneras tan simples como, por ejemplo, cuando se elige a una persona joven como compañera en un juego en lugar de una persona mayor.

El edaísmo incide en las profesiones eminentes no menos que en el resto. En una entrevista reciente, el actor Pierce Brosnan, de 57 años, mencionó el edaísmo como uno de los factores que contribuyeron a que no lo llamaran para seguir realizando el papel de James Bond en la película *Casino Royale,* estrenada en 2006. La exitosa cantante y actriz Madonna habló a los 50 años sobre el edaísmo y su lucha para desafiar las normas de la sociedad. La actriz Geena Davis, de 52, se quejó de que no podía conseguir un papel decente debido a su decrepitud. Joan Bakewell, nombrada por el Gobierno como la «voz de las personas mayores», ha criticado a la BBC por desterrar a las presentadoras de noticias femeninas cuando llegan a los 50 años, y por la ausencia en general de caras mayores femeninas. A Arlene Phillips la retiraron del programa *Strictly Come Dancing** cuando cumplió los 66. El periodista John Simpson también se ha quejado de edaísmo en la BBC. Sin embargo, la baronesa P.D. James, novelista de 89 años, puso de manifiesto lo admirables que pueden ser las mujeres mayores cuando entrevistó al director de la BBC en el programa *Today* y, al preguntarle sobre las partidas salariales de sus ejecutivos, lo dejó reducido, según las noticias en la prensa, a un balbuciente despojo. Sin embargo, hace poco un tribunal falló en contra de la BBC por despedir a una presentadora de 53 años.

En la versión estadounidense de *The Weakest Link,*** las

---

* Versión original británica del programa que en España se tituló *¡Mira quién baila!* y que en otros países hispanohablantes se conoce como *Bailando por un sueño. (N. de la T.)*

** Programa de televisión cuyas versiones en España, México y Chile se conocen como *El rival más débil*, y como *El invencible* en su versión argentina. *(N. de la T.)*

decisiones votadas por los concursantes se basaban por término medio en prejuicios contra los participantes de más edad. En la parte del juego donde a los concursantes les conviene votar a los peores, la gente mayor tenía más probabilidades de salir elegida, aunque otros participantes más jóvenes hubieran sido peores. Sin embargo, cuando los concursantes podían beneficiarse eligiendo a los rivales más eficaces para eliminarlos de la competición, tendían a escoger a las personas de más edad, las menos eficaces. De manera inconsciente, los concursantes sencillamente no querían estar rodeados de personas mayores.

A pesar de su efecto negativo en la vida cotidiana de la gente mayor, el edaísmo suele pasarse por alto, ignorarse y hasta agravarse en el ámbito de la sanidad y la atención social. Y hasta hace bien poco no se había reconocido oficialmente que la exclusión social afecta a la gente mayor del mismo modo que a los niños y las familias.

Los consumidores mayores se han convertido en una fuerza de mercado que debe tenerse en cuenta, afirma Age UK, ya que los nuevos datos revelan que la cantidad de dinero que gasta anualmente la gente mayor de 65 años en Reino Unido está a punto de rebasar la barrera de los 100.000 millones de libras (unos 120.000 millones de euros). Pero, no obstante el peso que está adquiriendo este grupo en el mercado de consumo, la gente mayor aún corre el riesgo de quedar excluida de un mercado que se adapta con lentitud a la evolución de una sociedad cada vez más envejecida. Estudios realizados por organizaciones benéficas descubrieron que mucha gente mayor cree que las empresas y los pequeños comerciantes muestran poco interés por las necesidades de consumo de los grupos de mayor edad, y muchas personas aún encuentran obstáculos para acceder a servicios financieros ajustados a las necesidades de clientes más jóvenes.

Hay otras opiniones, más contundentes. La actriz Joanna Lumley declaró: «No pretendo ser desagradable, sólo digo que millones de brujas como yo no deberíamos tener prioridad absoluta de repente por la simple razón de que seamos condenadamente viejas». Pero este encomiable rechazo a pedir privilegios especiales para los mayores no debe impedirnos ver el derecho de los mayores a ser tratados con equidad, o el hecho de que el edaísmo puede derivar en exclusión social, reducir la calidad de vida de la que podría disfrutar la gente mayor y amenazar su salud mental.

12
La asistencia

Joan Bakewell expuso el problema de la atención a los mayores de un modo muy simple:

Es lo que todos esperamos. Disfrutar de nuestros últimos años viviendo en nuestra casa, entre cosas conocidas, no sólo bienes materiales, sino también los recuerdos adheridos al lugar que conocemos. Confiamos en que, cuando nos llegue la hora, haya algún sistema en marcha que nos mande gente amable y bien preparada a casa para visitarnos en las horas convenidas, que nos atienda y ampare, y nos procure la asistencia médica que necesitemos. Probablemente no nos importe demasiado quién nos brinde esos cuidados siempre y cuando sea agradable y profesional. ¿Es mucho pedir?

Por desgracia, parece demasiado recibir. Michelle Mitchell dio una versión más bien negativa cuando era directora de Age Concern:

La soledad, la depresión, la pobreza y el abandono asuelan la vida de millones de personas mayores, y todo indica que para muchas la situación empeora en lugar de mejorar. Las actitudes ante los mayores están ancladas en el pasado, el sistema de atención y apoyo a los mayores está al borde del colapso, y el aislamiento y la exclusión que experimentan han sido ignorados por los sucesivos gobiernos.

El estudio realizado por la Fundación Joseph Rowntree indagó en qué es lo que las personas mayores de hoy consideran necesario para «envejecer amparadas y de manera saludable». La conclusión fundamental es que se precisa valor para afrontar el proceso del envejecimiento, ya sea para luchar contra él o para adaptarse a las limitaciones que conlleva.

Las sociedades actuales no siguen un método único para atender a sus mayores, y las posturas han ido cambiando con el tiempo, pero lo común solía ser que los hijos cuidaran de sus padres cuando envejecían. En la antigua Grecia, aunque había actitudes negativas hacia los mayores, los hijos tenían el sagrado deber de cuidar de sus padres y abuelos, y la legislación griega imponía severos castigos a quienes no cumplían con sus obligaciones. En la antigua Roma, los ancianos tenían grandes privilegios dentro de la familia; los hijos necesitaban tanto el consentimiento del padre como el del abuelo para contraer matrimonio.

El Rey Lear de Shakespeare cuenta una historia estremecedora sobre la desatención de un padre anciano. Lear había imaginado un mundo en el que se seguiría respetando a los ancianos incluso después de que se despojaran de su dinero y poder. Sus dos hijas mayores, en lugar de cuidarlo, hacen todo lo posible para alienarlo y echarlo al monte, sin un techo. «No deberíamos ser viejos antes de ser sabios», le dice a Lear su bufón. ¿Deben los hijos e hijas responsabilizarse de sus madres, padres y abuelos? El tratamiento especial que se da a la vejez en esta obra explica en parte que sea una de las tragedias más conmovedoras de Shakespeare.

Un relato de Tolstói entronca con los apuros de Lear:

Un cuervo trasladaba a sus polluelos, uno a uno, de una isla a tierra firme. Durante el vuelo para transportar al primero de ellos le preguntó: «¿Quién me llevará a mí cuando sea viejo y ya no pueda volar?». «Yo lo haré», respondió el corvato, pero el padre no lo creyó y lo arrojó al mar. Al segundo polluelo le planteó la misma pregunta e igualmente respondió: «Yo te llevaré cuando seas viejo», y el padre también lo dejó caer al mar. El último polluelo se encontró ante la misma pregunta, pero respondió: «Padre, tendrás que defenderte tú solo cuando seas viejo porque para entonces yo tendré que cuidar de mi propia familia». «Ésa es la verdad», dijo el cuervo y llevó al polluelo hasta un lugar seguro.

Las personas de 75 años ya han vivido su vida y muchas se apañan muy bien para cuidar gustosas de sí mismas hasta edades muy posteriores. Casi tres cuartas partes de la gente que pasa de los 65 años en Reino Unido tienen casa en propiedad. Muchos están bien atendidos en su propia casa y en residencias, y bien cuidados por el Sistema Nacional de Salud británico, pero no todos en absoluto. Alrededor del 40 por ciento de las personas que viven en residencias para mayores dicen estar deprimidas. Unos dos tercios de las camas de los hospitales de Reino Unido están ocupadas por mayores de 65 años en todas las alas, y la demencia y la depresión son los trastornos más comunes. Las caídas y la incontinencia también constituyen problemas serios. Es evidente que todo esto es muy caro, y el 40 por ciento del presupuesto de la sanidad pública británica se gasta en enfermedades relacionadas con la vejez.

El envejecimiento dificulta cada vez más la independencia económica. En torno a una persona mayor de cada cuatro necesitará cuidados a largo plazo de alguna clase en los países desarrollados. El antiguo primer ministro de Japón Taro Aso perdió muchos apoyos cuando cuestionó la pertinencia de destinar grandes sumas de dinero a la atención sanitaria de los mayores. Dicen que comentó: «¿Por qué tendría que pagar impuestos para unas personas que se limitan a estar sentadas y no hacen nada más que comer y apoltronarse bebiendo?». En Reino Unido más de un millón de mayores recibe alguna atención social financiada por autoridades locales.

El concepto de atención y amparo para los mayores que necesitan ayuda tiene una larga historia: «El niño será para ti consuelo y amparo en tu vejez, pues te lo ha dado tu nuera, que tanto te ama, y es para ti mejor que siete hijos» (Rut 4:15). También en el Talmud se pide que se acoja a los ancianos, y esas exhortaciones dieron lugar en el siglo XI a la creación de «asilos judíos» en Francia y Alemania para alojar a los mayores. Incluso antes de eso, durante el Imperio bizantino (324-1453), el cuidado de las personas mayores se había brindado en instituciones destinadas a la asistencia social.

La primera casa de beneficencia de Inglaterra la fundó Athelstan, el primer rey de toda Inglaterra y nieto de Alfredo el Grande, en York en el siglo X. Las casas de beneficencia son casas de caridad donde se permite vivir dentro de una comunidad particular a la gente que ya no puede seguir trabajando para pagarse un alquiler, por lo común gente mayor. La legislación para pobres de 1601 (conocida como Poor Law Act) alivió un tanto a las personas demasiado enfermas o mayores para trabajar, los llamados «pobres impotentes», mediante una paga o artículos de alimentación o ropa. Algunas personas mayores se alojaban en casas de beneficencia parroquiales, aunque éstas solían ser instituciones de caridad privadas. La política consistía en acomodar lo mejor posible a ancianos y enfermos, pero incomodar a las personas sanas y capaces en caso de que consiguieran entrar en esos centros. Aquella ley para pobres también creó los asilos llamados *workhouses* («casas de trabajo»), cuyos internos debían salir de ellas para trabajar. Más tarde, en 1834, se promulgó otra ley llamada New Poor Law para endurecer la vida de quienes residían en esas «casas de trabajo», de tal modo que prefirieran vivir en cualquier otro lugar. En 1871 se redujeron las ayudas económicas y se dio por hecho que los hijos mantendrían a sus ancianos padres. En Reino Unido siguen funcionando unas 2600 casas de beneficencia que ofrecen 30.000 viviendas para 36.000 personas.

En Francia, el concepto de casas de convalecencia se desarrolló con el Hôtel-Dieu (fundado por primera vez en el año 651) y el Hôpital de la Charité (del siglo XVII). Las primeras residencias de ancianos de Estados Unidos fueron instituciones benéficas dirigidas por católicos o judíos y creadas en 1842. En 1853 se abrió Charless House, una institución benéfica que funcionó como residencia para los habitantes de San Luis carentes de vínculos sociales. Aunque pretendía amparar a mujeres de todas las edades, acogió sobre todo a mujeres mayores viudas.

A finales del siglo XIX la vejez empezó a verse como una enfermedad. Las «casas de trabajo» eran denigrantes y mucha gente prefería la muerte. Emmeline Pankhurst, eminente sufragista, describió sus experiencias como garante de la Poor Law en su autobiografía *My Own Story* [Mi propia historia]: «Me encontré a la gente mayor de la casa de trabajo sentada en bancos sin respaldo, o banquetas. No tenían ninguna privacidad, ninguna posesión, ni siquiera un armario propio. Cuando asumí el cargo proporcioné a las personas mayores cómodas sillas de estilo Windsor para que se sentaran, y en varios aspectos conseguimos hacerles la existencia más llevadera». En 1947 un comité de la Fundación Nuffield declaró que el carácter de las «casas de trabajo» debía cambiar, y que las personas mayores debían alojarse en casas pequeñas para mejorar su asistencia.

La segunda guerra mundial endureció mucho la vida de las personas mayores. A medida que las familias se desmembraron o perdieron al principal miembro para su sustento, los problemas de los mayores fueron en aumento. La gente no tardó en darse cuenta de que la prestación que brindaba la ley para pobres en aquel tiempo era lamentable. En 1940 se celebró un encuentro entre un grupo de individuos y organizaciones gubernamentales y de voluntariado para debatir cómo podía mejorarse aquella situación, y se creó el Old People's Welfare Committee [Comité para el bienestar de la gente mayor]. Con el nacimiento del estado del bienestar en la década de 1950 empezó a haber dinero en la administración local y central para financiar actuaciones locales con la gente mayor. En 1971 el comité se volvió completamente independiente del Gobierno y adoptó un nombre nuevo: Age Concern. El elevado desempleo de comienzos de la década de 1980 hizo que Age Concern participara en las actuaciones del Gobierno para la creación de empleo y el desarrollo de planes de formación. La organización llamó la atención sobre la situación de trabajadores mayores incapaces de regresar al mundo laboral debido a un desempleo de larga duración o a reducciones de plantilla. En la primavera de 2010 nació Age UK, una nueva organización benéfica que aúna Age Concern y Help the Aged.

La transición del término «ancianos» a «mayores» tal vez se debiera a la Revolución industrial y a la mejora de la salud, lo que incrementó el número de personas mayores. Hubo que revisar la economía para adecuarla a una fracción mayor de la población que ya no formaba parte de la mano de obra en activo. La primera pensión estatal británica se pagó el 1 de enero de 1909, en reconocimiento a las necesidades de los mayores. Pero sólo ascendía a cinco chelines por semana (el equivalente a 19,30 libras actuales —23,60 euros—) y sólo la recibía el medio millón más pobre de personas mayores de 70 años. Sólo podía recibir la nueva paga quien tuviera unos ingresos inferiores a 12 chelines por semana, y el importe de la pensión podía disminuir si se poseían demasiados muebles.

En el sistema actual es bastante complejo calcular la pensión nacional que le corresponde a cada persona. La edad para recibir la pensión estatal es de 65 años para los hombres y, en el caso de las mujeres, irá aumentando desde los 60 actuales hasta los 65 en el año 2020. Para entonces, la edad para cobrar la pensión estatal aumentará desde los 65 hasta los 68, tanto para hombres como para mujeres, entre el año 2024 y el año 2046. Una sola persona con una pensión mínima recibe en la actualidad un máximo de 97,65 libras por semana (algo menos de 120 euros). La prestación denominada «Over 80 Pension» es una pensión estatal destinada a personas de 80 años o más que cobran una pensión estatal baja o nula.

Antes de la segunda guerra mundial prácticamente no se prestaba ninguna atención a la salud mental o física de las personas mayores. La psiquiatría geriátrica no fue reconocida como especialidad por parte del Ministerio de Sanidad británico hasta el año 1989, pero ahora constituye un campo en rápido auge dentro de la psiquiatría. La demencia conlleva a menudo unas necesidades extremas de cuidados, pero quienes la padecen y tienen más de 23.250 libras (unos 28.000 euros) en propiedades y ahorros, tienen que financiarse los cuidados por sí solos. Alrededor de la mitad de todo el gasto hospitalario y de asistencia social de Inglaterra se destina a las personas de 65 años o más. Casi todos los mayores prefieren quedarse en su casa, y eso exige a menudo la ayuda de algún cuidador si no se cuenta con el apoyo de la familia. La preferencia de los mayores por permanecer en su propia casa es casi universal, pero las circunstancias pueden obligarlos a salir de ella. Cada vez hay estructuras familiares más diversas; en Reino Unido aproximadamente un tercio de las personas mayores no tienen hijos que puedan contribuir a su cuidado. Las familias divorciadas y monoparentales también han reducido las familias tradicionales. La relación entre padres que atraviesan la vejez, hijos y parientes cercanos es compleja. Permitir que un mayor viva con la familia obliga a ceder un espacio valioso y a aceptar ciertas interferencias importantes. Cuidar de un mayor con demencia se convierte a veces en una pesadilla. Uno entiende el punto de vista de Agatha Christie: «Me casé con un arqueólogo porque, cuanto más envejezco, más me valora».

Aun así, la implicación de las familias en el cuidado de los mayores es muy elevada. Se calcula que seis millones de británicos cuidan sin remuneración alguna de sus parejas o padres mayores, o de hijos con discapacidad. Eso casi equivale al diez por ciento de la población. Estas personas cuidadoras no reciben prácticamente ninguna compensación económica a pesar de las promesas incumplidas del Gobierno anterior. Rara vez consiguen siquiera una semana de vacaciones. Hay gran cantidad de personas que contribuyen al cuidado de los mayores. Las esposas e hijas tienen más probabilidad de participar en los cuidados, porque los hombres contratan a profesionales en lugar de realizar ellos el trabajo. Más de un millón y medio de las personas cuidadoras pasa de 65 años, y se calcula que 8000 tienen más de 90 años. Cada vez más, los cuidados implican a parejas muy vulnerables en las que se desdibuja la frontera tradicional entre la persona cuidadora y la cuidada. En la actualidad, los ciudadanos y el Estado se reparten los gastos para pagar los cuidados aproximadamente al 50 por ciento. Pero los cuidados pagados se quedan raquíticos en comparación con el volumen de ayuda que brindan las personas cuidadoras no remuneradas, por lo común miembros de la familia. En abril de 2010 el Gobierno laborista británico publicó un libro blanco sobre el cuidado de los mayores que proponía que ningún pensionista tuviera que pagarse una residencia si tenía que pasar en ella más de dos años.

Hasta un tercio de las personas mayores de 85 años necesita ayuda para subir escaleras, y una cuarta parte la precisa para bañarse o ducharse. Tanto el Gobierno central como las autoridades locales quieren que la gente se quede en su propia casa con ayuda, en lugar de acudir a residencias más caras. Esta política tuvo una buena acogida entre los grupos movilizados, pero ahora están cuestionando si se dedica suficiente esfuerzo a regularizar los cuidados a domicilio, y si las autoridades locales están intentando brindarlos a bajo coste.

En todo Reino Unido hay más de 21.500 residencias, clínicas geriátricas y hogares residenciales que ofrecen cuidados a adultos y mayores. En Inglaterra se calcula que medio millón de mayores con discapacidad física vive en residencias u hospitales de estancias prolongadas, y la mayoría de ellos recibe una paga estatal. Las personas enfermas disponen de atención gratuita en el Servicio Nacional de Salud, de modo que es este servicio el responsable de asumir el coste de los cuidados que se precisen en una residencia cuando la «necesidad fundamental» para recibir esos cuidados se base en cuestiones de salud. Pero quienes sólo están delicados y necesitan ingresar en una residencia, tienen que pagársela por sí mismos aunque sus activos sean inferiores a 23.250 libras (unos 28.500 euros). Una plaza en una residencia para mayores de Inglaterra cuesta una media de 24.000 libras al año (más de 29.700 euros), mientras que una plaza en una clínica geriátrica cuesta 35.000 libras de media (más de 43.400 euros). El ingreso de un familiar en una clínica geriátrica intermedia cuesta más que mandar un niño a Eton, uno de los colegios privados más caros del país. Se calcula que la gente mayor paga un total de unos 6000 millones de libras (más de 7000 millones de euros) de su propio bolsillo en cuidados, y que el gasto neto de las autoridades públicas es similar.

En torno a una de cada cuatro personas mayores del mundo desarrollado necesitará cuidados de larga duración de alguna clase, lo que significa una cantidad enorme. En Estados Unidos, la mayoría de los ancianos viven en su domicilio particular; el 90 por ciento vive en su casa y la mayoría está satisfecha con su plan de vida; casi la mitad de las personas mayores de 85 años aún residen en su domicilio. Sólo el cuatro por ciento de las personas de entre 75 y 84 años vive en una instalación residencial con asistencia, y entre los que tienen 85 años o más la cifra asciende al 15 por ciento. Durante décadas, los estadounidenses han dependido de clínicas geriátricas para recibir cuidados en la vejez. Pero a medida que se produce el rápido envejecimiento de la población, los cuidados se desplazan cada vez más de las instituciones al domicilio particular, y esa responsabilidad recae cada vez más sobre las familias, lo que constituye un cambio de inmensas proporciones. Suecia tiene una de las poblaciones más envejecidas (el cinco por ciento tiene 80 años o más) y es curioso que el 94 por ciento de los suecos de más de 65 años aún residan en pisos o casas. Cuando se planifica la construcción de viviendas o de zonas residenciales, los municipios suecos están obligados a garantizar que estén adaptados a las necesidades de las personas mayores y las personas con discapacidad. Otro objetivo adicional es que los servicios comerciales y públicos ofrezcan un acceso fácil para que los mayores puedan seguir viviendo en su casa y cuidándose solos.

En China se considera muy vergonzoso ingresar a un padre o madre en una clínica geriátrica, y muchos mayores viven solos porque no hay más que un hijo por familia para hacerse cargo de sus cuidados. El coste de compartir vivienda con un familiar lo asumen ellos mismos casi en su totalidad, y no el Estado. Esto tiene algunas ventajas, como que los abuelos cuiden de los nietos mientras los padres van a trabajar. China tiene más de 40.000 instituciones dedicadas al cuidado de las personas mayores, con aproximadamente 1,7 millones de camas para una población de 145 millones de personas mayores de 60 años, de las cuales más de dos tercios viven en zonas rurales. La demencia alcanza índices muy elevados en China, de modo que se necesitan muchas más clínicas para mayores. Unos 13 millones de personas de más de 80 años precisan cuidados con urgencia en la actualidad. En torno a un tercio o la mitad de los mayores residentes en ciudades grandes carecen del apoyo de hijos o de sustento.

A los supervivientes del Holocausto, la vejez les plantea un reto enorme. En Israel hay 50.000 supervivientes del Holocausto que viven por debajo del umbral de la pobreza. Tras sobrevivir a Hitler y los nazis, ahora luchan contra un nuevo obstáculo, el proceso del envejecimiento. Muchos son ahora viudos; tal vez se sientan aislados, abatidos, solos y preocupados. La capacidad de cada individuo para bregar con los desafíos de la enfermedad y el envejecimiento se complica con el sufrimiento, el vacío y las privaciones que vivieron durante su cautiverio. El hijo de un afectado declaró: «A mi padre tuvieron que ponerle una sonda nasogástrica porque no podía tragar y no paró de preguntarme "¿Por qué me hacen esto? Me están matando de hambre como hacían los nazis en Auschwitz"».

El 70 por ciento de la asistencia a domicilio que se realiza actualmente en Estados Unidos corre a cargo de empresas privadas. Todos los ayuntamientos tienen la obligación de supervisar que sólo se asignen las compañías privadas cuya competencia puedan comprobar. En Reino Unido la elección de quienes cuidarán de los mayores ha recibido duras críticas recientemente: el Servicio Nacional de Salud ha celebrado una clase especial de subasta para designar las organizaciones que cuidarán de las personas mayores, en especial las que sufren demencia, y se pidió a las candidatas que bajaran los costes y después participaran en subastas inversas, donde se puja a la baja, no al alza, de forma que la oferta más baja es la que consigue el contrato. Elegir la asistencia con este criterio parece inmoral, y una empresa que ganó esa subasta perdió el contrato pocas semanas después por ofrecer unos cuidados deficientes. Para garantizar que se brinda la atención adecuada debería ser obligatoria la comprobación in situ de los servicios que se prestan. Los ayuntamientos también tendrían que insistir en que las personas encargadas de brindar la asistencia tengan una formación profesional. Muchos cuidadores son jóvenes, inexpertos, están mal pagados y tienen que apañarse prácticamente solos. Debería fomentarse que se denuncie a los malos empleados.

También crece la inquietud en relación con el cuidado de los mayores a domicilio después de que hayan trascendido casos de negligencia. Una investigación del programa de la BBC *Panorama* puso de manifiesto una calidad deficiente y numerosas violaciones de la normativa vigente. Se detectaron indicios de que a algunos mayores los dejan solos durante muchas horas; en un caso concreto dejaron sola a una mujer de 89 años durante 24 horas hasta que la encontró su hijo tirada sobre excrementos. Al parecer, los cuidadores profesionales no disponen de suficiente tiempo para prestar la atención adecuada a las personas mayores vulnerables, y los servicios de asistencia se limitan a proporcionar la mínima calidad indispensable de cuidados.

Una propuesta es que se pague a la vecindad para cuidar de los mayores puesto que es gente que ya los conoce, es gente amiga de la persona en cuestión y podría brindarle una atención personal y también prepararle la comida. Gran Bretaña haría bien siguiendo el ejemplo francés y pagando a la gente que se toma unos días libres para cuidar de un familiar o de su pareja con una afección terminal. Las entidades benéficas consideran que el sistema de asistencia está en «crisis» y que el problema sólo se abordará de frente cuando la sociedad acepte que las necesidades de las personas mayores son tan importantes como las de los recién nacidos o los niños con discapacidad. El número de personas mayores de 85 años alcanzará los cuatro millones en Reino Unido en 2051; el último destino de muchas de ellas será una clínica geriátrica o una residencia.

A muchos mayores les desagrada estar en una residencia, así que evitan las zonas comunes y pasan la mayor parte del tiempo en su habitación. Hablar sobre la muerte es tabú. Hay cierta preocupación ante el hecho de que las familias no visiten a los pacientes tan a menudo como deberían. Existe la tradición de que los escolares visiten a los pensionistas mayores que están solos tanto para charlar con ellos como para que los ayuden con los deberes del colegio. Pero es posible que esta práctica no continúe cuando, tanto escolares como pensionistas, tengan que someterse a un examen oficial antes de que se produzcan esas visitas regulares para evitar cualquier forma de maltrato. Es una pena, porque hasta cuando se lleva una pecera a una clínica geriátrica los pacientes se apiñan a su alrededor y crece la conversación. En el Hospital Conmemorativo Toyota, en Japón, se está probando un programa con robots para observar a los pacientes e interaccionar con ellos, y en otros lugares se están desarrollando «robots de compañía» que, según dicen, podrían producir alguna mejoría en pacientes de alzhéimer. Noruega también se está planteando el uso de robots en el futuro para paliar la falta de personal.

El cuidado de los mayores muy enfermos es difícil y estresante en ocasiones. Después de dos derrames cerebrales, un paciente quedó incapacitado para sostener siquiera una taza de plástico para niños, y tampoco puede llegar al timbre para llamar al personal que lo atiende. Mientras su habitación esté limpia y ordenada y tenga claridad, no hay nada que ocupe su mente, ya que no puede ver ni oír lo bastante bien como para leer o ver la televisión, y la conversación es difícil. Su único aliciente son las visitas de su familia, pero pueden pasar días entre una y otra, y son de una brevedad pasmosa. Él grita y llora cuando lo invade la frustración, lo cual no hace más que reforzar el sentimiento de culpa y de impotencia de la familia y su deseo de acortar aún más la visita.

Sir Michael Parkinson, elegido por el Gobierno en 2008 para promover la dignidad en las residencias para personas mayores, describió algunos de los centros que había visto como «poco más que salas de espera de la muerte», y comentó que lo habían consternado las cartas que le habían enviado algunos de los usuarios. Uno le escribió contándole que a su madre la habían dejado completamente desnuda, cubierta de orina y a la vista de cualquiera en una pequeña sala de hospital, mientras que otros se quejaban de que se ignoraba durante tanto tiempo la llamada de los pacientes que éstos se hacían sus necesidades encima. En hospitales y residencias se producen episodios que dejan a las personas mayores sin suficiente comida y bebida y que son «absolutamente demenciales y de una crueldad inconcebible». Parkinson dijo que el personal y la dirección de estos centros culpaban a la burocracia de impedirles brindar una atención más digna.

Hacia el 20 por ciento de las muertes que se producen en Reino Unido tienen lugar en clínicas geriátricas y residencias para mayores. Muchas clínicas geriátricas, con una plantilla escasa y poco preparada, ponen en peligro la vida de sus pacientes. Quienes viven en clínicas geriátricas tienen peores cuidados que los que residen en su casa, porque no reciben medicamentos beneficiosos; apenas se efectúa un seguimiento de las enfermedades crónicas y se abusa de fármacos inadecuados o innecesarios. Ningún estudio ha examinado la calidad global de los cuidados que reciben los pacientes mayores en la asistencia sanitaria primaria de Reino Unido, ni ha valorado la calidad de la atención de acuerdo con pautas convenidas, específicas, a pacientes que residen en clínicas geriátricas, comparada con la de pacientes que viven en su casa. Un ejemplo de problemas lo ofrece el caso de una mujer de 94 años a la que le dijeron que se fuera cuando se quejó de que el perro de la dirección se abalanzaba sobre ella. Ella está delicada y no puede vestirse ni asearse sola.

Los pacientes con demencia y problemas mentales relacionados con ella necesitan un entorno psicosocial más rico de lo habitual, que cubra su necesidad de contacto humano y desarrollo personal. Más de 820.000 personas de Reino Unido viven con la enfermedad de Alzheimer y otras demencias, lo que le cuesta a la economía de Reino Unido 23.000 millones de libras al año (unos 28.000 millones de euros), más que el cáncer y las enfermedades cardiacas juntos. El estudio de la demencia apenas cuenta con financiación, y recibe doce veces menos apoyo que la investigación del cáncer, aun cuando aproximadamente un tercio de nosotros padecerá alguna forma de demencia antes de morir. De momento no existe ninguna formación básica para que los profesionales de la asistencia sanitaria comprendan a la gente aquejada de demencia y trabajen con ella. La demencia no sólo afecta a sus víctimas inmediatas, sino también a otros internos que se ven obligados a compartir sus últimos años con quienes la padecen. Y suponen una gran carga para los profesionales, quienes se ven obligados a atender las necesidades más íntimas de los pacientes. El concepto tradicional de un hogar acogedor para la gente mayor desapareció hace tiempo.

En Inglaterra, más de dos millones de personas de más de 65 años tienen síntomas de depresión, pero, según un informe de Age Concern, a la inmensa mayoría se le niega cualquier clase de asistencia. Las caídas de personas mayores en instalaciones de clínicas geriátricas y hospitales son habituales y pueden conllevar una pérdida de independencia, lesiones y en ocasiones la muerte como consecuencia de la lesión. Las intervenciones efectivas son importantes y tienen unos beneficios significativos para la salud. La prescripción de vitamina D reduce las caídas, al igual que podría hacerlo una revisión de la medicación por parte de un farmacéutico.

Sin embargo, miles de médicos especializados en el cuidado de las personas mayores creen que el Sistema Nacional de Salud británico practica un edaísmo institucional, según indica un estudio. Un tercio de los médicos consideraron que los mayores no deberían someterse a varios tipos de cirugía porque no les serviría durante mucho tiempo. Otro estudio reveló que casi uno de cada tres profesionales de enfermería no confiaría el cuidado de un familiar mayor y malnutrido a la sanidad pública británica. Las personas mayores pasan hambre en los hospitales. La discriminación de los mayores también implica, por ejemplo, largas esperas para operarse de una prótesis de cadera o de rodilla, las más necesitadas por los mayores de 65 años. Un estudio de la British Geriatric Society [Sociedad Geriátrica Británica] elaborado con doscientos médicos descubrió que más de la mitad se preocuparía por los cuidados que recibiría durante la vejez en el Sistema Nacional de Salud británico. El doctor Blanchard, que trabaja en psicogeriatría, me comentó que hay pocos indicios de edaísmo en su área, pero que los próximos recortes económicos probablemente harán que se atienda a esos pacientes en psiquiatría general, y eso puede derivar en discriminación porque el coste de sus cuidados se compara con el de los pacientes más jóvenes.

Síntomas como la fragilidad, la deambulación, el desasosiego, las caídas y la falta de motivación y apetito causan gran angustia tanto en la persona afectada como en sus cuidadores. Un empresario, Gerry Robinson, utilizó dos programas de televisión de la BBC para indagar en las residencias para personas mayores con demencia. Los resultados fueron preocupantes. Los pacientes podían pasar horas sin tener contacto con nadie. Una mujer pidió ayuda a gritos durante media hora antes de que llegara alguien; en otro caso, el cable de llamada estaba fuera del alcance del afectado. La moral de los profesionales estaba muy baja. Robinson sostenía que el compromiso era esencial para los internos y el sistema debía reorganizarse. La atención centrada en la persona es esencial, una atención pensada para cubrir las necesidades del individuo en lugar de las del grupo o los empleados.

El sistema «droga y roba» a las personas que sufren demencia, ya que tienen que pagar un importe cinco veces superior a su pensión para recibir una atención de escasa calidad, sostiene la organización Alzheimer's Society. Más de cien mil afectados por esta enfermedad reciben una medicación equivocada que en realidad empeora su estado, con un coste que supera los 60 millones de libras al año (unos 73 millones de euros). Sólo en torno a una quinta parte de los profesionales de enfermería que trabajan con personas con demencia reciben suficiente formación, o alguna, para trabajar con gente afectada por demencias muy o bastante difíciles. Una historia negativa típica cuenta que el personal dejó un cartel junto a la cama de una paciente con demencia en el que ponía: «Usted no está bien, tiene que permanecer en el hospital. Siéntese, descanse, relájese y no aporree la mesa». Ella no entendía nada y no era capaz de recordar nada durante más de unos pocos segundos. Los pacientes con demencia ocupan la cuarta parte de todas las camas hospitalarias y permanecen hospitalizados mucho más tiempo del que tal vez sería necesario. Esto no sólo cuesta cientos de millones de libras a la sanidad pública, sino que la mayoría de la gente con demencia sale del hospital peor de lo que llegó, y un tercio de las personas afectadas ingresa en una residencia para mayores, incapacitada para volver a su casa.

La familia de una persona con alzhéimer ganó una batalla legal en la que reclamó más de cien mil libras (unos 122.000 euros), en concepto de gastos de residencia para mayores que la administración de la sanidad pública local se negó a pagar, aduciendo que la afección de la paciente no guardaba relación con la salud. Las autoridades sanitarias habían dictaminado que la paciente, que falleció con 74 años, no podía recibir financiación de la sanidad pública porque consideraban su trastorno un problema social, no sanitario. Como consecuencia, se vio obligada a vender la casa en la que había vivido durante treinta años por 170.000 libras (unos 208.000 euros) para pagar la factura de 600 libras semanales (más de 700 euros) de la clínica geriátrica.

La práctica de prescribir una medicación excesiva se basa en el supuesto de que la disminución de la calidad de la salud es un proceso natural del envejecimiento y, por tanto, no sirve de nada prevenir el deterioro inevitable que conlleva la vejez. Este tratamiento médico diferencial de la gente mayor puede tener unos efectos considerables en su salud. Sin embargo, se ofrece inmunización gratuita contra la gripe a todas las personas de 65 años o más, y las mamografías rutinarias para detectar cáncer de pecho se han ampliado a mujeres de hasta 70 años.

Un estudio realizado en Newcastle con personas de 85 años dio una serie positiva de resultados para la atención médica en la sanidad pública. Casi un tercio de la muestra había acudido al ambulatorio en los tres meses previos al estudio. En el año anterior, el 20 por ciento había ingresado durante al menos una noche en el hospital y había pasado, en promedio, un total de siete días en el hospital contando todos los ingresos. Casi toda la muestra había visto a su médico de cabecera durante el año anterior. Tal vez lo más llamativo del estudio fueron los bajos índices de incapacidad en personas que viven con atención asistencial, y la valoración positiva de la salud propia a pesar de los elevados índices de personas enfermas e impedidas. Aunque las mujeres tenían más probabilidad de llegar hasta los 85 años de edad, también eran más propensas a vivir con atención asistencial, a tener mayor número total de afecciones, y mayor prevalencia de muchas de ellas.

Una investigación secreta de tres meses llevada a cabo en el centro Royal Sussex County Hospital por el programa *Panorama* de la BBC, reveló que la atención hospitalaria puede perjudicar a los mayores. En un caso, se deja morir solo a un paciente; a otro paciente lo obligan a esperar horas para ir al servicio; a otra la dejaron horas rabiando de dolor porque no le habían dado la medicación. Margaret Haywood, una enfermera con más de veinte años de experiencia, aceptó infiltrarse en secreto para el programa *Panorama* con una cámara oculta mientras trabajaba como enfermera en un ala del hospital con poco personal durante 28 turnos en un pabellón de agudos. Descubrió que ninguno de los pacientes tenía asignado un protocolo de actuación para sus cuidados. Después de aquello la inhabilitaron para trabajar como enfermera, pero más tarde le redujeron la pena a un año de amonestación.

Un factor medioambiental, el frío, ha sido el responsable del fallecimiento de mucha gente mayor en su domicilio particular. La factura energética media ha aumentado un 80 por ciento desde enero de 2003, y una factura del consumo energético de 1027 libras al año (algo más de 1250 euros) absorbería el 16 por ciento de los ingresos de un solo pensionista. En el invierno de 2004-2005, murieron en Inglaterra y Gales más de 30.000 personas mayores de 65 años debido a enfermedades relacionadas con el frío, y hubo unas 16.000 muertes invernales adicionales entre las personas mayores de 75 años. Como casi la mitad de los pensionistas dejarán de usar la calefacción en invierno por motivos económicos, unos cinco millones de personas de más de 60 años sufrirán episodios de estrés por frío. Reino Unido tiene un número más elevado de fallecimientos hiemales que países europeos más fríos, a pesar de las subvenciones energéticas que ofrece el Gobierno en invierno.

Es muy infrecuente que sea el frío directamente lo que mate a la gente, y la mayoría de esos fallecimientos se deben a enfermedades respiratorias o cardiovasculares. Las muertes también pueden sobrevenir debido a ataques al corazón, derrames cerebrales y afecciones bronquiales u otras, y a menudo ocurren varios días después de la exposición al frío. Las personas mayores son más vulnerables debido a diversas afecciones y, por supuesto, al hecho de que no tengan la casa caldeada. Age Concern calculó que 250.000 viviendas de mayores se han visto arrastradas a la pobreza energética por el aumento de precios. Muchos pensionistas tienen que elegir entre comer o calentarse.

Paul Cann, de la organización benéfica Age UK, afirma:

Para brindar una atención sólida y de una calidad decente a las personas mayores, la dignidad debe ocupar el centro del Proyecto de Ley de Reforma del Sistema Nacional de Salud. En todo momento y en cualquier contexto sanitario, deberíamos paliar las molestias de los mayores, ofrecerles ayuda para tomar decisiones, y tratarlos como individuos y no como números.

13
La adaptación

> La tragedia de la vejez no es ser viejo, sino ser joven.
>
> Oscar Wilde

Por lo común, los hombres y las mujeres del mundo desarrollado viven más ahora que en cualquier otro momento de la historia, un aumento de la esperanza de vida que ha pasado desde unos 25 años hace dos mil años, hasta unos 80 años a comienzos del siglo XXI. El incremento se ha debido sobre todo a los avances en medicina y biología, los cuales nos han dotado de vacunas y antibióticos, y el desarrollo de los sistemas de gestión de residuos, así como un estilo de vida y una nutrición mejores. Todo ello ha conseguido evitar enfermedades infecciosas y parasitarias causantes de muertes prematuras. Pero ahora debemos conocer las implicaciones del incremento de la edad de la población.

En el momento presente sólo el 11 por ciento de la población mundial tiene más de 60 años, pero en los países desarrollados ese grupo de edad ascenderá a un tercio de la población en el año 2050. En los países ricos, uno de cada tres individuos será pensionista y uno de cada diez tendrá más de 80 años. En algunos países occidentales los mayores de 65 años conforman el grupo de edad que más rápido crece. Se prevé que el número de personas mayores de 80 años aumentará un cuatro por ciento en todo el mundo en el año 2050, una cifra cuatro veces mayor que la actual. Las estimaciones actuales sostienen que 700.000 personas de las que ahora rondan los 25 años en Reino Unido vivirán hasta cumplir los cien años. Es más, la mitad de los niños que nacen en la actualidad llegarán a los cien años gracias a un aumento del nivel de vida. Pero seguiremos teniendo el cuerpo agotado. Las personas mayores de 75 años serán muchas más que el número de niños y tendremos lo que algunos denominan la sociedad de los andadores. ¿Cómo se adaptará la sociedad?

Una mayoría cree que el incremento del número de personas mayores no conllevará ninguna diferencia en cuanto a protección, seguridad, nivel de vida, salud o el acceso a puestos de trabajo y a la educación. Pero un tercio de la opinión pública considera que la vida empeorará con el incremento de la población mayor, porque tendrá unos efectos económicos negativos. Vale la pena señalar que en el año 2050 se estima que más de un tercio de los votantes de Reino Unido tendrán más de 65 años y, como los mayores votan más que los jóvenes, podrían tener mucho poder y votar por recibir una asistencia mucho más costosa en la vejez.

David Willets, actual ministro de Ciencia y Educación, ha declarado que el *baby boom* que se produjo entre 1945 y 1965 dio lugar a la generación más amplia y rica que Gran Bretaña haya conocido jamás. Hoy, prosigue, aquellas personas del *baby boom,* ahora en la cúspide de su poder y riqueza, gobiernan nuestro país; gracias a su mero poder demográfico, han modelado el mundo que las rodea para adaptarlo a todas sus necesidades residenciales, sanitarias y financieras a costa de sus hijos. Se han tomado precauciones sociales, culturales y económicas para este sector dominante de la sociedad, mientras que las necesidades de la siguiente generación han quedado relegadas a un segundo término. Pero será la vejez la que tendrá el mayor impacto.

Algunos análisis indican que la mejora de la salud y la longevidad han generado enormes beneficios en bienestar económico. Una estimación del impacto económico de la mejora de la esperanza de vida después de 1970 apunta a que pudo incrementar hasta un 50 por ciento el producto interior bruto de Estados Unidos. Aun así, habrá que abordar problemas económicos profundos.

La publicación *The Economist* ha calificado el efecto económico de una población envejecida como una mecha de combustión lenta. Afirma que el coste de las personas mayores en un país como Reino Unido será más grave en el futuro que esta última recesión. Los mayores necesitan dinero para pensiones, sanidad y asistencia. El presupuesto actual del Gobierno británico para las personas mayores ya asciende a unos 7000 millones de libras (más de 8500 millones de euros), menos del uno por ciento del PIB, pero claramente tiene que aumentar. En la actualidad ya hay miles de millones de libras en prestaciones para personas mayores que no se solicitan. Los últimos años de la vida pueden costar decenas de miles de libras, y la cifra aumenta a medida que avanzamos en edad. En muchos casos, el coste del último año de vida supera el total de gastos generados en años anteriores. Obligar a los trabajadores mayores a retirarse costó a Reino Unido en 2009 una cantidad que se estima en 3500 millones de libras (algo más de 4000 millones de euros) en pérdidas de rendimiento económico. Los planes de pensiones, los esquemas de seguridad social y el concepto de la duración de la vida laboral precisarán una gran reformulación.

El pequeño aumento de la esperanza media de vida que se produce con el paso de los años, y que da lugar a un crecimiento enorme del tamaño de una población, está suscitando mucho debate. Las prácticas reproductivas tendrían que cambiar para evitar la superpoblación. Teniendo en cuenta la escalada del coste asistencial de los mayores, un grupo de Estados Unidos ha defendido que debería haber medidas presupuestarias para proteger a los jóvenes. Se ha afirmado que cualquier avance tecnológico para prolongar la vida debe distribuirse de manera equitativa y no quedar restringido a una minoría privilegiada. Hay quien sostiene que Reino Unido se convertirá en un hogar residencial gigantesco en el que los jóvenes cuiden de los mayores. El debilitamiento de los lazos familiares con el aumento de la movilidad y del divorcio hará que los mayores tiendan menos en el futuro a casarse o a formar parejas de hecho, y habrá más personas mayores que vivan solas; y, como no quieren abandonar su casa, los jóvenes tendrán más dificultad para comprarse una.

Estas cuestiones las planteó Jeremy Lawrence en la revista británica *The Independent*, donde describió el envejecimiento de la población como la mayor amenaza para la sociedad humana: «Ningún ejército invasor, erupción volcánica o plaga jamás concebida rivaliza con el envejecimiento en cuanto a la amplitud o la profundidad de su impacto en la sociedad [...]. El impacto de esta transformación se notará en todos los ámbitos de la vida, entre ellos el crecimiento económico, el mercado laboral, los tributos, la transferencia de bienes, la salud, la composición familiar, la vivienda y la emigración. Y el seísmo del envejecimiento ya está en marcha».

Los países con mayor envejecimiento de la población (es decir, con el porcentaje más alto de personas mayores de 65 años) son Mónaco, seguido por Italia y Japón. En los próximos cuarenta años, la media de edad de la población mundial pasará de 28 a 38 años. Estados Unidos está al borde de una revolución de longevidad. Las personas mayores comprenden el 12 por ciento de la población estadounidense, y se prevé que esa cifra casi llegue a doblarse desde 2005 hasta 2030, y que pasará de 37 millones a 70. En 2030, la población estadounidense de 65 años o más se doblará hasta unos 71 millones de personas en esa franja de edad o, lo que es lo mismo, hasta uno de cada cinco estadounidenses. Entre el amplio espectro de consecuencias debidas al aumento del número de personas mayores en Estados Unidos y el incremento de su diversidad figuran una demanda sin precedentes de la sanidad pública, de servicios para los mayores y de la asistencia sanitaria nacional. Aunque es posible que haya visiones de un pesimismo injustificado sobre lo que se nos avecina, el envejecimiento de la población plantea problemas decisivos. Pero también ofrece grandes ventajas.

Un análisis de las consecuencias del aumento de la esperanza de vida debe incluir las implicaciones económicas del cambio de las estructuras de edad entre la población, sobre todo los cambios en la proporción que hay entre las personas que forman la fuerza de trabajo y quienes están fuera de ella, principalmente niños y ancianos, lo que se conoce como ratio cotizantes/pensionistas (o mediante la expresión inglesa *support ratio*). En las primeras fases del crecimiento de la esperanza de vida, la proporción de la población en edad de trabajar experimenta un aumento significativo, lo que propina un empuje sustancial al crecimiento económico. En cambio, a medida que la gente vive más, esos años adicionales tienen que financiarse, y eso sólo se puede hacer mediante una serie limitada de actuaciones que incluyen trabajar durante más tiempo, aumentar las tasas de la seguridad social u otros impuestos, aumentar la inmigración y reducir el consumo.

Para cosechar beneficios económicos de vidas más duraderas, probablemente habrá que pasar algunos años adicionales de la vida realizando un trabajo productivo. En Reino Unido, una de cada cinco personas con más de 55 años puede contar con trabajar hasta los 70 años de edad, o incluso más, debido a sus recursos limitados. A los 55 años muchos aún tienen una hipoteca y unos ahorros inferiores a 2000 libras (unos 2400 euros). En la Unión Europea hay opiniones muy diversas con respecto a la ampliación de la vida laboral: nueve de cada diez neerlandeses, daneses y finlandeses lo ven positivo, mientras que en Grecia, Portugal, España y Hungría no entusiasma mucho la idea. Tal vez lo sensato sería compensar a la gente joven por tener que trabajar cuando lleguen a mayores permitiéndoles trabajar menos horas semanales a lo largo de toda su vida.

El número de personas que mantienen a los pensionistas está descendiendo, y pasará de las cuatro personas activas por pensionista que hay ahora, a dos personas en activo por cada pensionista en el año 2050. Un problema grave del envejecimiento de las sociedades es que la gente está teniendo menos hijos. El promedio actual global es de 2,6 niños por mujer, mientras que en los países ricos es de 1,6. Una de las razones estriba en que en algunos países ricos las mujeres están teniendo a sus hijos a edades más tardías. Esto significa que está empezando a descender la población. En los países en proceso de envejecimiento, la economía puede contraerse a medida que se retire más gente y haya menos juventud para ocupar su puesto, y es posible que los trabajadores mayores sean menos productivos. Japón tiene una ratio muy baja de cotizantes frente a pensionistas, tan sólo tres a uno, y es probable que en 2050 el número descienda a la mitad. Esos cambios pueden reducir considerablemente el crecimiento económico. En algunos países, la inmigración está cubriendo ese vacío del mercado laboral; otra solución consiste en incentivar a la gente para que tenga hijos, tal como se ha hecho en Francia y Japón. También está el problema de contar con jóvenes suficientes para las fuerzas armadas.

Las pensiones plantean serias cuestiones económicas. La edad oficial de jubilación se ha mantenido idéntica en la mayoría de los países desarrollados a pesar de que la población está envejeciendo. Muchas personas hasta se han acogido a una jubilación anticipada. Las pensiones de jubilación son la partida de gastos más grande de todas las relacionadas con la vejez, y el coste de las pensiones estatales en los países ricos probablemente se doblará en el año 2050 y alcanzará más del 15 por ciento del PIB. Las pensiones de los funcionarios del Estado jubilados en Reino Unido, que se basan en la última remuneración, son muy caras (llegan a consistir en dos tercios del último sueldo). Cada aumento de un año en la longevidad eleva los costes en 1300 millones de libras anuales (unos 1600 millones de euros).

Parte del problema es que ahora los hombres pueden aspirar a tener entre 14 y 24 años de jubilación, muchos más de lo que se había previsto. Los trabajadores de más edad también quieren una carga de trabajo menos onerosa. La decisión del Gobierno británico de abolir la edad de jubilación obligatoria, actualmente fijada en los 65 años, aumentará la cantidad de personas en activo. Retirarse más tarde mejorará las finanzas, pero ¿no privará a los jóvenes de los puestos de dirección? A menos que se tomen medidas urgentes, se calcula que dentro de veinte años habrá un agujero de 6000 millones de libras (unos 7300 millones de euros) en la financiación de la asistencia social. La atención gratuita a domicilio podría costar al Estado más de mil millones de libras (unos 1200 millones de euros). Se está abriendo un agujero financiero muy grande.

La gran incógnita: «¿Es que la población mundial no tiene la edad adecuada?». En algunos países hay demasiada gente mayor, mientras que en otros la población es muy joven. Mientras que el mundo desarrollado se enfrenta a los desafíos de un aumento en el número de ciudadanos mayores, algunos países en vías de desarrollo afrontan el reto de tener una población donde un tercio de la gente tiene menos de 15 años. Ninguna de estas dos situaciones es la ideal, pero el desafío consiste en encontrar la manera de adaptarse para lidiar con las demandas económicas de las discrepancias de edad entre la población.

Según un estudio británico, la mayoría de los individuos cercanos a entrar en la vejez aún no han pensado en qué asistencia tendrán. Yo mismo incurrí en este error. Al menos 13 millones de personas, según el Gobierno, no están ahorrando lo suficiente para jubilarse con unos ingresos decentes. Cada año unas 70.000 personas se ven obligadas a vender su casa para cubrir los gastos de una asistencia prolongada. Cuando se preguntó a la gente qué problemas cree que tendrá a los 75 años, alrededor de la mitad de las personas entre 45 y 75 años se mostraron acertadamente preocupadas por el dinero para recibir una atención prolongada. El Gobierno afirma que las mujeres deben contar con unos gastos medios en asistencia de 40.400 libras (unos 49.500 euros), y los hombres, que no viven tanto, con 22.300 libras (más de 27.000 euros). Quienes padecen problemas serios de salud, como una discapacidad, la enfermedad de Alzheimer u otras formas de demencia tienen derecho por ley a una asistencia gratuita en el Sistema Nacional de Salud, pero las enfermedades de la vejez dificultan cada vez más la independencia económica. Los planes para que casi medio millón de mayores con pocos recursos sigan en su casa costarían 670 millones de libras al año (más de 820 millones de euros), y en las circunstancias económicas actuales esas cifras son delicadas.

La salud de los mayores sigue siendo una cuestión de peso. Los gastos sanitarios en mayores en la Unión Europea rondan un tercio del presupuesto total destinado a sanidad. En Reino Unido, más del 40 por ciento del presupuesto del Servicio Nacional de Salud se destina a personas de más de 65 años. La cantidad estimada de personas que viven en Reino Unido con las secuelas de un derrame cerebral (que afecta sobre todo a gente mayor de 60 años) experimentará un aumento considerable, y el número de gente con demencia crecerá hasta rondar el millón en 2025, lo que supondrá un gran peso para los servicios sociales y las familias. Se prevé que el coste de los cuidados de estas personas crecerá hasta 35.000 millones de libras (casi 43.000 millones de euros). Se producirá un aumento espectacular en la cantidad de gente que vive con cardiopatía coronaria, osteoporosis, osteoartritis y degeneración macular en la vista relacionada con la edad. El tratamiento de todas esas enfermedades es caro, por no decir algo peor. En la actualidad, las personas mayores de 65 años consumen un tercio de todos los fármacos que se usan, aunque sólo ascienden al 14 por ciento de la población. La sanidad pública se enfrentará a una demanda creciente de sus servicios para mayores. Mejorar lo que hay y aumentar la calidad de los servicios requerirá un incremento adicional del tres o el cuatro por ciento por año.

Según el informe de 2008 del Institute of Medicine, más de un tercio de todos los ingresos hospitalarios y recetas de Estados Unidos corresponden a personas mayores, así como más de la cuarta parte de todas las visitas a consultas médicas. La persona promedio de 75 años de edad de Estados Unidos padece tres o más enfermedades y toma un mínimo de cuatro medicamentos. La prestación de un servicio óptimo de atención geriátrica se ha convertido en una prioridad médica y ética costosa. Se afirma que las escuelas de medicina y enfermería están formando a muy pocos profesionales en el cuidado de las personas mayores. Al mismo tiempo, otros trabajadores, como auxiliares de enfermería y el personal de asistencia sanitaria a domicilio, siguen estando poco preparados y mal pagados, según afirman los expertos. El número de médicos especializados en geriatría ha ido decreciendo. El Gobierno estadounidense ha anunciado recientemente una nueva iniciativa para conceder ayudas económicas a la asistencia domiciliaria para mayores y personas con discapacidad.

A pesar de los mejores esfuerzos de cualquier gobierno, el coste de los mayores dejará un agujero financiero. El gasto en el cuidado de los mayores tendrá que doblarse a lo largo de los próximos veinte años para hacer frente al aumento de personas mayores enfermas e impedidas. Antes se creía que el tiempo que los pensionistas pasan enfermos o impedidos se mantendría constante o incluso disminuiría gracias a los avances médicos, pero eso es improbable. En lugar de eso, pasaremos muchos de los años ganados indispuestos y necesitados de cuidados. El aumento de los años con buena salud no sigue el mismo ritmo que la mejora de la esperanza total de vida. El número de personas mayores enfermas, o impedidas, aumentará alrededor de dos tercios a lo largo de los próximos veinte años. Los costes son espantosos.

Unas 700.000 personas de Reino Unido dedican más de cincuenta horas a la semana a cuidar de un familiar, según la organización Carers UK. La falta de instalaciones obliga a un millón de personas a tomarse días libres en el trabajo para cuidar de un familiar enfermo o impedido, mientras que otros seis millones de personas se dedican expresamente a brindar esos cuidados. Se prevé que en el año 2033 el número de personas de 85 años o más volverá a crecer más del doble hasta alcanzar la cifra de 3,2 millones y abarcar el cinco por ciento de la población total, de modo que el número de gente encargada de cuidar a personas dependientes también se disparará. Gran Bretaña se enfrenta a la bomba de relojería del envejecimiento de la población en cuestión de siete años, cuando el número de mayores necesitados de asistencia a tiempo completo superará el número de cuidadores. La asistencia personal gratuita a domicilio existe en Escocia, pero no en el resto de Reino Unido.

Los sistemas de transporte público, sobre todo los servicios de autobuses colectivos, con rutas preestablecidas, se enfrentan a retos importantes para cubrir las necesidades de los mayores de contar con un transporte práctico. Se necesitan aceras más anchas para que las vías y calles sean más seguras para los peatones de mayor edad. Eso podría incluir carriles específicos para sillas de ruedas eléctricas, puntos mejorados para acceder al transporte público y a áreas comerciales, además de rampas especiales o plazas de aparcamiento más amplias para la población mayor. Pero todo eso implica más gastos.

Entretanto, en China también envejece con rapidez una población enorme. En 2050 en torno a la cuarta parte de toda la población china tendrá más de 65 años. Ésta es una de las consecuencias de la política de planificación familiar consistente en «un hijo por pareja» que se puso en marcha en este país hace treinta años. Esto sitúa a China en una coyuntura complicada. Ante una población de 1300 millones de personas (la mayor del mundo y que alcanzará su máximo en 2026 con 1500 millones), las autoridades no se pueden permitir relajar las estrictas políticas de control de natalidad. Pero, si no hay más gente joven, ¿quién mantendrá a los cientos de millones de personas mayores? Se prevé que el porcentaje de personas mayores se triplicará y pasará del ocho al 24 por ciento entre 2006 y 2050 (hasta alcanzar unos 320 millones de individuos mayores). Ahora es casi seguro que la generación china de hijos únicos se verá convertida en adultos dedicados a mantener a dos padres jubilados y cuatro abuelos ancianos y probablemente con muchos achaques. Las autoridades ya están hablando con inquietud del fenómeno 4-2-1. ¿Cómo se soportarán esos gastos?

En Japón había 97 centenarios en 1950; y en 2008, 36.726. Llegar a los cien ya no es el milagro que solía ser. Este país tiene una de las poblaciones más envejecidas; sólo hay 3,4 personas trabajando por cada individuo de más de 65 años, y en el año 2050 esa cifra sólo ascenderá a 1,3 personas en activo, una cifra muy baja y preocupante. ¿Cuadran las cuentas de los pensionistas a medida que nacen menos niños? Japón posee la población que más deprisa envejece del mundo, y es un país muy falto de servicios asistenciales para los mayores. Se ha calculado que se precisarían cien mil cuidadores más para el año 2010; como la recesión ha creado mucho desempleo y hay tres millones de personas paradas, se está intentando formar a muchas de esas personas para cuidar de los mayores.

¿Y qué hay del futuro? La organización benéfica Age UK tiene una agenda para la vejez. Age UK colabora con más de trescientas organizaciones locales, y maneja un presupuesto global que ronda los 400 millones de libras (unos 490 millones de euros), de los cuales unos 250 millones se gestionan en las organizaciones locales. Obtienen unos 50 millones de aseguradoras, otros 50 millones de las tiendas en las que venden ropa y equipos de movilidad, como elevadores salvaescaleras, y unos 50 millones de libras más procedentes de donaciones. Mantuve una conversación con su director general, Tom Wright:

Age UK tiene una concepción muy sencilla que consiste en un mundo donde la gente mayor cobre relevancia. Nuestro propósito es contribuir a mejorar la vida de las personas en su etapa final. Creemos que el envejecimiento de la sociedad es uno de los mayores retos globales, pero también representa una gran oportunidad porque una sociedad envejecida trae consigo décadas de riquezas, experiencias y conocimientos que en el presente no siempre se valoran en su totalidad. Ése es nuestro reto, convertirnos en la mayor organización de Reino Unido centrada en la última etapa de la vida, y nos hemos propuesto lograrlo. Hay cinco áreas importantes: la cuestión monetaria, el bienestar, la asistencia domiciliaria, el trabajo y la formación, y por último el ocio.

En el momento presente, lo más importante es la asistencia. Vivir en casa es uno de los problemas que el Gobierno aún no ha resuelto por completo. Nuestras campañas abordan todas estas cuestiones y nos basamos para ello en estudios rigurosos y en varios centenares de foros con personas mayores de todo el país donde nos enteramos día tras día de los asuntos que afectan a la gente mayor. Y después contratamos a algunos expertos en las diferentes disciplinas, lo que nos permite presentarnos ante el Gobierno y las empresas con un conocimiento inmejorable de los problemas y trabajar con ellos para alcanzar soluciones.

Muchos de los problemas están interrelacionados, pero el cuidado y el bienestar son muy relevantes. El bienestar afecta a la salud, y nuestros estudios revelan que la actividad ayuda con la vejez y previene el deterioro cognitivo y la depresión, además de favorecer que se precisen menos cuidados. El nuevo Gobierno ha tomado nota de muchos de los planes y aspiraciones que le hemos enviado. Antes de las elecciones expusimos a todos los partidos cuáles son las prioridades clave, y el nuevo ejecutivo ha admitido muchas de ellas. Todo indica que entre otras figura la de librarse de la jubilación obligatoria a los 65 años. También debe prevenirse el deterioro de las pensiones estatales. El Gobierno está nombrando una comisión de cuidados para tener en cuenta estos problemas.

Nosotros no nos centramos en las enfermedades que afectan en la vejez, como la demencia o el cáncer, sino en la calidad de vida. Sí trabajamos, en cambio, en el deterioro cognitivo y los cambios que experimentan las facultades mentales. Hay un estudio de cohortes de la Universidad de Edimburgo realizado en Escocia con mil personas de 11 años que se inició en 1947. Trabajamos mucho la incontinencia, que es un tema menos estudiado por otros, sobre todo las infecciones de vejiga que son determinantes para la aparición de la incontinencia. Las pruebas de incontinencia no están lo bastante generalizadas, y la incontinencia también está relacionada con la demencia. Estamos más concentrados en mejorar la vida durante la vejez que en prolongarla. No tenemos una postura firme, ni hacia un lado ni hacia el otro, con respecto a la eutanasia.

Da la sensación de que las personas mayores se encasillan en una caja con la etiqueta «viejos» o «mayores», y hay muchos casos médicos en los que los mayores no reciben la atención necesaria porque su afección se considera relacionada con la edad. Cuando una persona acude al médico y le dice, por ejemplo, que tiene mal una rodilla, es fácil que el facultativo responda «eso es porque es usted mayor», y el paciente aduciría que la otra rodilla está perfecta. Con respecto a la asistencia dentro de la comunidad, la gente joven cuenta con presupuestos mucho más elevados que la gente mayor. A veces no se muestra ningún respeto por la experiencia y los conocimientos de los mayores.

Otro problema importante es que hay más de dos millones de personas mayores que viven en la pobreza. Y muchas de ellas saldrían de esa situación si recibieran los subsidios a los que tienen derecho. Esto se debe en parte a la complejidad del procedimiento y de los impresos que hay que rellenar. La mitad de las personas de más de 75 años viven solas y no tienen a nadie que las ayude con eso. Nos gustaría que el Gobierno les diera lo que les corresponde por derecho de forma automática. Es un terreno complejo.

14
El final

En 1965 el grupo británico The Who cantaba «espero morir antes de llegar a viejo». Durante la juventud, pensamos poco en la muerte, pero cuando nos llega la vejez es casi imposible evitarlo.

No tiene por qué ser algo aterrador, sino una cosa para la que debemos estar preparados. Las personas mayores nos preguntamos constantemente por qué vale la pena vivir. ¿Nos asusta morir? Para morir bien tenemos que mantener el control, saber cuándo y dónde sucederá, contar con cuidados paliativos y tener acceso a una buena atención médica. Parece que a los centenarios se les deja morir con rapidez, pero a las personas de 85 años, no. Las voces bioéticas que critican la investigación para frenar el envejecimiento y lograr una longevidad extrema lamentan que «los mayores» seamos incapaces de aceptar la muerte. El bioeticista Daniel Callahan sostiene que debemos aprender a aceptar la idea «de una vida con una duración natural» que alcanzaría su final en algún instante cercano a los 80 años, porque para entonces seguro que habremos tenido el tiempo más o menos necesario para disfrutar de nuestras facultades creativas, para criar hijos y para experimentar lo que ofrece la vida.

¿Hasta qué punto depende la muerte de la edad? No es raro que el 80 por ciento de los fallecimientos recaiga en personas de 65 años o más. Dos tercios de las muertes que se producen en Inglaterra afectan a personas de más de 75 años. Teniendo en cuenta todas las enfermedades juntas pero excluyendo los accidentes, en el mundo desarrollado, como Reino Unido, el índice de mortalidad a los 80 años de edad es quinientas veces superior al de los 20 años. Esta diferencia no se debe únicamente al envejecimiento de las células, sino a muchos procesos que dependen del tiempo. Por ejemplo, el cáncer atraviesa muchas fases que necesitan tiempo. Lo mismo sucede con muchas otras enfermedades, como las que afectan al sistema sanguíneo y al corazón. Se necesita tiempo para que las venas se obstruyan. Menos de una persona de cada veinte quiere morir en el hospital y, sin embargo, ocurre así con una de cada cinco. De todas las personas que fallecieron en Reino Unido con 65 años o más, alrededor de tres cuartas partes lo hicieron en un hospital o en una residencia para personas mayores. En general se acepta que es preferible una muerte asistida en casa. Tal vez no sea agradable pensar en la muerte, pero la asistencia durante los últimos meses o semanas de una persona debería ser un objetivo fundamental del servicio sanitario. El último año de vida también implica una proporción muy elevada del coste sanitario de mucha gente a lo largo de toda la vida.

El momento de la muerte puede verse influido por varios factores sociales. Quienes cuentan con morir pronto lo hacen, frente a quienes tienen expectativas de vivir más tiempo. Los individuos con edades comprendidas entre los 50 y los 59 años y que proceden de la quinta parte más pobre de la población tienen diez veces más probabilidades de morir antes que sus homólogos de la quinta parte más rica. Éste y otros descubrimientos clave proceden de los últimos resultados obtenidos por el English Longitudinal Study of Ageing. Y en Estados Unidos, las personas mayores con bajo nivel de estudios tienen más probabilidades de morir de enfermedades graves, de quedar impedidas y de tener una calidad de vida baja que los ciudadanos mayores con mejor formación. Asimismo se recuperan más despacio de las hospitalizaciones. Las razones de la mala salud entre estas personas pueden guardar relación con una mayor aversión y desesperanza, y con una mala preparación para conservar la salud.

¿Cómo prepararnos para la muerte? ¿Debemos rebelarnos, como reclamaba Dylan Thomas, «contra el ocaso de la luz», o debemos «adentrarnos dóciles en esa apacible noche»? La ansiedad ante la muerte es un síntoma habitual de actitudes negativas ante la vejez. Para algunas personas, esa ansiedad la provoca el trance de morir, mientras que, para otras, se debe a la incertidumbre de qué es y adónde nos conduce. Hay que tomar muchas decisiones para concluir la vida: las últimas voluntades y, en caso de poder elegir, dónde morir. Es muy importante que los mayores preparen su testamento. Un testamento es válido siempre que el testador lo entienda, y un estado de delirio puede invalidarlo. También se puede hacer un documento de instrucciones previas (también llamado *testamento vital)* para dejar constancia de las decisiones médicas que deberán tomarse con respecto al fallecimiento propio, como que no nos reanimen en caso de caer gravemente enfermos.

La discusión tal vez no sea posible en las etapas finales. Hay que evitar tomar decisiones de última hora si fuera posible: la muerte requiere numerosos preparativos. Hace dos mil años, Séneca escribió: «Mal vivirá quien no sepa bien morir». Esto es mucho más relevante ahora que vivimos mucho más tiempo y que la muerte puede llegarnos mucho más despacio. A la edad de 80 años Churchill dijo que no le importaba morir porque ya había visto todo lo que había que ver. Virginia Ironside también tiene un concepto positivo:

La muerte, como los nietos, es una de las ventajas de la vejez. Después de los 60 llega el momento de familiarizarse con ella. No sirve de nada temerla o asustarse de ella. La gente siempre se pone nerviosa cuando se mueren sus amistades pero, sinceramente, ¿qué esperaban? ¿Que vivieran para siempre? Lo que no quieres es que la muerte te pille por sorpresa, para que no te pase como a la gente que, al ver llegar el coche que la llevará al aeropuerto para iniciar las vacaciones, cae en la cuenta de que ha olvidado incluso empezar a hacer el equipaje. Visita a quienes se están muriendo. Mira cuerpos sin vida. Escribe tu testamento. Enfréntate a ella. Es una aventura.

Carl Jung escribió que «es higiénico [...] descubrir en la muerte una meta por la que luchar; y que achicarse ante ella es algo malsano y anormal que priva a la segunda mitad de la vida de su finalidad». Se ha planteado que recordar que somos mortales puede estimular nuestro despertar espiritual. A Barry Cryer, del programa radiofónico de la BBC *I'm Sorry I Haven't a Clue* [Lo siento, no tengo ni idea], le preguntaron a los 74 años de edad si le tenía miedo a la muerte, y respondió: «No. Me estoy haciendo viejo, pero no es algo real. No significa nada. No me refiero a que me esté autoengañando, sino a que la edad no es más que una cifra. No me asusta la muerte». Woody Allen dijo: «Sencillamente no quiero estar presente cuando suceda».

¿Conduce a la muerte la vejez en sí? Una incógnita curiosa y bastante difícil de resolver es si la gente muere realmente de vejez, y la respuesta parece ser que no. Casi siempre hay una buena explicación médica cuando alguien fallece a una edad muy avanzada porque el comportamiento anómalo de las células y los órganos provoca una enfermedad bien reconocible. No obstante, en los certificados de defunción de Reino Unido puede figurar como causa de muerte la «vejez», y en algunos consta así. Esto concuerda con los incontables casos de abuelos cuyos familiares afirman que «murieron de viejos». Éstos atribuyen a la vejez la muerte de una persona mayor porque no hay ninguna otra razón obvia. En Estados Unidos, en cambio, no hay nadie que haya muerto de viejo desde 1951, el año en que el Gobierno desterró esa expresión de los certificados de defunción. La vida humana tiene una duración limitada pero, en muchos casos, la muerte de las personas mayores se atribuye a la vejez por la sencilla razón de que nadie buscó con seriedad la verdadera causa.

Las autopsias de cuarenta centenarios que fallecieron en casa y parecían bastante sanos descubrieron una causa para cada uno de los casos. A la gente de edad muy avanzada suele abatirla una infección o la rotura de la aorta, el vaso sanguíneo más grande que transporta sangre desde el corazón, y a menudo la muerte sobreviene desencadenada por más de un factor. Aunque nadie muere de viejo, la vejez sí provoca la incapacidad para luchar contra una enfermedad que puede deberse en parte al propio proceso del envejecimiento.

Casi dos mil años atrás, Marco Aurelio comentó: «Hay que contemplar lo humano como algo despreciable y que dura un día: ayer una mucosidad, mañana momia y cenizas». ¿Cuándo empezamos a morir? Tal vez al nacer.

Aun cuando una enfermedad sea la causa última de un fallecimiento, suele ir precedida de una espiral descendente que vuelve a la persona especialmente vulnerable a la muerte. Más de dos tercios de los fallecimientos de personas con más de 85 años corresponden a mujeres aquejadas de enfermedades largas. Los hombres tal vez eviten acudir al médico y son propensos a tener accidentes. Las caídas son una causa importante de incapacidad y de muerte por las heridas sufridas en personas mayores de 75 años en Reino Unido. Las causas principales de fallecimiento después de los 65 años (las cardiopatías y el cáncer) son las mismas en ambos sexos.

Las causas de los fallecimientos han ido cambiando. Las principales causas de muerte en Estados Unidos en el año 1900 eran enfermedades infecciosas, pero en 1940 las defunciones se debían a enfermedades cardiacas, al cáncer y a derrames cerebrales, y en 2004, a cardiopatías y al cáncer. Las cifras son muy similares en los grupos de edad más jóvenes. Desde la década de 1980 se ha producido un descenso en la tasa de mortalidad de las personas mayores de 65 años, pero no ha variado nada en grupos de edad más jóvenes, como los comprendidos entre los 50 y los 64 años. Como hemos visto, el 80 por ciento de las muertes afecta a personas de más de 65 años. Ahora muere más gente como consecuencia de enfermedades crónicas, como cardiopatías, enfermedades vasculares, incluidos derrames, enfermedades respiratorias y cáncer. La gente de mayor edad sufre en ocasiones varias afecciones al mismo tiempo, lo que dificulta la determinación de la causa principal de la muerte. Parece haber poca repercusión genética en la edad de cada fallecimiento, porque hasta los gemelos idénticos presentan diferencias de 14 años, mientras que los no idénticos (o mellizos) diferían en 19 años. Pero, tal y como se comentó con anterioridad, el gen ApoE4, que está relacionado con el desarrollo del alzhéimer, suele estar ausente en gente muy mayor.

En algunos casos se traslada a los mayores a un centro de cuidados paliativos, donde se los ayuda a vivir de la manera más activa posible tras el diagnóstico de que se les acaba la vida, con independencia de cuánto tiempo duren. A pesar de que hacia el 20 por ciento de la gente mayor fallece en residencias para mayores, se ha hecho poco hincapié en las necesidades de los mayores que acaban su vida en estas instalaciones, o hasta qué punto se cubren. Para brindar buenos cuidados en los últimos días de vida, el personal de estos centros necesita apoyo médico externo, sobre todo por parte de los facultativos de medicina general. Sin este apoyo, el alivio de los síntomas puede ser pobre y forzar el traslado de residentes a un hospital o centro de cuidados paliativos para que fallezcan allí. Aunque esto sea lo adecuado en algunas situaciones, también se realizan traslados inapropiados desde residencias para mayores. Esta práctica resulta traumática en ocasiones para los mayores y sus familias. Entre los factores que pueden influir en este proceso se cuentan la falta de planificación, el desconocimiento absoluto de las preferencias de la persona mayor, una relación escasa con el médico de cabecera y la escasez de recursos en la residencia. Varias personas han comentado que sólo la eliminación del tabú de hablar sobre la muerte a lo largo de todas las etapas de la vida permitirá conocer mejor la realidad de la gente que está a punto de morir y de la muerte, mejorar la competencia comunicativa y, en última instancia, brindar un servicio mejor.

Atender a una persona que se está muriendo puede resultar angustioso y muy exigente para quien la cuide, aunque sea de la familia y, en caso de enfermedad crónica, la situación puede prolongarse un largo periodo de tiempo. Si la demanda de personas cuidadoras es demasiado grande, la organización de los cuidados de la persona moribunda puede colapsarse. Desde un punto de vista práctico, esto significa que la persona en cuestión tal vez no pueda terminar sus días en su casa, aunque sea ése su deseo. Los cuidadores necesitan información y apoyo tanto práctico como psicológico. Los profesionales deben coordinar la atención que prestan tanto a la persona que se muere como a sus cuidadores. Aunque la distancia en la esperanza de vida entre mujeres y hombres se haya acortado, las mujeres siguen teniendo más probabilidades de sobrevivir a los hombres. De modo que es mucho más común en las mujeres que en los hombres la experiencia de pasar la aflicción de la pérdida y tener que arreglárselas en soledad, y es probable que siga siendo así en el futuro. No es atípico que una mujer cuyo esposo estuvo en una residencia desarrolle sentimientos de culpa, tristeza, vergüenza, amor y resentimiento por continuar con vida.

Aunque tres cuartas partes de la gente preferiría morir en casa, las personas que han perdido a un ser querido recientemente, y por tanto han vivido de cerca la experiencia de la muerte, tienen una tendencia ligeramente mayor a preferir que las ingresen en un hospital de cuidados paliativos. Existe una relación claramente inversa entre dónde dice la gente que quiere pasar los últimos días de su vida, y el lugar donde muere en realidad. Se dan unas diferencias considerables entre los distintos países europeos en cuanto al lugar donde fallece la población, de forma que los mayores índices de defunciones en hospitales se dan en Inglaterra y Gales. Esto insta a pensar que la organización de los servicios es bastante relevante a la hora de determinar las opciones que puede considerar la gente.

Los profesionales sanitarios deben garantizar que la gente mayor que desee información sobre su diagnóstico y pronóstico la reciba con delicadeza y de un modo adecuado. Los mayores que así lo deseen deberían tener la oportunidad de opinar sobre sus últimos días y su muerte. La gente que atraviesa las últimas fases de la vida debería poder elegir dónde desea morir y el tratamiento que desea tener, con independencia del diagnóstico. Si la persona en cuestión no está en condiciones de decidir, por pérdida de facultades mentales, debería decidirse teniendo en cuenta lo mejor para su interés y consultando a gente próxima a ella.

Las personas mayores también se suicidan, pero no tienen más pensamientos suicidas que los jóvenes (el planteamiento suicida es más común en el grupo de edad de los 25 a los 44 años, aunque el sentimiento de desesperanza es frecuente entre los mayores). Las actitudes edaístas también se perciben en el lenguaje empleado para describir el suicidio de las personas mayores, el cual suele calificarse como heroico más que como trágico. Entre las formas indirectas de autodestrucción figura el rechazo a recibir tratamiento o alimento, y se da sobre todo en residencias para mayores o clínicas geriátricas. Los episodios de autolesión suelen estar relacionados con intoxicaciones. Los hombres mayores se suicidan más que las mujeres. La investigación ha descubierto que más de la mitad de la gente mayor que se quita la vida sufría depresión en el momento del fallecimiento. Los hombres de más de 75 años tienen el índice más alto de suicidio de todos los grupos. Para algunas personas, la muerte es una bendición cuando el sufrimiento es grande y no hay esperanza de mejoría. Un estudio reciente ha identificado enfermedades que en ocasiones incrementan el riesgo de suicidio. La depresión, el trastorno bipolar (enfermedad maniaco-depresiva) y el dolor intenso (pero no la demencia) iban asociados al mayor riesgo de suicidio. Sin embargo, otras enfermedades crónicas diversas, entre las que figuran la insuficiencia cardiaca congestiva y la neumopatía crónica, también estaban asociadas a un mayor riesgo de suicidio. Los investigadores también descubrieron que el tratamiento de múltiples enfermedades estaba muy relacionado con un riesgo mayor de suicidio, y que la mayoría de los pacientes que se habían suicidado habían visitado a un médico durante el mes previo al fallecimiento, y en torno a la mitad lo había hecho durante la semana anterior.

En el libro titulado *Cómo morimos,* Sherwin Nuland da una descripción detallada de un amigo suyo con alzhéimer y los graves efectos que produjo en su esposa. Tras el fallecimiento del marido, ella escribió: «Y cuando murió, me alegré. Sé que suena horrible que diga eso, pero me sentí feliz cuando se libró de su degradante enfermedad. Yo sabía que nunca sufrió, y sabía que no tenía ni idea de lo que le estaba sucediendo, y yo lo agradecía». Una amiga me habló sobre su madre, de 96 años, y el marido de ésta, de 92 años. Él estaba completamente ciego y tenía dificultades para subir escaleras. Ella veía mal pero se dedicaba en cuerpo y alma a cuidar de él, y decía que él había cambiado tanto que no se parecía en nada a la persona que había amado, y que una muerte apacible del marido sería con mucha diferencia lo mejor para ambos. Eso es, afortunadamente, lo que sucedió. La muerte puede ser un alivio y esto nos conduce a plantearnos la muerte asistida o la eutanasia.

¿No sería mucho más preferible la eutanasia voluntaria que el suicidio? La eutanasia consiste en acabar con la vida de alguien de manera intencionada mediante un método no doloroso y en el supuesto beneficio de esa persona. Por lo común se da por supuesto que se cuenta con el consentimiento del individuo en cuestión, y hasta con su deseo. Pero hay diferencias sutiles que pueden tener implicaciones legales. La eutanasia voluntaria se produce cuando la muerte acaece con el consentimiento del paciente, y es diferente de los casos en los que al paciente ni se le pregunta ni se le pide conformidad. También difiere la eutanasia activa de la pasiva, de forma que la primera implica una inyección letal, mientras que la última supone el mero uso de fármacos o la retirada de la medicación. El suicidio asistido consiste en que el paciente ejecute el último paso y otra persona le brinde los medios para acabar con su vida. En la legislación vigente en Reino Unido, la eutanasia está clasificada como asesinato, pero no se han perseguido casos recientes de eutanasia voluntaria. El suicidio asistido es legal en Holanda, Suiza y los territorios estadounidenses de Oregón y Washington. Me cuesta aceptar la prohibición de la eutanasia voluntaria o del suicidio asistido para las personas enfermas terminales: no puedo aprobar las razones que se aducen.

En la Grecia y la Roma antiguas, la eutanasia era una realidad cotidiana para mucha gente que prefería morir voluntariamente a sufrir una agonía interminable. Sin embargo, la minoría de galenos que pertenecían a la escuela hipocrática se opusieron a esta aceptación generalizada. El ascenso del cristianismo reforzó la postura hipocrática frente a la eutanasia y culminó con una oposición firme de los médicos a la eutanasia. Las propuestas de eutanasia reaparecieron en el siglo XIX con la revolución en el uso de anestesias. En 1870 Samuel Williams propuso por primera vez el empleo de anestésicos y morfina para acabar intencionadamente con la vida de un paciente. La propuesta generó mucha controversia dentro de la profesión médica, sobre todo en relación con el grado de autonomía que debía darse a los médicos.

Los mayores pueden estar expuestos a una eutanasia encubierta con el procedimiento denominado Liverpool Care Pathway [Protocolo de Cuidados de Liverpool]. Con los pacientes que supuestamente sufren una enfermedad terminal y que se consideran a punto de morir, los médicos están autorizados a retirar la hidratación y los fármacos, lo que permite al paciente, sometido a una sedación continua, tener una muerte apacible. Parece un método atractivo pero despierta cierta inquietud porque bajo sedación no se puede detectar mejoría en la afección del paciente, y los doctores que intervienen no son expertos en geriatría. Está claro que es difícil tomar la decisión de retirar el tratamiento, pero hacerlo puede reducir enormemente el sufrimiento tanto del paciente como de sus familiares.

El «geronticidio» (la eutanasia involuntaria) es el término que se emplea en la actualidad para nombrar el asesinato deliberado de las personas mayores por la simple razón de que son mayores. Cuentan que Julio César dijo que los romanos mataban a los ancianos que querían morir porque la sociedad estaba entregada a la batalla, y morir de vejez era vergonzoso. En algunas sociedades no industrializadas era una práctica habitual, y algunas comunidades agrícolas o nómadas con pocos recursos optaban por sacrificar a los ancianos. No es infrecuente que familiares y amigos contemplen estas acciones como gestos misericordiosos, y a veces las personas mayores los han agradecido y hasta demandado. En las comunidades de cazadores-recolectores es menos probable que se cuide de los mayores cuando pierden capacidad para conseguir su propio alimento. Los aborígenes de Australia enterraban a los ancianos en un agujero hasta que sólo les asomaba la cabeza, y así los dejaban morir. Una costumbre de la tribu dinka de Sudán consistía en enterrar vivos a los mayores. Los bosquimanos de África valoraban a los mayores por sus conocimientos y experiencias, pero cuando perdían capacidades los abandonaban y hasta los montaban en un buey para enviarlos a morir a una choza lejana. Los indígenas yamana de Tierra del Fuego cuidaban de los ancianos, pero, cuando llegaban a la conclusión general de que estaban desahuciados, los ejecutaban. Lo mismo sucedía entre los koryak del norte de Siberia. En algunas partes de Japón existía la costumbre de celebrar una fiesta ceremonial cada tres años seguida por la deportación de los ancianos a un monte sagrado para que murieran allí. Hasta tiempos recientes, ciertas comunidades expulsaban a las personas mayores de su comunidad.

John Humphrys, presentador del programa radiofónico de la BBC *Today,* no consigue perdonarse a sí mismo su incapacidad para ayudar a morir a su padre. Él oyó los gritos de su anciano padre en los confines de un hospital mental. ¿Habría hecho algo mal, se pregunta, si lo hubiera ayudado a morir, o si lo hubiera matado él mismo? Cuando lo entrevisté me comparó al rico que quiere acabar con su vida y puede acudir a Dignitas en Suiza, con una anciana pobre y enferma que no cuenta con ayuda de nadie. Señala lo terrible que puede ser para la familia alguien con un alzhéimer severo. Miles de personas le escribieron cuando comentó la angustia que sintió tras la muerte de su padre, y con posterioridad escribió un libro a favor de la eutanasia. En su libro titulado *The Welcome Visitor: Living Well, Dying Well* [La grata visita: vivir bien, morir bien], John Humphrys y Sarah Jarvis sostienen que nuestra actitud ante la muerte y el modo en que la afrontamos deben ir cambiando a medida que vivimos mucho más. Debemos planificar nuestro fallecimiento de forma que nos cause el mínimo de dolor y angustia. Podemos firmar un documento de instrucciones previas, de manera que si sufrimos un derrame fatal o cualquier otra afección muy grave no nos reanimen. Desde que se publicó este libro, un caso en el Tribunal Supremo y nuevas pautas judiciales han favorecido que la familia tenga menos probabilidades de temer a la justicia en el futuro. Yo creo que debería apoyarse la eutanasia y es injusto que los familiares o cuidadores que llevan a un paciente a Dignitas en Suiza para que pongan fin a su vida deban ser procesados.

La baronesa Mary Warnock, defensora de la eutanasia, cree que tenemos el derecho a elegir morir. Esto es especialmente importante para las personas mayores que padecen enfermedades graves, sobre todo cuando se sienten como una carga para la familia. Mucha gente se opone a esta idea y defiende que se puede tener buena calidad de vida incluso padeciendo demencia. Los pacientes con demencia severa quizá no sean capaces de tomar decisiones racionales sobre la muerte, de modo que podría haber un documento que el paciente firmara diciendo que en caso de incontinencia, enfermedad muy grave e incapacidad hasta para reconocer a los familiares, el individuo prefiere morir. El novelista Martin Amis es un gran defensor de la eutanasia: «Mi padrastro tuvo una muerte horrible. Creo que la negación de la muerte es una gran desgracia. Era una batalla perdida y todos queríamos ayudarlo». Muchos médicos no apoyan la eutanasia porque, aunque estén de acuerdo con ella y no se opongan por motivos éticos, no quieren ser sus ejecutores. La mayor parte de la opinión pública británica apoya el suicidio asistido.

Todas las grandes religiones enseñan que la muerte física no es el final, y para muchas personas mayores y sus familias es importante recibir ayuda para realizar la transición de la vida terrena mediante la celebración de ceremonias y rituales religiosos inmediatamente antes y después del fallecimiento. Algunos familiares católicos, por ejemplo, insisten en que se recurra a todos los tratamientos posibles para evitar la muerte y están completamente en contra de la eutanasia. En cambio, a pesar de creer en el derecho a la vida, los obispos católicos han defendido que hay que sopesar las ventajas y los inconvenientes de los tratamientos para mantener a la gente con vida. El pensamiento judío tiene una opinión parecida, y afirma que no deben acometerse intentos para impedir la muerte cuando es inevitable.

A mí me llama la atención lo que propone Anthony Trollope en su novela *El plazo fijado* (1884), donde una colonia próxima a Nueva Zelanda se ve obligada a ocuparse del envejecimiento de la población. Deciden que todas las personas de más de 67 años deben morir para librarlas de los problemas de la vejez. Yo mismo defendí una vez que todos deberíamos tener un gen que nos garantizara una muerte sin dolor a los 80 años de edad y que, como todos conoceríamos esa limitación de la duración de nuestra existencia, supondría una gran ventaja colectiva. Ahora he ampliado ese límite de edad hasta los 85.

La edad que aparentamos y tener un buen aspecto —dos condiciones muy valoradas por el personal clínico como indicador general de la salud de un paciente— son potentes biomarcadores del envejecimiento que pronostican la supervivencia de las personas de 70 años o más, y que mantienen una correlación con estados funcionales y médicos importantes. De modo que si le dicen que por usted no pasan los años, disfrútelo mientras dure. A mí me cuesta.

15
La subsistencia

> Al final, no son los años de una vida lo que
> cuenta, sino la vida de esos años.
>
> Abraham Lincoln

Mientras escribía este libro aprendí mucho sobre los graves problemas que sufren numerosas personas mayores. Además de los contratiempos relacionados con la asistencia que debe darse a los mayores, desconocía también cuántos mayores viven en la pobreza, y que haya tantos tan necesitados de ayuda. Tampoco era consciente de la magnitud de la discriminación ni de la razón de que la jubilación obligatoria sea negativa para tantos mayores, o de la gravedad de los problemas que conlleva la soledad. Sin embargo, me ha impresionado sobremanera el modo en que muchos mayores se manejan con su edad y disfrutan de la vida. Organizaciones benéficas como Age UK desempeñan una labor de máxima utilidad para la resolución de todos estos apuros, y deben contar con apoyo.

Asimismo he aprendido mucho acerca de los fundamentos biológicos del envejecimiento, que están llenos de sorpresas, en especial el papel clave de la evolución: sólo estamos aquí para reproducirnos, y la vejez es el resultado del desgaste por el uso, que sólo se corrige hasta que se consuma la reproducción. Aún queda mucho por aprender sobre el desgaste de las células por el uso, pero se han logrado avances impresionantes. Queda, por ejemplo, la necesidad de explicar por qué no envejecen las células germinales. Con todo, muchos animales cuentan con sistemas extraordinarios cuya activación aumenta la longevidad, como el que interviene en la señalización de la insulina. La función del envejecimiento está menos clara. En la actualidad no existe ningún signo real de que haya algún modo de hacernos inmortales o de prolongar considerablemente la duración de la vida hasta, digamos, los 150 años. Y ¿de verdad querríamos conseguirlo, a menos que también desaparecieran los efectos del envejecimiento? Es mucho más importante encontrar maneras de reducir los efectos del envejecimiento, sobre todo enfermedades como la demencia. Los políticos deben prestar mucha más atención a los problemas de las personas mayores de la que le dedican hoy en día, aunque el Ministerio de Sanidad británico ha presentado un Paquete de Prevención para Personas Mayores. Hay buenas razones para tener un ministro de las personas mayores. Pero, para muchos, la buena noticia es que el Gobierno va a suprimir la edad de jubilación obligatoria.

También hay grandes dificultades económicas debidas al envejecimiento de la población que yo desconocía. Para hacerme una idea general consulté con el doctor Richard Suzman, director del Programa de Estudios Conductuales y Sociales del National Institute on Ageing (NIA) [Instituto Nacional del Envejecimiento], perteneciente a los Institutos Nacionales de Salud de Estados Unidos. En Gran Bretaña no existe un instituto similar. Sus ideas, con las que coincido, aportan conclusiones útiles a este estudio:

> El envejecimiento de la población es un fenómeno mundial. Estamos al borde de un hito y una transformación históricos. En cuestión de unos cinco años, por primera vez en la historia, la gente de 65 años y más superará en número a los niños menores de cinco años. Cabría esperar que esto continúe así para el resto de la historia, y lo mismo ocurrirá con la proporción de las personas de 65 años frente a las menores de 15. Durante las próximas décadas se espera que la población mayor crezca más deprisa en los países con ingresos bajos. En un principio, los países envejecen en cuanto a estructura poblacional cuando desciende la natalidad, pero después también lo hacen a medida que aumenta la esperanza de vida. Pocos esperan que la fer-

tilidad vuelva a crecer alguna vez hasta sus niveles previos y, en cambio, no parece haber un final a la vista para el aumento de la esperanza de vida. Gracias a la elevada proporción de inmigrantes y su alto índice de fertilidad, Estados Unidos es un país más joven que los europeos en cuanto a estructura de edad poblacional. Los países de ingresos bajos están envejeciendo antes de convertirse en países ricos, y la política china de un solo hijo por familia aceleró el envejecimiento de la población allí. El envejecimiento de la población enfrentará inevitablemente a cada nación a un grato desafío: cómo mantener a la gente mayor cuando deja de formar parte de la fuerza de trabajo. La alternativa (que nadie llegue jamás a la edad de jubilación) resulta menos atractiva.

A un nivel social, el problema central es económico. Los años adicionales de vida, aunque bienvenidos, deben financiarse de algún modo. Esto se puede hacer de varias maneras: la gente puede trabajar durante más tiempo, consumir menos a lo largo de la vida, ahorrar más para la vejez, consumir menos en la vejez; los gobiernos pueden subir los impuestos de quienes aún trabajan para mantener a los jubilados (y los niños, el otro colectivo dependiente de la sociedad), ampliar la economía aumentando la productividad, incentivar niveles elevados de individuos inmigrantes en edad de trabajar, etcétera. La fracción importante es la proporción entre la fuerza de trabajo y las personas que hay que mantener porque no están en activo (junto con los ahorros y pensiones privados, casi inexistentes en algunos países). Todo se reduce a equilibrar esas necesidades de tal modo que permitan un crecimiento económico continuado y el bienestar de las generaciones futuras.

Dejando a un lado la cuestión de combinar el envejecimiento de la población con el crecimiento y la solvencia económicos, creo que probablemente sea más importante maximizar la esperanza de salud que la esperanza de vida. La vejez va muy unida a la discapacidad física y cognitiva, sobre todo entre los «mayores más mayores», los que tienen más de 85 años, uno de los grupos de edad que más deprisa crece en los países industrializados. Lo importante en este caso es que la relación entre el envejecimiento y la discapacidad sea moldeable, en lugar de fija e inmutable. A lo largo de un periodo de veinte años, el predominio de la discapacidad en Estados Unidos descendió en un 25 por ciento entre la población más anciana, aunque el aumento de la obesidad puede estar minando y hasta invirtiendo esa tendencia tan positiva. El objetivo del National Institute on Ageing, parte integrante de los Institutos Nacionales de Salud de Estados Unidos, consiste en mejorar tanto la salud como el bienestar de la gente mayor. A medida que mejore la ciencia para medir el bienestar subjetivo, yo añadiría también a la mezcla la maximización del bienestar. Hay diferencias muy grandes en cuanto a esperanza de vida tanto entre las regiones como entre las clases sociales de Reino Unido, y las diferencias son aún mayores en Estados Unidos (un país que desde principios de la década de 1980 ha ido a la zaga de otros países industriales en cuanto a esperanza de vida). El tratamiento de estas grandes desigualdades debería ser una gran prioridad.

Con la salud ocurre lo mismo, aunque de un modo diferente. Es probable que la progresiva epidemia de la obesidad depare niveles elevados de diabetes y de discapacidad funcional, lo que aumentará la demanda de costosos cuidados prolongados. Los esfuerzos de hoy (o tal vez debería decir la falta de esfuerzos) tendrán consecuencias a largo plazo para la salud de las futuras generaciones de mayores. En la actualidad, por ejemplo, no hay maneras claras y confirmadas por métodos experimentales de prevenir la demencia y el mal de Alzheimer. El descubrimiento de métodos para prevenir o retrasar el inicio de estas enfermedades nos compensará con enormes dividendos, tanto económicos como de bienestar. Una pregunta que planteará, pero sin responderla, es cómo sopesarían los gobiernos estas cuestiones y la inversión adicional en investigación para resolver los problemas. Confío en que los procedimientos para retrasar, prevenir o curar la enfermedad de Alzheimer se descubran en cuestión de pocos años. Espero que más gobiernos de países con pocos recursos empiecen a pensar con más seriedad en su futuro demográfico y empiecen a instaurar las políticas necesarias para el futuro. A menos que aparezcan enfermedades nuevas desastrosas, sospecho que la esperanza de vida crecerá más deprisa de lo que afirman muchas predicciones oficiales. Temo que el incremento de la obesidad neutralice algunas de las tendencias positivas que hemos observado en el descenso del nivel de discapacidad en la población mayor. Sólo entendemos parcialmente el proceso del envejecimiento, tanto a un nivel molecular como del organismo en su conjunto. Pero no es imposible que la investigación encuentre procedimientos que retrasen el proceso del envejecimiento en humanos sin otras consecuencias biológicas negativas. Esto tendrá gran repercusión para los individuos y las sociedades.

Siete de cada diez personas de 65 años o más creen que los políticos consideran a los mayores una prioridad menor, y Andy Burnham, ex ministro de Sanidad de Reino Unido, ha declarado que el Sistema Nacional de Salud debe replantearse cómo abordar las demandas del envejecimiento de la población. Se necesita más asistencia, y buena parte de ella podría trasladarse a la comunidad. Hay que hacer algo para impedir que los mayores vendan su casa y agoten sus ahorros. Vale la pena plantearse el esquema de que todo el que pueda permitírselo se pague un seguro de jubilación estatal y después reciba una cobertura completa para afrontar los problemas que surjan en la vejez. Age UK está retando al Gobierno y a todos los partidos políticos a que transformen la vejez poniendo fin a la pobreza de los pensionistas, eliminando todas las formas de discriminación por razones de edad, y garantizando que la gente mayor tenga acceso a una atención y una asistencia de mejor calidad.

¿Será capaz la sociedad de asumir el elevado coste de las necesidades asistenciales y médicas de los mayores? Aunque se consiguieran todas las prioridades de Age UK para mejorar la vida de los mayores, los problemas económicos subyacentes al envejecimiento de la sociedad seguirán vigentes aquí y en otros países. Es uno de los grandes problemas del siglo XXI. También tiene que investigarse mucho más el proceso del envejecimiento para encontrar maneras de tratar las enfermedades relacionadas con la edad.

Escribir este libro me ha ayudado a lidiar con mi propia vejez y mi preconcepción de la muerte. Creo que es un tema al que todos deberíamos dedicar mucha más atención. De momento, «por mí no pasan los años», pero quién sabe por cuánto tiempo. En general creo que deberíamos morir antes de que los estragos de la vejez nos dañen realmente. Deberíamos apoyar con firmeza la eutanasia para quienes la deseen. Yo no quiero formar parte de ese cuarto de la población mayor que vive en una residencia para mayores y me haría feliz morir apaciblemente en mi casa a los 85 años. Pero tal vez cambie de opinión. Por favor, no olviden que la investigación mundial ha demostrado que nuestro instante de mayor infelicidad se sitúa alrededor de los 45 años y el de mayor felicidad cae a finales de los setenta y hasta a edades posteriores.

Por último, he aquí las resoluciones que adoptó Jonathan Swift (1667-1745) para «Cuando sea viejo», escritas hace unos trescientos años:

No contraer matrimonio con una mujer joven.

No quedarme en compañía de jóvenes a menos que ellos realmente lo deseen.

No ser desagradable o gruñón, ni suspicaz.

No desdeñar los métodos del presente, ni juicios, ni modas, ni hombres, ni guerras, etcétera.

No tomarle mucho afecto a los niños, ni facilitarles que se acerquen a mí.

No contar la misma historia una y otra vez a la misma gente.

No ser codicioso.

No desatender el decoro ni el aseo, para no caer en la indecencia.

No ser demasiado severo con la gente joven, sino ser comprensivo con sus locuras y debilidades de juventud.

No dejarme influir por, ni prestar oídos a, chismorreos de sirvientes perversos, u otros.

No dar demasiados consejos ni importunar a nadie con ellos, salvo a quienes los pidan.

Confiar en que algunos buenos amigos me avisen de cuáles de estas resoluciones incumplo, o desatiendo, y dónde; y enmendarme conforme a ello.

No hablar demasiado, ni tampoco de mí mismo.

No vanagloriarme de mi belleza pretérita, o fuerza, o atenciones con las mujeres, etcétera.

No ser categórico ni dogmático.

No dejar de cumplir cada una de estas normas, para no caer en el incumplimiento de todas.

Apéndices

Lecturas complementarias

Banks, J., *et al.* (eds.), *Living in the 21ˢᵗ Century: Older People in England,* English Longitudinal Study of Ageing (Wave 3), Institute for Fiscal Studies, 2008.

De Beauvoir, S., *La vejez,* Edhasa, Barcelona, 1989, trad. de A. Bernárdez.

Cabeza, R., *et al.* (eds.), *Cognitive Neuroscience of Aging: Linking Cognitive and Cerebral Aging,* OUP, 2005.

Carstensen, L.L., y Hartel, C.R. (eds.), *When I'm 64*, National Academies Press, 2006.

De Grey, A., y Rae, M., *Ending Aging,* St. Martins Press, 2007.

Jacoby, R., *et al., The Oxford Textbook of Old Age Psychiatry,* OUP, 2008.

Johnson, M.L., *et al., Handbook of Age and Ageing,* Cambridge University Press, 2005.

Kirkwood, T., *El fin del envejecimiento,* Tusquets Editores, col. Metatemas 64, Barcelona, 2000, trad. de J. Chabás.

Kurtz, I., *About Time: Growing Old Disgracefully,* John Murray, 2009.

Magnus, G., *The Age of Aging: How Demographics are Changing the Global Economy and Our World,* John Wiley, 2009.

Marmot, M., *The Status Syndrome: How Social Standing Affects Our Health and Longevity*, Owl, 2005.

Morley, J.E., «A Brief History of Geriatrics», *Journal of Gerontology*, 2004, núm. 59A, págs. 1132-1152.

Neuberger, J., *Not Dead Yet: A Manifesto for Old Age,* Harper, 2009.

Partridge, L., Thornton, J., y Bates, G., *The New Science of Ageing, Philosophical Transactions of the Royal Society,* 2011, núm. 388, págs. 6-7.

Sierra, F., *et al.*, «Prospects for Lifespan Extension», *Annual Review of Medicine*, 2009, núm. 60, págs. 457-469.
Skinner, B.F., y Vaughan, M.E., *Disfrutar la vejez,* Ediciones Martínez Roca, Madrid, 1986, trad. de J. Fibla.
Silverstone, B., y Hyman, H., *You and Your Aging Parent,* OUP, 2008.

Índice onomástico

Kirkwood, Thomas, 94, 97,
    108, 125, 265
Knightley, Keira, 201
Kraepelin, Emil, 54
Kurtz, Irma, 65, 265

La Fontaine, 39
Lasker, Emanuel, 48
Lawrence, Jeremy, 230
Leonardo da Vinci, 70
Lerner, Max, 192
Lessing, Doris, 13, 69
Levin, Bernard, 55
Levin, Christine, 75
Levy, Becca, 43, 172
Lott, Tim, 188
Lucrecio, 129
Lumley, Joanna, 205

Marco Aurelio, 245
Markson, Elizabeth, 183
Marley, Bob, 149
Marx, Groucho, 99
Maugham, W. Somerset, 63
Maupassant, Guy de, 177
McCain, John, 186
Méchnikov, Iliá, 92
Medawar, Peter, 103
Mencken, H.L., 207
Midgley, Mary, 69
Milla, Roger, 41
Mir, Gisele, 166
Mitchell, Michelle, 207
Mitchison, Dennis, 14
Mortensen, Christian, 135
Mubarak, Hosni, 187 y n
Murdoch, Iris, 55, 184

Napolitano, Giorgio, 83
Nascher, Ignatz Leo, 93, 95
Neuberger, Julia, 196, 199, 265

Oglesby, Tamsin, 56
Osler, William, 93
Ovidio, 160, 174

Paige, Leroy, 40
Pankhurst, Emmeline, 211
Paoli, Enrico, 48
Park, Alison, 73
Parkinson, Michael, 219
Parr, Thomas, 132
Partridge, Linda, 142
Pepper, Claude, 191
Phillips, Arlene, 204
Phillips, Sian, 70
Pinel, Philippe, 51
Planck, Max, 48, 54
Platón, 172, 173
Plauto, 175
Plutarco, 23, 175
Ponce de León, Juan, 133
Pratchett, Terry, 55
Pritchett, V.S., 178
Prodi, Romano, 83

Quetelet, Adolphe, 91

Reagan, Ronald, 183
Reardon, Ray, 41
Rembrandt, 70